李殿魁著

# 戲曲音樂論集

文史哲學集成

文史哲出版社印行

國家圖書館出版品預行編目資料

**戲曲音樂論集** / 李殿魁著. -- 初版 -- 臺北
市：文史哲，民 103.01
頁； 公分（文史哲學集成；650）
ISBN 978-986-314-167-9（平裝）

1.戲曲 2.音樂 3.文集

824.07 103001126

文史哲學集成 650

# 戲曲音樂論集

著　者：李　殿　魁
出版者：文　史　哲　出　版　社
http://www.lapen.com.tw
e-mail:lapen@ms74.hinet.net
登記證字號：行政院新聞局版臺業字五三三七號
發行人：彭　正　雄
發行所：文　史　哲　出　版　社
印刷者：文　史　哲　出　版　社
臺北市羅斯福路一段七十二巷四號
郵政劃撥帳號：一六一八〇一七五
電話 886-2-23511028・傳真 886-2-23965656

**實價新臺幣四八〇元**

中華民國一〇三年（2014）元月初版



ISBN 978-986-314-167-9 00650

# 戲曲 音樂論集 目次

# 談講唱文學與地方戲劇

## 一、講唱文學探源

自十九世紀以後，西歐各國文學作家在作品表現上，可以說邁進了一個新的紀元，由娛人轉變為內在人性的探索，與「人文主義」的思潮相結合，漸漸形成今日的「人本文學」。而此時我所要討論的，却是中國傳統文學中以「娛人」為主旨的講唱文學，它所娛的對象，並不是高階層的君王、顯貴、高人和雅士，而是一般的平民百姓。因為講唱的主要目的，在於娛衆，特重文學形式之表現。

從王靜安先生率先提倡曲學研究，到目前為止，在古典戲曲和戲曲史上，都已經有了較為具體、較為廣泛的深入探索，但是仍然讓人們感到遺憾的是，研究的人雖多，却都偏重在傳統的文人劇作，並沒有擴張到平民社會的諸多問題。所以我心目中認為：研究古代文學，應當研究古代社會，這樣才不脫離其眞實社會。現在祇把我平日學思所得的一點意見提出來，向研究通俗文學的同好們請教：在西方比較文學潮流衝激下，研究中國通俗文學的態度和方法，是否有重新修正的必要？

通常在研究戲曲史的過程中，必然先談到詩歌的起源。所謂「歌詠所興，自生民始。」（註一）

各國文學都離不開這條發展軌跡，可是一般人却不曾考慮到詩歌興起後，它表達的目的，究竟是個人用吟詠來自娛？或是早有了以唱詩娛人的專業？想探討這個問題，首先必須考慮：在詩歌興起時，除了詩人寫詩，歌人唱詩以外，平民想欣賞文學作品的美妙處，其中應當有一個曉喻平民的媒介，而這個媒介表現的方式，不是言述，便是吟唱。如果這個論點能夠成立，那麼講唱文學和戲劇的起源，應當與詩歌同時。國語晉語六說：

吾聞古之王者，政德既成，又聽於民，於是乎使工誦諫於朝，在列者獻詩使勿兜，風聽臚言於市，辨妖祥於謠，考百事於朝，問謗譽於路，有邪而正之，盡戒之術也。

韋昭的注上說：「列位也，謂公卿至於列士，獻詩以諷也。」又說：「風，采也；臚，傳也。采商旅所傳善惡之言。」從這裏可以看出古時候的人們，往往藉助詩歌，做為平民和天子之間，溝通意見的橋樑。所以余嘉錫先生曾經考證稗官就是「士」，而「士」的職責在於「傳言」，他說：

然則傳所謂『士傳言』者，傳庶人之謗言也。庶人賤，不得進言於君，先王懼不聞己過，故使士傳敍其語，以察民之所好惡焉。（註二）

所以士所傳庶人的「謗言」，決不是單純的語言，一定是「隱而喻」的歌謠、諺語等，用說唱的方式來表達，所謂「言之者無罪。聞之者足以戒」（註三），當是含有音樂歌謠之意在內；同樣地，君王欲民盡忠、知仁，也可藉歌謠而「下達」，於是「采詩夜誦」以取「戒」，頒詩而行「樂府」之署，它的目的也就不致於那麼空洞沒有作用了！這雖說只是一種玄想，但在文學史上，這種文學現象在春秋戰國時期，已是相當可觀，到了兩漢，更是輝煌燦爛，而戲曲和講唱文學的遺迹，却全然未見，在一個充滿「詩」的文學國度裏，這種現象，實在令人懷疑！但在二千年前的荀子著作中，存有「成相」、「佹詩」二篇，無論從那個角度去看，都是通俗作品。盧文弨、朱師轍等，就以爲這是早期講唱文學的痕跡。這是很有見地的。盧文弨說：

古者瞽必有相，審此篇音節，即後世彈詞之祖。

又朱師轍說：

成相爲中國鼓兒詞之最早者。

荀子出於儒家，主張禮樂教化。實際上禮樂不僅僅是朝覲之禮，廟堂之樂，平民們也必然有他們的道德規範，和他們對於時態的反應，而這些規範和反應，很可能就保存在民間歌謠之中，我們從荀子書中保存的這二篇文字，正可見荀卿在那時不只是注意世族教育，並且兼顧到平民文學。從荀卿以後，一直到魏晉，能被肯定是「講唱文學」的作品，還是少見，而詩作可多極了！所以今人常說我國是「詩的民族」，或「詩人之國」。可是由於敦煌寶庫的開啓，敦煌變文的重見天日，我們肯定了唐代已有「講唱文學」。然而從唐代以來，有關講唱文學的文獻紀錄又告中斷，所以從明清以來，學者們也就不十分屬意了。

自荀卿的「成相」，到敦煌變文，其間綿亙了千年之久，千年之中，難道說連類似「成相」的「講唱文學」都沒有嗎？在中國文學史上，自詩經以下，就是楚辭，三十年代的學者們，就有人以爲楚辭就是講唱文學（註四），它不僅是在娛神，而且有豐富生動的表演形式，有許多人物，各種服裝、樂器和舞蹈，這種歌舞，固然是爲了祀神，但又何嘗不在娛人？楚辭既然是講唱文學的搖籃，接著的就是「漢賦」。漢賦却往往被文學史家稱爲「僵化的辭章」（註五），可是今天從另一個角度看起來，它應當是標標準準的講唱文學，只不過「貴族化」罷了！這種「貴族化」的傾向，並不是沒有原因的，因爲到了漢代，城市的經濟繁榮，人們的生活水準提高，逐漸有了較多的享受。（註六），就是連那些以修齊治平爲己任的學者們，在鑽研經典之外，也追逐聲色犬馬，作爲生活的調劑。於是部份文人，便把當時國家的治化、社會的環境、君王的創業、都會的興起，以及物質生活的繁富，藉著實際現象的描摹，透過帶有誇張性的講唱，帶到鄉間，讓那些沒有親臨都市生活，或者不識字的人們，能夠「以耳代目」，神遊一番。像班固的兩都賦、張衡的兩京賦、左思的三都賦等，都是這類作品中的傑作。我們從班固「兩都賦」和左思「三都賦」的序中，可以知道，賦是具有「抒下情而通諷諭」，「宣上德而盡忠孝」的雙重作用。（註七）

賦本是古詩體製的一種流派（註八），它用華詞翰藻去鋪敍，以達到「體物寫志」的主旨（註九）。漢書藝文志曾經說過：

不歌而誦謂之賦。

換句話說，「賦」並不是採戲劇方式來表演，而是用一種吟唱方式去敍述。近人錢南揚所說的：

敦煌變文有韓憑賦，與漢魏文人賦不同，大抵爲一種宋人話本之類，至今灘簧仍有某某賦者，即崑曲中之大段獨白，伶人亦習稱『賦』，即以道白敷演故事。（註一〇）事實上，這是一種誤解。我以爲傳統文人把「賦」完全「詩」化了！漢賦的結體，是具有舖敍誇張、豐富想像以及韵散夾用的講唱一面，像荷馬史詩伊里亞德、奧德賽一樣，用簡單的樂器，唱給不識字的平民去聽，以耳代目。到今天，巴爾幹半島上，仍然有這樣吟唱的老人，動輒萬言，這情況應該是相類似的。假如再看賦所採取的誇張技巧，像上林賦中那麼多的奇物珍玩，海賦江賦有那麼多的狀聲摹形，都是後來講唱文學慣用的技倆，你能說它們之間毫不相干嗎？也許有人會說，這種設論似乎過於牽強，可是我對於班固的那句「不歌而誦」，始終耿耿於懷，不把它解釋爲訴諸「耳」的文學，難道它們只是獻給日理萬機的皇帝去查字典地「看」嗎？

如果「賦」也可算是講唱文學的一種型態，那麼從詩經、楚辭而荀子成相，而漢賦，而六朝民歌，而唐代變文，而兩宋之後的諸宮調、唱賺、合生、陶眞、彈詞、寶卷，那麼在文學史演進的過程中，「講唱文學」與戲劇同流並進的線索，也就脈絡分明了。

## 二、講唱文學的兩大系統

我們現在所談到的講唱文學，一般說來，可以類分爲南北兩大系統：一個是南方的「彈詞系統」，另一個是北方的「鼓詞系統」。兩者雖說都和變文有關，在聲腔表達方式上，却迥然有別。

彈詞系統和子弟書、木魚書及一般地方戲曲（如紹興戲）的唱詞方式是相同的，都受到唐詩的影響，採用詩句的表達方式，或者是七個字，或者是十個字，上下句排列的非常整齊，而這種情形又保留在唐代變文裏頭。第二種形式，也就是我們今天所講的鼓子詞形式，鼓子詞裏所保留著唱腔部份沒有南方的多，也就是「說」的部份較「唱」的部份多，而它所保留「唱」的部份，也表現出受到「詩句」的影響。但是我們在戲曲史的研究過程中，到唐以後，尤其是今天所讀到的南北雜劇和明清傳奇，它歌唱的形式，並不是唐詩的上下句形式，而是詞的長短句形式，這一種詞句形式在現在的地方戲曲和講唱文學中出現的很少，今天我們只能在一部份崑腔、高腔、川劇、福州戲、南管、北管、亂彈、柳柳腔、江南十桃腔、直隸弦子腔、囉囉腔等的系統內，找到痕跡。

也就是說，唐以後中國的講唱文學和戲劇，在聲腔表達方式上，採取了兩條路線：一是整齊的「詩」句路線，一是不整齊的「詞」句路線。我們發現這個問題後，就要尋求爲什麼在講唱文學中會有這兩種不同的講唱方式？究竟是受了什麼因素的影響？據我觀察的結果，是因爲我們傳統的「雅言」習慣，都喜歡用整齊的句子來表達意念，才顯得比較強烈。這就是說在創作小說時，使用白話，一般人會接受，但如果它是個哲學家，或者是個思想家，想把他好的意思表達出來，就必須儘量採用整齊的、有韻的句子，以便人們去記憶，去背誦，去朗讀，所以我們古代的哲學書籍，或是藝術性較重的文學作品，通常都是以有韻的整齊句子出現。到了中期以後，他們又覺得這個方式有點不便，因爲在語言習慣上講，一個人說的話，不可能上句、下句全都排列得整整齊齊的，除了官式的講演，爲了加強語言效果，經常使出偶語外，一般的敍述，都是參差不齊的長短句式。所以到了中期以後，一方面像唐代變文和現在的若干戲，詩句式地在演進，另一方面便是詞句的出現。關於後者的所謂「詞句」，是指著楚辭、漢賦、唐宋以後詞曲等文體中的語言習慣，這種情形的出現，主要的當然還是方言的關係。

我們從一般的民間講唱文學，或者是平時講話的習慣看來，南方人的話語，比較習慣有拖腔，而講話的語詞也比較有起伏旋律，節奏分明。舉個例子來說，常常有人說：「天津人說話簡潔，蘇州人說話嚕囌。」譬如：

天津人問：「誰？」

答：「俺。」

蘇州人問：「倷是啥人呀？」

答：「格個是我呀價！」

一問一答之間，你瞧，是不同吧！我們聽蘇州人講話，他們的音調較爲緩和，富於變化，有長有短，有高有低，有的時候短到只有一個字，有的時候長的非常長，這種語言自然會產生韻律與節奏，而具有高度的音樂性。因此我覺得唐代以後詞的發展，一方面是方言文學的影響，而這種方言經過文學家的附和與提倡，便形成簡樸而自由的口語，唐代的古文運動便是在這種情況下，去反對整齊的駢偶，這個現象最足以說明中國從唐代以後，不但是在中部地區，而且在其他地方，都有一種官話流行的傾向，而這種官話正是以吳語開始的。在這裏，我們可以說，方言影響到文句的長短，這正是講唱文學在唐宋以後，發展爲兩大系統的原因之一。

第二個原因是由於方言語調上的差異，影響了它的音樂性。我們都曉得崑曲是用笙簫管笛等絲竹來伴奏，北方很多鼓書是用絃索棒鼓來伴奏，這一類樂器的使用，和它的語言關係非常密切。這當然是由於北方的語言比較高亢，比較簡短，比較直接，所以它所使用的樂器，也是採取節奏比較明顯的來伴奏。這種差異，也造成了它們在音樂上不同的性格。

大家都知道在兩漢時代中國有名的都市，不算太多，到了唐宋以後，著名的都市日益增多，尤其在沿海地區，可說整個都是開發地帶，在這麼一個豐盛的都市生活形成之後，間接影響到老百姓，民間的交流也變得非常頻繁，文經交流後，也提供了地方戲曲的良好基礎。譬如我們所講明朝以後的「弋陽腔」，在江西很流行（註一一）。可是有人說弋陽腔的起源，應是梆子腔。梆子腔的發源地，是秦隴甘肅這一帶，那麼甘肅這一帶的音樂，怎麼會穿過秦嶺而到江西去呢？於是有人從經濟觀點來分析這個問題，他們認爲從宋元以後，山西省錢莊的錢票通行全國，既然經濟能影響全國，那麼梆子腔傳到江西是不成問題的，因爲在山西平陽地區，早在周時，晚到宋末元初，也是經濟中心，他們從山西南部越秦嶺、伏牛山，沿漢水而下，經襄樊，入大湖區，到江西鄱陽東南，沿信江到弋陽，繞過黃山區到浙江衢縣，再沿錢塘而東至海口，這是一個「環形」大迴旋。同時我們從出土文物上觀察，春秋以後，中國的商業中心在南方，而南方的商業中心，一個是在楚國，也就是長江中游，而長江流域的集散地，便在武漢南昌這個五湖區。我們所謂五湖四海，是最大的一個商業中心，因爲有這樣的一種文經交流，所以造成中國很多的地方戲曲的交會與流動，流動到了最高峯時，就由低層社會發展到高層社會，這個發展，我們從讀唐詩也可以看出來。像薛用弱「集異記」中所講王昌齡、高適、王之渙（註一二）三人旗亭賽壁的故事，伎女唱的全是「詩」，因此文學史家便說唐代所有的詩歌都是「唐詩」。可是敦煌變文及曲子詞出現後，我們發現並不是所有的詩歌都是「唐詩體」，在某些地方是用當地的「地方歌曲」去唱的，像六朝長江中游估客樂，和甘肅敦煌雲謠集雜曲子，裏頭很多曲子都富有地方色彩，這些曲子也是被唱的，因此我們可以說從唐朝以後，兩個不同系統的文人詩和民間詞，一直在各地講唱文學的形式上，互補互化，造成了很好的基礎。到了宋元以後，講唱文學就非常普遍流行了，宋朝有所謂的「說話人」；南宋以後，說話人更多。這種說話人坐在那裏，用很簡單的樂器，一兩個演員來說唱故事的現象，在戲劇發展史上，是很值得重視的。因爲只是一個簡單的故事，用一種簡單的樂器，透過一兩個人坐在那裏說唱，不足以滿足大家的需要，尤其在經濟繁榮後更是如此。如果說再加上另外一些成分，可能藝術性更高，表達力更強，而感染性也會更大些，這對出錢掏腰包的鄉下人，可能更感到值回票價些，有了這樣的一種要求，因此從春秋末期以後的講唱文學，便分爲兩條路線：一個是純粹從事講唱，一個開始加入歌舞，加以戲劇化。

這種變化，我們從一些民間故事的演變上可以看的出來，像中國社會上非常流行的「梁祝故事」，自晉朝以來，一直到今天所能夠看到的「梁祝故事說唱全編」，發現有這樣一個現象，就是表現在講唱文學中，各地有不同的唱本出現，根據不完全的統計，這些本子大約有一百多種，廣東、廣西、福建一帶所流行的木魚書，關於梁祝故事的，少說也有二、三十種，在河北、山西、山東一帶的大鼓書中，也有十幾種，在各地民謠中編成歌來唱的，更是多的不得了。在清代被編成傳奇，流傳至今，仍在表演的有四個。因此講唱文學和戲劇，可說是二而一，一而二的東西。假定我們在一個小小的村莊，沒有能力找到一個戲班子來演戲的話，就可以請一個說鼓書的，或唱彈詞的人來表演，照樣可以達到娛樂的目的。

從這個情形看起來，很多古代的神話傳說，一直都是沿著這兩條路線被保留下來。像在神話裏「牛郎織女」的故事，最初在詩經小雅大東裏，只是天上兩顆擬人化的星星（註一三），迄漢代古詩十九首就人格化了（註一四），是神與神結合的故事。但這牛郎照理說不應當是神，而應當是人，只有天孫——仙女才是神。這個故事慢慢演進到魏晉以後，便有了轉化，在搜神記裏便成了七仙女與董永的故事，是人和神結婚的小說，而且故事中的七仙女也「善織」；到了唐代，變文裏有「董永變文」，是講唱；到了黃梅戲「天仙配」、川劇「槐蔭記」，都編進了戲劇。另一方面，由人神結婚的聯想，到了唐朝，就有了人與龍女結婚的柳毅傳書，是傳奇小說；元朝就有了尙仲賢的「洞庭湖柳毅傳書」，是雜劇。再到了兩宋以後，又生出了白蛇傳的故事，是人蛇間的一段姻緣，警世通言卷二十八有「白娘子永鎭雷峯塔」，是話本；在講唱中的馬頭調、八角鼓、鼓子曲、鼓詞、子弟書、南詞、寶卷、灘簧等，也都流傳著這個故事。像這種由神話故事，經過聯想和牽引，透過戲劇、小說等文學體式，一直在我們的社會中不斷地滋生和流行，同樣的題材，也在不同地區同時存在，採用不同的方式，表達出來。

## 三、講唱文學的無限擴張性與戲劇的關係

也許有人會懷疑，認爲講唱就是講唱，戲劇就是戲劇。尤其是我們現在所讀到的元雜劇，都是結構很完整的劇本，有很好的故事題材，有很明顯的角色分工，也有很完美的唱詞。然而在講唱文學的表現上，可說是千變萬化，也可說是亂七八糟。例如陳汝衡就曾說：

> 說話人於書中重要關節，聽衆聚精會神之際，往往停頓其詞句，宣告散場，藉以延攬聽衆之心，俾其重臨，此說書家之慣例。方今說水滸傳者，說武松殺嫂、三打祝家莊之類，動輒費時至一兩月之久。而武松醉打蔣門神一節，武松足踏蔣門神之身，有時說已數日，武松猶未下手痛打，皆是此意。（註一五）

又張岱在陶庵夢憶裏，也記載了柳敬亭說景陽岡武松打虎的情形，他說：

> 余聽其景陽岡打虎，白文與本傳大異，其描寫刻畫，微入毫髮，然又找截乾淨，並不嘮叨嘮夬，聲如巨鐘。說到筋節處，叱咤叫喊，洶洶崩屋，武松到店中沽酒，店中無人，暴地一吼，店中空缸空甓皆翁翁有聲。

可見一個民間藝人或是一文學家，他的作品當然是經過嘔心瀝血的構思，才訴諸文字，但是他是否能夠只靠坐在家裏而寫出兩三百萬字來？同時我們可以推測出，從前說書、唱大鼓、或是學陶眞、合生的藝人，他們在平日裏，第一件事便是讀了很多的稗官演義，隨時把他拿來變換或擴大使用，使聽者

樂而忘倦。像剛剛我們講到白蛇傳故事的轉化，從牛郎織女，到董永，到柳毅與龍女，這都是小說家臨機應變的結果。因爲說書人有這樣一種好的想像，有這樣一種集合各種不同資料而造成說書的方便，以延長時間，添增興趣，拉攏客人，來增長他的飯票。

談到講唱文學在形式上的擴大方法，不外二種：一種是藉助「開篇」（註一六）、「賣關子」（註一七）等技倆。如：「碾玉觀音」以咏春詩詞入話，便是一個最好的例子：

山色晴嵐風景佳，煖烘回雁起平沙。東郊漸覺花供眼，南陌依稀草吐芽。堤上柳，未藏鴉，尋芳趁步到山家。隴頭幾樹江梅落，江杏枝頭未着花。

這首『鷓鴣天』說孟春景致，原來又不如『仲春詞』做很好：

每日青樓醉夢中，不知城外又春濃。杏花初落疎疎雨，楊柳輕搖淡淡風。浮畫舫，躍青驄，小橋門外綠陰籠。行人不入神仙地，人在珠簾第幾重？

這首詞說仲春景致，原來又不如黃夫人做著『季春詞』又好：

先自春光似酒濃，時聽燕語透簾櫳。小橋楊柳飄香絮，山寺緋桃散落紅。鶯漸老，蝶西東，春歸難覓恨無窮。侵堦草色迷朝雨，滿地梨花逐曉風。

這三首詞，都不如王荊公看見花瓣兒片片風吹下地來；原來這春歸去，是東風斷送的；有詩道：

春日春風有時好，春日春風有時惡。不得春風花不開，花開又被風吹落。

蘇東坡道：『不是東風斷送春歸去，是春雨斷送春歸去。』有詩道：

雨前初見花間蕊，雨後全無葉底花。蜂蝶紛紛過牆去，却疑春色在鄰家。

秦少游道：『也不干風事，也不干雨事，是柳絮飄將春色去。』有詩道：

三月柳花輕復散，飄颺澹蕩送春歸。此花本是無情物，一向東飛一向西。

邵堯夫道：『也不干柳絮事，是胡蝶採將春色去。』有詩道：

花正開時當三月，胡蝶飛來忙劫劫。採將春色向天涯，行人路上添淒切。

曾兩府道：『也不干胡蝶事，是黃鶯啼得春歸去。』有詩道：

花正開時豔正濃，春宵何事老芳叢？黃鸝啼得春歸去，無限園林轉首空。

朱希眞道：『也不干黃鶯事，是杜鵑啼得春歸去。』有詩道：

杜鵑叫得春歸去，物邊啼血尚猶存。庭院日長空悄悄，教人生怕到黃昏。

蘇小妹道：『都不干這幾件事，是燕子啣將春色去。』有『蝶戀花』詞爲證：

妾本錢塘江上住，花開花落，不管流年度。燕子啣將春色去，紗窗幾陣黃梅雨。斜插犀梳雲半吐，檀板輕敲，唱徹『黃金縷』。歌罷綵雲無覓處，夢回明月生南浦。

王岩叟道：『也不干風事，也不干雨事，也不干柳絮事，也不干胡蝶事，也不干黃鶯事，也不干杜鵑事，也不干燕子事；是九十日春光已過，春歸去。』曾有詩道：

怨風怨雨兩俱非，風雨不來春亦歸。腮邊紅褪青梅小，口角黃消乳燕飛。蜀魄健啼花影去，吳蠶強食枯桑稀。直惱春歸無覓處，江湖辜負一蓑衣！

裏面把「春歸」的緣由，層層逼進，待敍述完畢，說話人才把故事轉入正題，去敍述咸安郡王怕春歸去，挈眷遊春的事情。至於「賣關子」，就像前面陳汝衡所提到的「醉打蔣門神」便是。還有馬如龍的「珍珠塔」描敍女主角翠娥下樓去會見未婚夫方卿，走至樓梯，欲行又止，主張不定，方下數級，則又退回，旋再下樓，復又拾級而登。像這樣，藉著「難爲情」，「沒有理由」等拖辭，一會兒上，一會兒下，也是在「賣關子」呢！聽衆不但不感到厭煩，更是按時到書場，想知道陳小姐究竟那天才下完樓。

另一種方法，便是續補說唱脚本。像胡士瑩的「寶卷彈詞書目」中有一本彈詞叫做「榴花夢」，作者是福建的李桂玉先生，他的「榴花夢」寫了三百五十七卷，共四百八十三萬多字。換句話說，每天要是唱一回，足足可以唱三百五十七天，差不多快一年了。到了民國二十三年，有一位翁起前先生覺得很可惜，已經到了三百五十七天，何不把它湊成整數，所以就和楊美君女士以「綰梅女史」的名義，續完三卷，於是就成了三百六十卷，這樣說書人就可以穩吃一年了！但是續補的手法，也不是一昧的憑空揑造，東拼西湊，也求敍述有中心，力避夾雜駢枝。如二十卷的「再生緣」，前十七卷爲本，陳端生所作，其他的三卷是梁楚生所續，陳寅恪先生就讚美它說：「再生緣爲彈詞中第一部書。」（註一八）由此可知民間說唱藝人吸收各種材料，根據故事的主題，去加以演化擴張。這種現象，我們也可以在唐代變文中找到。就好像地獄思想，是佛教傳入中國以後才產生的，它在唐代，便有了「目蓮救母變文」，它主要的內容，是在舖演目蓮到地獄裏救他的母親脫離苦海，救出來就完了。但是說書人却一定要挖空心思，加以擴張，讓他在救的過程中，困難重重，於是想出了種種苦刑與可怕的事物，讓目蓮一道道地過關，然後再救出他的母親。明朝有一部「目蓮救母行孝戲文」，據說是根據舊本加以整理，共有一百齣。而且冥間共分十殿，假如一殿一殿地進行下去，每一殿只要一兩件案子，由審問到追述罪情，那就可以無限制地發展下去，從這裏我們可以說講唱文學有無限的「擴張性」，它帶給了戲劇豐富的泉源，無窮的生命！

從這個角度去觀察，傳統戲劇的故事幾乎有百分之八十來自民間傳說，與講唱文學有密切關聯：它們可以說是互相影響，也可以說戲劇源自講唱文學。譬如說，明代才有的「杜十娘怒沉百寶箱」，其中描敍一個負心漢子拋棄一個青樓女子。事實上，類似這種男女戀愛，最後男方拋棄女方的故事，在唐傳奇中有「會眞記」、「霍小玉傳」，在南戲中有「王魁負桂英」等，並且它們的結果，都不得善終。於是有人認爲這不免是件憾事，便設法補救，這便是文學創作上的「足古心理」。最顯著的例子，便是會眞記中張生與崔鶯鶯的一段沒有結果的姻緣；但到了「北西廂」中，就把張生塑造成回頭浪子，在取得功名以後，和崔鶯鶯結成夫婦。所以後來到了劉鶚寫老殘遊記，便強調一句話：「願天下有情人，都成了眷屬；是前生註定事，莫錯過姻緣。」（註一九）

另外還有一個値得注意的現象是，假如故事中的人物已死，殘缺的愛情無法挽救，就揉合宗教思想中的靈魂說，例如：蔣防「霍小玉傳」中的小玉化爲厲鬼，活捉男友李十郎（湯顯祖根據它作「紫釵記」）；「王魁負桂英」活捉王魁；「杜十娘怒沉百寶箱」的故事，到了戲劇，就活捉孫復；到了「

烏龍院」，閻惜姣活捉張文遠，不過這個活捉就有些胡鬧了。由於這些所謂的「足古心理」，使得原始的單純故事，或者是轉化，或者是擴張，滿足了觀衆的心理需要，類似這些戲劇成分很重的故事，很早便在民間傳說中流行，在民間唱詞中傳唱，最後才由戲劇家改編去演出，這便是戲劇與講唱在故事承傳上的現象。

再從戲劇發展上來看，第二個現象是傳統戲劇與地方戲曲受到講唱文學的影響。一般的說法，大致以爲地方戲曲萌芽清代中葉，雅部崑腔衰落，花部亂彈代之而起，但從演變的軌迹來觀察，並非如此，它應是受到講唱文學的影響，大抵上說起來通都大邑可以有戲班子唱戲，地方則有簡單的說唱，如彈詞、鼓詞、寶卷、木魚書、子弟書等，他們雖然各依其特有的方音，另創唱腔，但有時也仿照都市的戲班子，演出所謂「大戲」，但此類大戲，或採官話，像現在臺灣的北管（或子弟書），但大部分是改用特定的方音來演出。打個比方來說，與其讓廣東人去聽北方官話的京戲，唱北方的故事，不如唱他們喜歡的故事，使用他們自已的語言，來得直接，容易感動。於是以他們自已的地方故事來串演戲劇，這些地方故事實際上就是普遍流傳，或者是已經轉化或擴張過的講唱題材。可是唱戲並不容易，它必須注意的，一是舞蹈動作，一是音樂歌唱，於是他們先從講唱支流的皮影戲、傀儡戲等小玩意開始學習編戲、編詞、編唱。演員先在幕後唱，唱個十年二十年，將戲唱熟，本子記熟了，而且各種唱腔都會了，於是登台表演，從幕後到幕前。彈詞、鼓詞也都是如此，先是坐在「狀元台」上清唱，慢慢地也粉墨登場，串演起來。由於有這種現象，所以造成了文學史上的若干誤解。孫楷弟特別寫了

「中國戲劇淵源於傀儡戲」一書。當然，戲劇和傀儡戲之間，會有關係，然而與其說後來的戲劇淵源於傀儡戲，還不如說是受到了地方講唱的影響。

其次，我們在王靜安先生的「宋元戲曲考」中，看到王先生分析曲牌子的來源，有的出於大曲，有的出於唐宋詞，有的出於諸宮調，更有來自民間的。到了清代，有位崑腔宮調的權威葉堂，在他編印「納書楹曲譜」時，除正規戲外，後面還附有「俗增紅梨記一齣」、「俗增荊釵記一齣」，「俗增西遊記一齣」和「時劇」三齣等四種，其中以「時劇」（時調）最令人注意，因它可能就是戲劇的源頭活水。這句話怎麼說呢？因為戲劇中所用的唱腔，根據分析，幾乎都是出自民間的。像元雜劇中有許多曲牌子，是有些可以知道他們的來源，譬如：「華嚴讚」、「行香子」等曲牌，一望就可以知道是佛道所唱。又像佛經中記載釋迦在成道前，曾遊四門，體會了生老病死的故事，現存元雜劇中，就有叫做「遊四門」，或「太子遊四門」的曲牌子。從這些小地方，我們也可以發現：地方流行的曲子，也有被吸收到戲劇裏頭的現象。換句話說，也即是曲牌有來自民間的佛、道曲，流行俗曲的。而且劇作家也往往喜歡在劇進行中，插進一段時調，增加其通俗性、娛樂性，烘托出它的氣氛。在關漢卿的「竇娥冤」中，到了第四折，描敍竇娥冤魂託夢給竇天章前，忽然介入一段單用小令「沈醉東風」，也是這種技巧的運用。也許你會覺得這種現象出現在元雜劇裏，並不稀奇。可是我們再看清代著名的小說家蒲松齡，他除了小說「聊齋」外，還留下「俗曲」和洋洋百萬言的章回小說醒世姻緣。俗曲裏有鼓兒詞、快書和牌子曲，都是用山東緇川的土語寫成的。在刊行的俚曲十一種中，有「禳妬咒」一種，共分三十三回，敍述㦬內的故事，此劇以丑角開場，似宋元話本的「入話」，固然少見，然而曲調之應用，尤爲特異。其所用曲調，多半爲「市井俗唱」。如：西江月、劈破玉、呀呀油、跌落金錢、倒板槳、鬧五更、刮地風、銀紐絲等。餘者雖出自南北，却似乎都經過「俗化」了！而這些也就是普遍被放在口裏吟唱的「時行小調」。所以戲曲史家往往說中國有四個不同的聲腔源流：南崑、北弋、西梆、東柳。蒲氏的「禳妬咒」，或許是柳子腔的第一齣戲，就好像「浣紗記」是「崑腔」的第一齣戲，皆以時行調子唱戲曲，而時行調子至今仍隨時在唱，劇作家亦頗採地方講唱之時調，以入戲曲。

## 四、講唱文學的故事取材及其地方色彩

接著我們就談到了講唱文學故事取材的來源。它的來源：

㈠舖演歷史故事：人們常常喜歡說：「一部二十四史，不知從何說起。」因爲歷史不僅僅是敍述興廢爭戰的史實，其中也有傳述聖人經典的眞諦，以達成羣治的功效。劇作家因爲取材較易，每每把三從四德，教忠教孝，知仁達禮的道理，藉著講唱，把歷史編進去，希望能收到懲勸的功效，所以此類作品也最多。像變文中的「伍子胥變文」、「漢將王陵變文」、「捉季布傳文」、「李陵變文」、「王昭君變文」、「張義潮變文」等都是取材於史傳，但是故事的傳流，或者因野老的口說，或者因學者的傳述，又增湊了不少枝節與波折。如：「伍子胥變文」中「遇姊濟食」、「與妻相見」、「漁人獻計」、「誅斬魏人」等，都是作者從史傳所載，和民間傳說演繹後，自行增益的部分。

㈡民間傳說與故事轉化：如梁祝故事，無論大江南北都曾出現。諸家的記載都有不同。（註二〇）但在現在的戲劇中，却多半以蘇杭爲背景。但如果推究它的故事，和「孔雀東南飛」、「韓憑故事」（註二一）、「韓憑賦」等，都有牽引轉化的可能。

但是民間傳說，在轉化後，往往也和史傳相混。如孝子董永，據說出於湖北孝感縣，在那裏還有孝子廟。但是到了安徽則變成了黃梅戲「天仙配」，在川劇裏成了「槐蔭記」，另外我們可以從敦煌變文中找到「董永變文」，他仍然叫董永兒子爲「董仲」；但我們在清平山堂話本西窗集「董永遇仙傳」中，發現把董永的兒子董仲，訛成「董仲舒」，並在入話中明言故事發生在「東漢中和年間」的「潤州府丹陽縣董槐村。」其實我們從晉干寶搜神記和變文中，都可以發現它的錯誤。（註二二）這一點，焦循就曾經提到：

> 宙載云：湖廣志：安陸州『董仲』，漢董永子，母乃織女，生仲而靈異，數篆符鎭邪怪。近日院本以『董仲舒』爲永子。不知仲舒生于西漢，永爲東漢末人，不惟相隔違甚，亦且侮褻先儒，或以永子名仲，遂以仲舒當之耶？莊嶽委談云：今傳奇有所謂董永者，詞極簡陋，而其事實本搜神記，非杜撰也。（註二三）

像這類穿鑿附會，千頭萬緒的故事，在地方講唱中，層出不窮，不勝枚舉。其他還有才子佳人的故事，也常被編進講唱中，像唐伯虎點秋香的「三笑」，張君瑞與崔鶯鶯的「西廂記」，方卿與翠娥的「珍珠塔」等，也都是在民間家喻戶曉的。

民間傳說、或是史傳故事，既然常被文人的生花妙筆把它「擴張」、「轉化」後，編進地方講唱。假如他們的故事基本型態相同，是否有他們的「區域性」和「地方性」呢？根據觀察的結果：同一故事，固然有超出地域性的，但大半有它特定的地區。譬如說：在湖南漢劇裏，多串演三國故事。因為三國演義中，最爲人心儀的角色，莫過於料事如神的諸葛亮，而南陽正是他的老家，所以當地人聽起來，自然倍感親切，也最感興趣了。也有人說，武漢一帶的三國故事的中心，赤壁就在附近，是以形成「說三國」的風氣。至於河南一帶，就數「秦香蓮」等「包公戲」爲最多，因爲包青天的開封府在當地是耳熟能詳的。其他的，像白蛇傳、梁祝故事流行於蘇杭，烏龍院流行於江蘇，荔鏡記流行於閩南，長生殿流行於四川，梆子腔多喜歡串演打金枝，都是這個原因。其次像王魁負桂英的故事，在梆子腔裏演的最多，梆子腔與弋陽腔同屬高腔，所以就一直在江西的販茶船系統裏傳流著。同時因地域的改變，在處理手法，和聲腔唱法上，也不相同。南方的，比較偏重在宗教性，具有浪漫色彩。而北方的，常常訴諸法律制裁，像「王魁負桂英」劇中，桂英只有「活捉」；然而在「秦香蓮」劇中，陳世美只有「正法」，才能大快人心。在唱腔上，像長生殿在崑腔裏只用絲竹管絃伴奏，但是到了川劇，除了演員，還有幫腔的一道唱。又像王魁負桂英的開篇，在彈詞裏，是用琵琶三絃，襯托出淒切哀怨的氣氛；在川劇裏，是採用弋陽腔一唱衆和的方法；到了河南梆子腔，就改用胡琴，拉出如泣如訴的哀吟，傾說桂英那種莫可奈何的心境，這是除了唱腔、手法外，還有利用樂器，塑造氣氛的現象，表現出他特有的地方性呢！

## 五、尾　聲

從以上的種種現象看來，我深深覺得，在今天提倡比較文學，尤其是比較戲劇，切實需要一些有心人，將文學作品、民間故事、地方戲曲等，與傳統文學、傳統藝術，下一番功夫，有系統、有條理、有方法的去蒐集，去整理，去分析，去判斷，在亂絲中理清一些線索。而研究戲劇的方法，也應當從方言唱腔，曲牌來源，故事轉化擴張，地區發展種種因素上著手，才能夠解決在整理判斷上的困難，重新爲戲曲注入新生命，爲戲曲史開創新的研究途徑。

### 【附　註】

註　一　沈約宋書謝靈運傳論上說：「歌詠所興，宜自生民始也。」

註　二　見余嘉錫論學雜著「小說家出於稗官說」，頁二六七。

註　三　見詩大序。

註　四　見聞家驊「神話與詩」頁二六三「什麽是九歌」、頁三〇五「九歌古歌舞劇懸解」。

註　五　見劉著「校訂本中國文學發展史」頁一二八：「在今天看來，漢賦雖也有一些較好的作品，但絕大部分是一種歌功誦德的『僵化了的辭章』」。

註　六　史記平準書：「漢興七十餘年之間，國家無事。非遇水旱之災，民則人給家足，都鄙廩庾皆滿，而府庫餘貨財，京師之錢累巨萬，貫朽而不可校。太倉之粟，陳陳相因，充溢露積於外，至腐敗不可食。衆庶街巷有馬，阡陌之間成羣，而乘家牝者擯而不得聚會。」這段文字，可說是最好的生活寫照。

註　七　班固兩都賦序：「或以抒下情而通諷諭，或以宣上德而盡忠孝。……故臯陶歌虞，奚斯頌魯，同見采於孔氏，列于詩書，其義一也，稽之上古則如彼，考之漢世又如此，斯事雖細，然先臣之舊室，國家之遺美，不可闕也。」

左思三都賦序：「先王采焉，以觀土風。見綠竹猗猗，則知衞地淇澳之產，見在版屋，則知秦野西戎之宅，故能居然而辨八方。……何則？發言爲詩者，詠其所志也。升高能賦者，頌其所見也。美物者貴依其本，讚事者宜本其實，匪本匪實，覽者奚信！」

註　八　班固兩都賦序：「賦者，古詩之流也。」

註　九　文心雕龍詮賦篇：「賦者，舖也。舖采摛文，體物寫志也。」

註一〇　見北大民俗叢書十六號「民間文學專號」中錢氏「韓憑故事」一文。

註一一　南詞敍錄說：「今唱家稱弋陽腔，則出於江西。」

註一二　集異記王之渙作「王渙之」。

註一三　詩經大東：「維天有漢，監亦有光；跂彼織女，終日七襄；雖則七襄，不成報章，睆彼牽牛，不以服箱。」

註一四　古詩十九首：「迢迢牽牛星，皎皎河漢女，纖纖織素手，札札弄機杼，終日不成章，泣涕零如雨。河漢淸且淺，相去復幾許，盈盈一水間，脈脈不得語。」

註一五　見陳汝衡「說書小史」頁三二。

註一六　彈詞家在臨說書時，往往先用琵琶或絃子吟唱韵文若干句，名曰「開篇」。猶水滸傳之「致語」，北雜劇之「楔子」，宋元話本之「得勝頭迴」或「入話」，傳奇之「家門」。

註一七　震澤王延鼎懶鶴在「南浦行雲錄」中，敍述它到灘亭，夜間往聽張姓說「三笑」事，記後更爲彈詞作一說略，他說：「臨說書時，先用琵琶或絃子彈唱。若七言詩一篇者，曰『開篇』。說至一半，則稍停以間之，曰『打尖』，亦曰『

小回落』。書中有吃緊處，是日聽者倍多，曰『關子』，說書者故作騰那，有延至三四日，仍說不到其處者，曰『賣關子』。」

註一八　見陳寅恪「論再生緣」，頁六六。

註一九　見老殘遊記第二十回。

註二〇　張長弓鼓子曲言十五「題材來源考」，頁一〇三「梁山伯祝英台」條，備載諸說，可以參考。

註二一　晉干寶搜神記卷十一：「宋康王舍人韓憑娶妻何氏，美，康王奪之。憑怨，王囚之，論爲城旦。妻密遺憑書，繆其辭曰：『其雨淫淫，河大水深，日出當心。』既而王得其書，以示左右，左右莫解其意。臣蘇賀對曰：『其雨淫淫，言愁且思也。河大水深，不得往來也。日出當心，心有死志也。』俄而憑乃自殺。其妻乃陰腐其衣，王與之登臺，妻遂自投臺，左右攬之，衣不中手而死。遺書於帶曰：『王利其生，妾利其死，願以屍骨賜憑合葬。』王怒，弗聽，使里人埋之，冢相望也。王曰：『爾夫婦相愛不已，若能使冢合，則吾弗阻也。』宿昔之間，便有大梓木，生於二冢之端，旬日而大盈抱，屈體相就，根交於下，枝錯於上。又有鴛鴦，雌雄各一，恆棲樹上，晨夕不去，交頸悲鳴，音聲感人。宋人哀之，遂號其木曰『相思樹』。『相思』之名，起於此也。南人謂：此禽卽韓憑夫婦之精魂。今睢陽有韓憑城，其歌謠至今猶存。」「韓憑妻」事並見太平御覽卷五五九；天中記卷十八引九國志及玉台新詠；太平廣記卷四六三引嶺表錄異；紺珠集卷十引物類相感志；永樂大典卷一四五三六「相思樹」條引稽神、異苑；卷一四五三七引溫革瑣碎錄；藝文類聚卷九十二引列異傳；類說卷二十三引續博物志（今本無此條）；珠林卷三十六。

註二二　晉干寶搜神記卷一：「漢，董永，千乘人。少偏孤，與父居肆，力田畝，鹿車載自隨。父亡無以葬，乃自賣爲奴，以供喪事。主人知其賢，與錢一萬，遣之。永行，三年喪畢，欲還主人，供其奴職。道逢一婦人曰：『願爲子妻。』遂與之俱主人謂永曰：『以錢與君矣。』永曰：『蒙君之惠，父喪收藏，永雖小人，必欲服勤致力，以報厚德。』主曰：『婦人何能？』永曰：『能織。』主曰：『必爾者，但令君婦爲我織縑百疋。』於是永妻爲主人家織十日而畢。女出門，謂永曰：『我，天之織女也。緣君至孝，天帝令我助君償債耳。』語畢，凌空而去，不知所在。」事又見御覽卷四一一引劉向孝子圖，卷八二六、八二七引劉向孝子傳，珠林卷六二。

註二三　見焦循劇說卷二。

# 從地方戲曲的發展看南管與南北曲的關係

「南管」，是閩南方言的戲曲音樂。今以個人所知戲曲方面的一般常識，來分析比較它與南北曲的關係，以瞭解南管在中國戲曲發展史中的地位。

傳統的戲劇研究主題，都是偏重於文學部分的辭章，只注意它的句數、字數，平仄四聲，因此和研究唐詩宋詞等書面文學的態度完全一樣；然而，我們今天如果要眞正的瞭解中國戲劇，首先要明白中國戲劇的發展歷史；同時更要有一個基本認識：那就是中國各地方的劇種，都是戲劇發展中的一員。進而研究比較分辨它們之間的關係，如此才能建立一完整的「中國戲劇理論」。

雖然祖先流傳下很多劇本，但這些書面的記載和舞台上的實際演出，通常有很大的差距。因此，我們也要全面地對地方戲劇的表演與歌唱的藝術部份加以研究。將理論與實際完全配合，這才眞正能瞭解祖先遺留下來的這份寶貴的戲劇遺產的眞面貌。

首先，謹就戲劇史的研究來說：怎樣尋求中國戲劇的「根」，是最先要確定的！今天我們一直將崑曲或平劇當成「國劇」，這種論點並不大正確，因爲崑曲本身也是一種地方戲，所幸的它擁有不少劇作家為它努力，蔚為大國。平劇也只是一種新生的綜合性的地方戲，並非溶合了全國所有古老劇種的特徵而成的戲劇。

再說，今天的戲曲史研究，還未能包含戲劇的全部研究，只注重在劇本創作、曲辭品藻等問題，我們眞正徹底懂得這一類藝術，第一當先明白它們所使用的音樂及曲牌，更要承認：中國所有地方劇種，幾乎都是訴諸音樂形式來演出；而且同一劇本，在全國三百多種地方戲劇中，其唱法、腔調、表演也各有不同！

從前，我們太偏限於狹小的範圍來認識中國戲劇，今天的戲劇研究者，應該注意到下列三點：一是劇本的形成與演化；二是故事題材的來源與混同使用；三是唱腔、伴奏音樂與搬演，亦卽音樂和表演藝術部份。

就劇本來說：現存元雜劇常有兩個以上不同的版本，而同一劇目在不同的版本中，亦時有出入，不但曲牌不同，甚至整折全部套曲都改變的。如關漢卿現存的十七本雜劇中，「關大王單刀會」的第一折，元刊本用仙呂點絳脣套，共有十二曲，而也是園本則少去「後庭花」、「醉扶歸」二曲，只有十曲。可見不同版本的劇本，並不是百分之百相同的，而是隨地區不同或演出者的關係乃有所改變。

就故事混同與假借來說：「同窗琴書記」和「柳蔭記」都是演的「梁祝」故事，而不同劇種的演出，便有不同的情節，而「四九」、「侍久」、「銀心」、「人心」名字，在各劇本中也不盡相同；又如「孟姜女寒衣記」的故事，北方演出和南方演出常有不同的結局；山西、陝西、河北一帶的劇種，表現孟姜女爲貞節烈女，哭倒萬里長城，滴血認骨，和唐代「孟姜女變文」同一系統，而南方有些劇種，則是孟姜女與萬喜良雙雙衣錦榮歸，安排大團圓的結局，像風月錦囊裏的「姜女寒衣記」即是「今喜夫妻完美。」的好結束。

再談到聲腔方面：葉德均的小說戲曲叢考：「明代南戲五大腔調及其源流」中，以及他的「宋元明講唱文學」，都談到中國戲曲聲腔的源流和類型。他舉出㈠溫州腔、㈡海鹽腔、㈢餘姚腔、㈣弋陽腔、㈤崑山腔五種間的相互關係。並綜合各種音樂與文詞的組合情形，分出中國戲劇的聲腔，依其所使用的文學體裁來決定其音樂情格：因而將全國戲曲聲腔，約可分爲兩大系統：一爲整齊句型的「詩句」式的「板腔體」，另一爲「詞句」式長短句的「曲牌體」。

「板腔體」的音樂，大致以民歌爲基礎，自然的語言旋律，較能自由發揮，在節奏上及樂句的組合上來作變化；如大小句節間的「間奏」、「過門」；改變速度，將正板原板衍爲慢板，或轉調「正二黃」如爲G調式，而改變成C調式的「反二黃」，不但音階差了四度，旋律繁簡、節奏快慢也都不一樣。今天的梆子腔及皮黃腔均屬這一系統。又如西皮一調，便有原板、慢板、二六、流水、快板、搖板、導板及反西皮等，還有同調性的「南梆子」。

「曲牌體」的音樂形態，遠可上溯漢魏樂府及唐人曲子詞，近則宋、元詞曲。從文學發展的歷史來看；由於唐代以後，中國由大陸經濟改向海洋經濟，政治經濟中心也漸向東向南移，於是文化中心，也以沿海港口都市爲主要據點，南方的語言也吃香了！而這類語言所造成的詞曲音樂，無論句型、韻式都富變化，其音樂的特性是在節奏上，而不完全在樂句的旋律上。因爲長短句多停頓，多曲折，不是可以一瀉而下地很爽朗的來表現音樂情感，所以曲牌音樂必須講求「主腔」、「大韵」、「官拍」之類，怪不得前人說北曲在絃索，南曲在板，我們唱崑曲的一落了「板」，就跟不上了。

板腔音樂容易予人瞭解它的面貌，它的樂句整齊明朗，較易爲大衆接受；曲牌音樂因句型長短，韵脚不在定點，所以樂句也長短不一，表現得連綿不絕，優游涵泳。板腔體是從民歌系統發展而來，較爲粗糙；曲牌音樂則可稱爲「城市音樂」、「市民音樂」，形式上較爲精緻。近三兩百年來，傳統戲劇作家的精力，幾乎都放在詞曲體這一系統的劇曲上，而認此爲中國代表性的戲曲，如「崑腔」之被尊爲戲曲正統，稱之爲「雅部」，便是一明顯的例子。

我們在分析曲牌體的音樂時，發現同一曲牌，在不同的地方出現，則常有不同的面貌；如「滿江紅」這一曲牌子，在詞譜（附譜一、附譜二）中、河南大調曲子（附譜三）、四川清音（附譜四）等不同地區或性質的樂曲中，它們的名稱雖同，但容貌則各異，甚至在同一劇本中，也不完全一樣。

又如「山坡羊」、在「藏舟」、「斷橋」、「思凡」、「昭君」等四齣昆腔劇中，亦各有差異，（附譜五部分）前二曲爲海鹽腔體系的南曲，後二例爲弋陽腔體系的南曲；前者固定而後者較多變化。因爲曲牌中有「死板」、「活腔」之說，表現上便各有不同。又像崑曲中的「點絳唇」（附譜六，附譜七）是一首引子曲，但男女聲部在使用上，便有五度音程的差別。句法也不盡相同；老生和老旦唱「點絳唇」，本屬同一路子，而老旦的腔則比較華麗。這些都可在「納書楹曲譜」、「集成曲譜」、或「崑曲大全」裏找到許多例子。

在北曲曲牌中其全首句數，亦有可增可減的情形，如本師鄭因百先生曾爲文談到「混江龍」一曲的句法，可以增添，而所增入的句子有一定規格，但無句數限制，而以偶數句爲原則。而這種可增減的部份，也卽是音樂的改變部份。（附譜八、附譜九、附譜十）這些是否與南管的「滾」有關？尚值得研究，因爲北曲系統，常用大段念誦的「滾白」在隻曲中，如湖南高腔琵琶記趙五娘所唱「描容」齣「三仙橋」一曲中，加四字句滾白及夾白，增加了三倍以上的文句。所以戲曲中的曲牌音樂，不是一成不變的！

前舉「描容」，在南北徽池雅調中，趙五娘唱的曲牌是「新水令」、「駐雲飛」、「雁兒落」三曲，到了長沙高腔，則以加「滾」的「三仙橋」替代以上的曲牌子了！而同爲崑腔，同一曲牌，由於淵源有別，縱使主腔工尺大致相同，但板眼節奏則大有差異！（參見附譜五）像這些現象的瞭解，必須要有實際的演唱曲譜、劇本，來加以分析比較，才能知道它們的變化緣由。

關於蒐尋中國古代的樂譜，目前已發現的有「敦煌琵琶譜」、「姜白石詞旁譜」、「西安鑼鼓譜」等，敦煌琵琶譜由於琵琶的定絃與樂譜的解讀還不能圓滿解決，至今仍不能付之演奏；姜白石詞的旁譜，由於旋律的處理，口法的確定，尚未獲得確切的理論根據，而節奏的問題與宋詞究否一字一音，驗之於今日很多民歌、戲曲，均難以解答；西安鑼鼓譜，只是當時樂工的記譜，也是解讀不易；當然也不知如何演奏。而目今南管音樂，則保留了不少樂譜資料，雖然它的譜不知傳於何時，其中有些符號，則十分近似唐抄的敦煌琵琶譜；而南管記譜法的來源，至今也無法追溯，不過其記譜法應當屬於敦煌譜、旁譜這類系統的！當然，這個問題仍有待資料的發掘。

在樂器使用上，南管也認爲相當有古樂遞傳的背景，以地方戲曲音樂的發展來看，它已綜合了絃索、簫管，當在崑弋與梆子形成的時期不遠；譬如由明末傳到四川的弋陽高腔，它的伴奏部份，有三十餘種敲擊樂器，但無旋律樂器；雖然是敲擊樂，但却沒有像平劇裏那樣的「鑼鼓經」，其場面完全由鼓佬按劇情發展的需要，給予烘托氣氛。其伴奏樂器中，有一件聲音特別的「馬鑼」，類似南管用的「響盞」，不知道它們的關係如何？而崑曲以「笛」爲主，梆子腔系統主旋律樂器以「蓋板子」板胡爲主，轉到「吹腔」則和福州儒林戲一樣，用簫笛、蛇皮二胡；南管用簫，也有蛇皮「二絃」，他們的關係又如何？這都値得從樂器配用的軌跡上尋找線索。南管的琵琶係橫抱，和今天南北二派國樂琵琶甚至蘇州彈詞的彈法都不一樣，而我們在漢唐壁畫中所見的琵琶抱法只是橫的用「撥」不用「指」。可見伴奏樂器亦必須作一番調查整理，才能尋出戲曲演化的眞象。

一般說來，中國地方戲劇很少是純粹從一個地方發展起來的，有許多原因會促使它變形、或向外擴大、融合，而改變其原始型態，就像河北「評劇」的成長，便是一例。可是握有明淸詞曲體系唱腔演變關鍵的弋陽腔，它的起源情形，一般都以爲起於江西，但從其牌調及伴奏樂器來看，可能很接近於山西北雜劇這一系統，據史家考證，自蒙元以來，山西掌握了全國金融，票號一直到江西，而平漢地區又是北雜劇的搖籃，它也隨着「交子」、「飛錢」來到江漢等地，和江漢地區音樂會合，而流傳到江西。所以研究地方戲曲不僅要研究地方語言，更須要注意古來交通、經濟及文化交流的情形，以及自然地理環境等問題。

今天我們如果要找出南管的眞面貌，勢必也須要瞭解它附近與南管有關的地方戲以作比較，玆舉三種較有關聯性的地方戲來觀察它和南北曲在劇目上、音樂結構上的關係：

1 梨園戲：

梨園戲是閩南語系中最古老的劇種，從文獻上不易看出閩南語形成的歷史，只知道南宋初年：河南有次大規模移民到福建，可能因此也造成閩南特殊語言區，梨園戲的傳說，自認爲是「宋元遺音」，或許由此因素而來。也有人以爲南戲淵源於「溫州雜劇」，但現在溫州並沒有古老的「土戲」，只有說唱寶卷等，且其語言的音樂性不十分豐富，不像鄰近語區的話語那樣有抑揚委婉的特性，不適於揚聲高歌的戲曲，是否梨園戲即是溫州雜劇的南移，還值得研究。

如就早年在牛津大學所發現的「重刋五色潮泉插科增入詩詞北曲勾欄荔鏡記」來看，全本五十五齣，屬於傳奇體裁的「南曲」，用的潮、泉區方言；和目前流行於閩南語區的「陳三五娘」關係最密切，而內容則並不完全相同。大致上一至三十三齣同於今天梨園戲的陳三五娘。此外梨園戲在表演動作上也保存了許多傀儡戲的形象，如動作誇張，類似機器人，難怪孫楷第先生以爲中國戲劇淵源於傀儡戲，而寫了一本「傀儡戲考源」，特立一章「宋之傀儡戲、影戲與宋元以來戲文、雜劇之關係」，標出「偈讚詞之使用、說話口氣之保留」與扮戲者「自贊姓名、塗面、步法」等，均互有影響。孫氏立論固未能成立，但却證明了梨園戲保留了不少宋元舊劇表演規模。

在梨園戲中保存有五大傳奇，它的音樂組合以南管爲主，包括部份「唐宋詞牌」、及「南北曲牌」、民歌俚曲等，特點是使用方言，故甚少流傳外地。在唱腔處理上並利用泉州民歌與山歌作成「滾調」，有一百零八個滾門，且有三十六大套，現已擴成四十八大套，其中內容包括「王昭君」、「留鞋記」、「孟姜女」、「西廂記」、「陳三五娘」、「呂蒙正」、「秦雪梅」等故事。也吸收了部份弋陽腔及潮州歌調，如「潮陽春」、「緊潮」、「慢潮」等。曲調中有宋元唱賺的賺詞曲牌，如「縷金」、「越恁好」等，也有南北曲曲牌如「福馬郎」、「望遠行」、「紅衲襖」、「沉醉東風」等，並擴張「滾門」，並具有「小令」、「大套」、「集曲」、「南北合套」等與南北曲相同的規模。

梨園戲是七色班，可分爲大梨園和小梨園，大梨園又可分爲上路和下南兩類班子，這三派班社在劇目上各有特點，各有十八「棚頭」。上路班子演歷史名劇，其劇目有見於宋元戲文的，如「捉王魁」、「朱文走鬼」、「殺狗勸夫」、「王十朋」、「蔡伯喈」等；有和明朝中葉以後的弋陽腔劇目相同的，如「蘇秦」、「程鵬擧」、「孟姜女」、它們是否卽從原本譯成福建方言來唱，尙待進一步查證。至於詞曲方面，是與「南曲指套」相同。

下南班子在劇本處理上不及「上路」完整，顯得較爲粗糙，演出劇目有「百里奚休妻」、「金姑看羊」、「何文秀算命」、「鄭元和與李亞仙」、「雪梅敎子」等。小梨園係由兒童扮飾，演地方小戲，如「高文擧」、「楊文廣」、「陳三五娘」、「朱弁征金」、「崔子弑齊君」、「郭華買胭脂」、

「漢宮秋」、「蘇東坡遊赤壁」、「桃花搭渡」、「大補缸」、「目蓮救母」等。

2莆仙戲：

據說是自唐代流傳下來的。供奉田都元帥，明初卽很流行，最常演出的有：「三元記」、「金印記」等戲。其特殊演出方式爲先打三通鑼鼓，由末出來踩篷，唸一首詩，再唱田都元帥咒語。莆仙戲亦演五大傳奇，但角色較梨園戲多加一人，而變爲八色。莆仙戲又可分爲大鼓戲和小鼓戲，大鼓戲用本嗓歌唱，聲調高亢；小鼓戲多係外來，一般說來吸收了平劇、弋陽腔、漢調等，尤與四平調關係密切。

3高甲戲：

或稱九甲，卽九色戲，最初是民間「裝人」遊藝的宋江陣，漸漸變成以演「水滸」爲主的武戲，吸收了傀儡戲的表演和音樂。後來再加演綉房戲，如「打金枝」等，吸收南曲十音加强其音樂效果，且也吸收地方的民歌，如「唐二別妻」、「管甫送」、「桃花搭渡」等。過場用十音，音樂較豐富，有所謂籠吹、龍虎鬪等。其使用調門比南管多，南管只有四個調子，高甲戲則有七個不同調式，仍用南管的旋律，但非完全十二平均律的音階。

宋人作詞很注重起調、畢曲的問題，起調應爲第一個起韵的韵脚，畢曲應是全章的最後一個韵脚。如崑曲遊園驚夢中步步嬌「裊晴絲」這首曲子所有的韵脚皆落在La音上。如此是因爲戲曲音樂來源從民歌、地方小調而來，歌謠性强烈，簡單、明白、整齊，故須押韵。但高甲戲起音不一定，起調音也不一定同於畢曲，不知南管是否亦如此？高甲戲有上下五度的變動，旋律都在上下五度之間。節奏同於南管，有七撩、三撩等拍式。

高甲戲可分爲大氣戲和綉房戲二類，大氣戲演水滸、三國等故事，使用曲牌有「漿水令」、「水車」、「玉交枝」、「剔銀燈」等，綉房戲演「陳杏元和番」、「山伯英台」等故事，常用曲牌有「一封書」、「勝葫蘆」、「青衲襖」、「紅衲襖」、「金錢花」等。另有醜旦戲，大都是短劇，較著者如「桃花搭渡」、「唐二別妻」、「管甫送」，曲調多用民間小調：如「雜貨歌」、「更鼓歌」、「錦歌」、「行船歌」等曲牌。高甲戲是地方民歌發展起來的又加入了南管音樂，故非常悅耳動聽。

以上所舉的戲劇，均和南管有關，而所舉曲牌名目，又多見於南北曲，故南管與南北曲在形式上及實質上，必定都有關連。而南管音樂處理，同於南北曲形態的有「集曲」、「帶過曲」等類型，如南管「巫山十二峯」集了「一江風」、「駐馬聽」、「九串珠」、「暮雲捲」、「玳環着」、「水底月」、「黑毛序」、「風霜不落葉」、「白芍藥」、「石榴花」、「五節樽」、「誤佳期」等十二個曲牌的部份樂句而成。而南曲的「巫山十二峯」也集了「三仙橋」首至四、「犯白練序」四至末、「醉太平」首至五、「普天樂」五至末、「征胡兵」首至四、「香遍滿」四至末、「瑣窗寒」首至三、「劉潑帽」三至末、「三換頭」首至六、「賀新郎」末三句、「節節高」首至七及「東甌令」第二句而成。雖然它們所集的曲調來源不同，而形式則相同。另外南管中還有「五韻美」、「七犯望商人」、「八寶妝」等亦均係集曲無疑。

至於帶過曲：南管則有「相思引過玉交枝」、「怨王孫入醉相思」、「石榴花落野韵悲」等，用了「入」、「過」、「落」等術語，是否也如南北曲的由於音樂性格不同，在組合上也用了不同的「帶」、「過」、「兼」等字眼呢？至於像北曲「雁兒落帶過得勝令」、「沽美酒帶過太平令」等，已經有些主從不分，曲式混合了！由南管音樂譜例也許可以找出帶過曲的規律，以解釋這些難解的南北曲現象！

南北曲演唱的口法現已失傳，而它的若干音樂資料，尚保存在崑曲及其他地方戲曲中，但目前還沒有人完整地分析崑曲聲腔與曲牌音樂的源流和衍化；而今天的南管無論在唱腔口法上、樂器組合上、以及曲牌的組合，變化處理上，都保存了不少與南北曲可以互相參證的寶貴資料，十分值得提倡和研究！本人不十分熟悉南管，謹提出一些比較性的問題，以求教於方家。

註：原稿係由錄音整理，抄謄數次，均由李生國俊代爲記錄，譜例部份，亦多由李生代爲譯錄，特此致謝。

# 傳統戲曲與現代音樂的關係

## 一、引　言

近年來由於民族意識的提昇，引起了對傳統文化的覺醒，也激起了對文化根源的追尋；尤其在音樂方面，幾十年來西洋音樂的充斥，以及所謂熱門流行歌曲的泛濫，轉而激起一股抗拒潮流，而產生了所謂「校園之歌」。但是，這便是中國音樂的復甦嗎？大家唱來唱去說：這便是中國音樂嗎？記得六年前筆者在歐洲，遇到巴黎東方音樂學院陳文溪博士，談到目前世界音樂的趨勢，他認爲：

由於歐式文化從十八世紀以來，即成爲強勢文化，到處傳播、替代，久而久之，已經發生僵化，西方的音樂家，早已在試圖突破，求新求變，包括他們注意到一些深藏在非洲心臟地帶的土著音樂，都十分有興趣，希望能從那些聲響中找到新的激素，來復活西方的音樂生機。當然很多音樂家也注意到東方，尤其中國——本來是一個禮樂之邦，而今竟悄無聲息，除了對西洋音樂完全吸收外，竟也拿不出什麼足以代表自己的。

陳博士說：

近來民族音樂研究，漸受國際樂壇重視，中國過去有豐富的音樂遺產，爲何不藉此一新世界樂壇的耳目呢？藝術本來就不可以強分高低，尤其是各民族自己發展出來的音樂，都是人類智慧的結晶，怎可擺在一個天平上去量估他們孰好孰壞？

這句話對我這個從事古典戲曲文學格律研究的人，眞是一個鼓勵，尤其很多想尋中國音樂根的青年朋友們，常常跟我討論到什麼是中國音樂的風格？引發了我要對傳統與現代音樂上的連繫，提出一些自己的看法，請諸位指敎。

## 二、探索現代中國音樂的癥結

在今年春季，中廣公司音樂組舉辦了「第十屆中國藝術歌曲之夜」，並舉行了三天的討論會，也出了一本「近七十年來中國藝術歌曲」論集，有六十篇大小文章，眞是篇篇珠璣，也都講到了問題中心，也提出了問題，也討論了問題，也解決了問題，但也引出了不少中國音樂上的基本問題。

中國是詩歌民族，從詩經、楚辭、樂府、吳歌、西曲、唐詩、宋詞、元曲，幾乎無一不與音樂有關，無一種不是唱的！他們都是音樂！可是今天談的藝術歌曲，正如趙琴女士所說的，正是「詩詞和音樂結合的中國藝術歌曲」（註一），然而它們是跟傳統音樂結合的產物嗎？再舉金慶雲女士「民歌與藝術歌之間」（註二）所說：

民歌，即使是很生的新民歌，卻能一下打入人心，……畢竟民歌都經過時間長久的淘洗，……而色彩鮮明，趣味豐富，使演唱者容易把握發揮……民歌也尖銳地暴露了西洋聲樂觀點不能完全適用於中國歌。演唱者紛紛尋找中國唱法，有人說找到了中國式美聲，有人說聲樂方法只有一種；有人說那就不再是民歌……。

這段話裏提出了色彩鮮明的民歌風格，語言與音樂之間的溝通與表達等，都是今天產生新音樂所帶來的新課題——什麼是中國風格的音樂？

張炫文先生在他「聲樂曲調與語言」一文中說（註三）：

中國語言與音樂互相依存的現象，不僅存在上述的詩樂、詞樂及劇樂中，即使在我們目前所能接觸到的民間音樂裏，……語言與音樂密切而自然的結合，猶如說話一般，任何懂得台語的人都可輕易聽懂，而且油然產生親切感。……

他又說：

綜觀上述，地不分中外，時不論古今，樂不分雅俗，音樂與語言密切結合，相依生存的事實，始終都普遍存在著。因此有人說：一個國家的音樂風格，乃脫胎於語言。……無可否認的，自古以來，世界上不同國家、不同民族的音樂風格所以迴然相異，除了由於民族性、時代、環境等因素之差異外，語言的不同，的確是一個重要的因素。

接著他又說：

我國的傳統歌樂（包括民歌、戲曲、說唱及詩詞吟唱等），絕大多數均出自民間樂人之手，談不上什麼作曲技術，但求音樂與語言特性密切配合，其表現出來的音樂，無疑是最純正的中國民族風格；而自清末民初以來，接受西洋作曲技術訓練的作曲家們的歌樂作品，所表現出來的民族感情似乎淡了許多，究其原因，除了深受西洋音樂語法的影響外，比較忽略語言在歌樂中所佔的重要性，也是一大因素。

張先生站在地方戲曲樂理的研究者立場看「民族風格」，可謂一語道破今天中西音樂的不平衡發展，是造成失去中國風格的主因。當然，一首好的音樂產生，絕非單靠語言旋律，否則作曲家就要被語言學家所代替了！但從近代藝術歌曲的創作上來說，作曲家的語言文字的素養是相當重要的！民國六十年九月，趙琴女士「訪趙元任兼談詞曲的配合」（註四）中說：「語言工作是不是也有與音樂關連之處呢？」趙博士說：

這個問題可以說有，也可以說沒有。語言裏聲音頻率的高低，當然是一種主要的成數，但是在多數語言裏，無論喉音基本音的語調，或是字調，例如四聲或是口鼻腔共鳴音的音色，發成各種元音及輔音，這些雖然多數是樂音，但是與音樂卻有許多不同之處，音樂裏用的音，十分之九以上都是平的，而語言裏十分之九以上都是變的，是滑音（筆者註：樂音是跳動的，語言是流動的），這是很不同的地方，但是編歌曲時，又不能不顧到歌曲的四聲。在不用四聲的語言裏，像英文、德文之類，又不能不顧輕重音！所以語言與音樂有密切的關係！……

趙元任先生是專家，他的說法應該是確實不疑的！作曲不管語言旋律，在傳統戲曲理論中就要被譏爲「拗折天下人的嗓子」了！李抱忱先生在「談談給中文歌詞作曲」一文中說（註五）：

中國語言裏有四聲，平常說話的時候，高揚起降的自成一個語言旋律。這是中國語言的特色，歐美語言裏所沒有的！……我們說話像唱歌……因此，爲一個已經有語言旋律的中文歌詞，再配上一個音樂旋律時，問題也多！趙元任博士在他民國十七年出版的新詩歌集的序裏，也曾討論過這個問題，他說字的平上去入，要是配得不得法，在唱時不免被歌調兒蓋沒了，怕聽者一方面不容易聽懂，一方面就是懂了，聽了也覺得不自然。我認爲除了不容易聽懂同聽著不自然以外，有時還有聽錯了意思的危險。流亡曲裏三個非常重要的字「九一八」，因爲旋律配得不得法，所以聽得像「揪尾巴」。

把一個悲壯的歌曲，弄得人一唱到這裏就笑，這實在值得注意。「天下爲公」一曲有人把他譜成（譜一），所以聽著像「大刀之行也」！

李博士這樣的發現，正是周德清中原音韻序中的「歌其音而非其字」的證明嗎？這是作曲不顧語言，便扭曲了歌詞的意思；再加上不講求唱法，正如趙琴女士的「爲誰創作？爲誰歌唱？」（註六）中說：

近代中國藝術歌曲的寫作方法，在學院派是以西洋的調性和聲理論爲主，這些歌曲中，有的西洋歌劇味太重，從西洋音樂中得到靈感加以發揮的！是很難聽出中華民族的情感，若再加上吐字上吐字不清的洋唱法，就很容易失去了古詞韻味和民族性的情感了，分明是一首很美的歌，只可惜它少了中國味兒。

問題便在這裏，所以呂泉生教授在他的「期望於中國藝術歌曲」中說：

近來我一方面專注於歌曲創作的研究，一方面也關懷著作曲界新秀們的動向，我以爲：去法國留學回來的，以法國的作風作曲；在德國留學回來的，以德國的風格寫中國音樂，只要他們肯下功夫來寫，我們都應該去鼓勵他們，但是對於年輕人，我忍不住想要奉勸一句話：是不是更應該在創作中國樂曲時，去多參考一下我國固有的風格呢？說一句不雅，但是很實在的比方：中國人用奶油炒豬肉，吃起來也許不錯，但是可以說它是中國菜嗎？對於曾經流行的校園歌曲，用吉他的和聲寫出來的歌，洋味兒十足，更不可以說那是屬於中國歌曲的創作了！

呂先生的話是語重心長，怎樣才會有中國風格呢？呂先生又說：

只要我們有心去做好它，中國藝術歌曲是絕對擁有美好遠景的，對於演唱家們，我請求他（她）們要有充分的文學修養，以及語音訓練，這樣唱歌才能深入人心感動於聽衆，作曲家們要完全掌握歌詞的要義，並且特別要注重曲式與歌詞的發音是否配合得好，有些作曲家在寫歌時，不去管國語的重音與咬字的困難，只顧自己的旋律，這對演唱者是不公平的，此外我希望文學家、詩人能夠與音樂家們携手合作，因爲目前許多詩人的作品，只適合朗誦性，缺乏音樂的韻律感，無法作歌，所以我建議文學家們要主動與作曲家密切的聯繫，讓我們共同創作，在這一代的中國藝術歌曲發展的工作上，盡一份薄力。

呂先生是作曲界的前輩，他的長期體驗決不是聳人聽聞，一首好音樂，決不是單方面的條件可以達成，要具備各項知識、訓練，尤其是歌詞作者，受到了新詩不押韻的影響，常常作些沒有韻脚的句子，叫曲家在曲調的處理上十分爲難，像韋瀚章先生在「一個急切的課題」（註七）中說：「寫新詩，大多數的作者都不在乎押韻，究竟作詩不押韻對不對，……我祇希望在這裏略談歌詞押韻，是與歌詞的表情有很大關係的。一首歌詞是否好唱好聽，全視它的聲韻是否調配適當而定。拿一首完全不講究聲韻的詩，給作曲家作爲樂歌，將會給他製譜上許多困難。縱使他勉強製成樂歌，唱的人也會感到字句不利口齒，難於演唱，即使他勉強唱出來，恐怕聽的人也不容易聽出他的詞句來。這都是我們嘗試過，而且實際感覺到的經驗，殊非故神其說，或危言聳聽的。還有一層，歌詞所表達的情感，有喜怒哀樂之分，這在押韻上尤其重要！譬如一首雄壯激昂的歌詞，必須押響亮的韻，才能顯出這份豪壯的聲勢。……」

韋先生的歌，我們從小學就唱了，像他所舉的「旗正飄飄」何等雄壯！以上所舉的例子，都是當前音樂界實際工作者的心聲，也是從長期工作中所發現的問題癥結，如果我們不正視和解決這些問題，那麼怎樣從事現代中國音樂的建設呢？

## 三、如何尋找中國音樂的風格

從前引例證，不難發現中國現代音樂的病癥在於貧弱，發育不夠健全，也可以說得了時髦病；就好像科學家發現維他命對人體健康有好處，於是便光吃維他命不吃飯，其於健康究能幫助多少？要平衡今天對中國音樂的正常發展，我以為孫賴德芳老師在「採用現代技法尋求中國音樂語言」（註八）文中說得最為令人佩服：

目前國內的作曲知識皆來自於西洋，就像畫家必先學會西洋素描寫生，或者醫生必先學習西洋醫學知識的過程一樣，是絕對必須的。由於部分作曲家創作時引用西洋的作曲方法而又希望顧及中國的傳統精神，有時處理上難免有模糊不清的情況發生，但也有作曲家能突破障礙創出屬於自己獨特風格的好作品。個人以為，作曲家要創作中國歌樂可以先從事整理編纂中國古代的歌樂和樂理知識，並採用現代技法來加以分析解釋，尋找出屬於中國的音樂語言，繼而借重西洋基礎理論來豐富中國當代的作品，相信必可因此發展出兼顧現代技巧與中國音樂美學的優秀作品。

我想，這個論點是非常正確而且是當務之急的，我們要尋找中國音樂的根，要用現代方法整理中國音樂遺產，從古人的作品中去找尋中國人的音樂靈魂，用西方進步的研究分析方法豐富我們對傳統音樂的認識；時代在改變，人們已經從長袍馬褂改穿西裝，但中國音樂遺產是穿長袍馬褂時代的產品，也應該由穿西裝的現代人來「現代化」吧？這本來就是今天中國音樂工作者的責任；但若千年來我們只有揀現成地接受西洋音樂，卻少有抱著拓荒者的精神來從事傳統音樂的整理，孫老師的呼籲，該是有志於中國音樂中國化的中國音樂工作者們，不要再問：「中國音樂在那裏？」而是該起而伸手來共同整理、發掘、研究、分析，也許一些破銅爛鐵，會發光，會成金、成鋼。但那塊音樂荒野，是要人去開墾的！而那塊荒蕪已久的廢墟中，資料最多，內容最豐富恐怕是「戲曲」了，所以有人說，中國傳統戲曲是中國音樂的寶庫！香港中文大學趙聰教授的「中國大陸的戲曲改革」一書中（註九）第二章地方戲：「根據一九六〇年的統計，全國戲曲劇種總計爲四百七十種。」這是何等驚人的數目？每種戲曲所使用的音樂曲牌，總是百種以上，就元人雜劇的音樂而言，雖然北曲唱法久已失傳，而根據楊蔭瀏中國古代音樂史稿下册（註一〇）：

1. 第二十二章統計至今尙存有樂譜（在九宮大成南北詞宮譜、納書楹曲譜、集成曲譜等）的元代作家，除了無名氏以外，約有四二人。尙存有全部或一部分樂譜的元代雜劇，以劇目計，約有一百廿一種；以折數計，約有二百一十折（每折以十隻曲計，則有兩千餘首）；全折存有樂譜的約八十六折，零曲有二百零六曲。

2. 第二十四章散曲（註一一）南北套曲計一百六十一套；五百八十九曲。

3. 第二十五章南戲（註一二）尙存元代南戲有樂譜的劇目約六十二種，二百九十三齣；全齣樂譜存有一百八十八齣，零曲有五百零一首；全部約三千餘首。

其他器樂、說唱等不算，這批音樂資料，便已是汪洋一片，何謂中國沒有音樂呢？這只是在中國音樂史中，因爲南北曲的地位特殊，他有著承先啓後的中樞地位，因此不管在音樂史、戲劇史、文學史上，都扮著要角，資料既豐富，文獻也完整，可算得上是個音樂寶庫，而四百七十幾種地方戲曲的唱腔、伴奏音樂、鑼鼓經等，通通加起來，除掉重複的，豈不要以五位數字來計算？這筆遺產還不夠豐富嗎？如果逐一加以比較、分析、研究，不能找出中國音樂的風格嗎？

也許有人說，研究中國音樂，爲什麼要討論戲曲？戲曲可以包容全部中國的傳統音樂嗎？當然不能說戲曲包含了中國音樂的全部，但從音樂史的發展來說，他確實吸收了中國音樂的大部分；從文學史來說：談到音樂文學或美文學，便是詩經、楚辭、樂府、唐詩、宋詞、元曲、雜劇、傳奇，如此一貫而下；說到「美文」，他們講求格律，字斟句酌，引商刻羽，也是爲了聲調鏗鏘，配合音樂的要求；從戲曲史的發展來說：仍是要從三頌、楚辭……等同源而來；以他的音樂及聲腔的形成條件來說，他吸收了山歌、民謠、歌舞、說唱、器樂及民歌、小調等，所以他來自民間深入民間；從音樂史的發展來說：從漢魏以來清商三調，唐宋大樂、大曲，進而被南北曲所吸收，形成了雜劇、傳奇，楊著的中國古代音樂史稿，幾乎三分之二的材料，都是和戲曲有關！甚至今天社會上流行的一些「國樂樂曲」，也都出入於傳統戲曲及地方戲曲之間，祇是使用的太泛濫，已經不知何主何從了！

今天，我們沒有一套完整的中國音樂研究理論，但在南北曲的「曲學」裏，以及部分地方戲曲如南管，卻保存了唐宋以來中國文學家、音樂家共同合作的許多寶藏，像古詩詞的格律，曲裏的四聲，陰陽清濁之與旋律；句型、襯字之與板式節奏；對偶、韻協之與樂的構成；樂曲的重組與再生，聯曲成套，組套成劇的種種音樂理論，小自一字之辨析，大到全劇的組合，無論內容、形式、心理學、美學、社會學……等，幾乎都討論到了，祇是農業社會的人，不善用系統方法來組合，散在前人許多著作中，東鱗西爪，都是零金碎玉，未必不能提供我們參考，而且他們絕對是純土生的！

因此，今天我們要找尋什麼樣的音樂，才具有中國風格，捨卻這綜合了許多中國音樂素材的戲曲音樂之外，還有那些資料比他更集中？更系統？

## 四、中國音樂的寶庫——戲曲音樂理論舉例

中國戲曲在中國文學的領域裏，應該是文學加音樂加歌舞加藝術……等的綜合體，所以周貽白在他的中國戲曲發展史綱要（註一三）第一章裏便說：

「戲劇，向有綜合藝術之稱，或亦名之爲第七項藝術，這是因爲它本身所包含的藝術成分，兼具詩歌、音樂、舞蹈、繪畫、雕塑、建築等六項藝術的緣故。其所謂綜合，是指其能融合衆長，由是而形成一項不同于其他藝術的獨立形式。並不是說戲劇這一部門，是由詩歌……等六項藝術拼湊而成。」

詩歌、音樂都是構成中國戲劇的條件；文字容易流傳，音樂在科技不發達的古代，最易失傳，所以文學也就兼顧地保留了部分音樂現象，在傳統古典文學的格律裏，講了很多平對仄，仄對平，律絕詩的平仄格式，或一些所謂一三五不論，二四六分明的規則，多半說是爲了聲調響亮，或順口不順口，其

實這些現象應該都是屬於語言旋律和音樂旋律的配合問題；像所謂一三五不論，二四六分明，這種句型是因爲中國語多半是兩字組成的詞，同時詩句式的句子多半是弱拍子起句，因此二四的詞尾落在板上的機會較多，重拍子的板是樂句型態的主要部分，不能任意更動，所以不在重拍子板上的字調則可以通融，當然決非完全如此，假若此曲是板起，一三五就不可不論了！

像韻脚，在詩句式的樂句中，押韻字必在強拍上（註一四）所以從張炎的詞源就談到起調、畢曲對一首歌樂的重要性！今天我們分析中國民歌，都是要從句尾和韻脚上尋找它的調性，如果不押韻，字音不諧應，那在旋律處理上自然要煞費周章了！這不正是前面所引韋瀚章先生的呼籲嗎？他提到潠韻和曲情有關，在清人方成培的香研居詞麈裏便有段話：

腔出於律，律不調者其腔不能工，然必熟於音理，然後能製新腔，製腔之法必吹竹以定之，或管或笛或簫皆可，惟吾意而吹焉，即以筆識其工尺於紙，然後酌其句讀，劃定板眼，而後吹之，聽其腔調不美，音律不調之處，再三增改……再看其起韻之處，前後兩節是何字眼，而知其爲某宮某調也。……新腔雖無詞句可遵，第照其板眼塡之，聲之悠揚相應處，即用韻處也。……此非所難，難在審其起韻兩結之高低清濁。

這不就是告訴我們韻脚的作用與作曲的關係嗎？

陳銳的褒碧齋詞話裏也說：「學塡詞先知選韻，琴調尤不可亂塡，如水龍吟之宏放，相思引之悽纏，仙流劍客、歸勞人宮商各有所宜，則知塞翁吟祇能用東鍾矣。」可見今古所見相同，韋先生畢竟已得個中三昧！

趙琴女士所講的民歌要中國化，唱腔處理也要中國化，不要歌劇味太重，其實從兩宋以來，便有很多討論歌唱方法的文獻，像張炎的謳曲旨要中便講到唱法、咬字、節拍、曲式等，比如他說：「腔平字側莫參商，先須道字後還腔。」這不是要求字正腔圓的要訣嗎？像明人沈寵綏的度曲須知字頭辨解一節，開頭便說：「予嘗刻算磨腔時候，尾音十居五六，腹音十有二三，若字頭之音，則十且不能及一。蓋以腔之悠揚轉折，全用尾音，故其為候較多，顯出字面，僅用腹音，故其為時少促；至字端一點鋒芒，見乎隱，顯乎微，為時曾不容瞬，使心浮氣滿者聽之，寧莫辨其有無？」這不是告訴我們如何咬字？

黃耀明先生在「關於中國話與發聲法」中（註一五）說：

我開始唱中國歌到現在，不過數年時間而已，而第一次唱中國藝術歌曲是在幾年前中國廣播公司辦的音樂會上。當時頗驚訝於中國的語言為什麼這麼容易唱，它遠比德語、俄語或日語更容易唱，目前世界上最容易的語言，一般認為是義大利語和拉丁語，德語與俄語都因子音太多而難唱，有時雙重了音或三重子音也不在少數。法語的子音也相當多，加上有鼻音等痲煩的發音，因此也是難唱的語言之一。然而中國話很少有子音，而且幾乎沒有二重子音，至於三重子音也許根本就沒有。

黃先生的經驗談，豈不也正是沈寵綏的註解？中國傳統聲韻學裏的聲母，便是語言裏的子音，子音不是樂音，但在中國字的辨義上有很大的關係，所以要講求行腔咬字。

不僅是子音、介音（母音）韻尾的安排，在演唱時要注意，但由於各地方音的關係，往往讀音雖近但由於口腔大小，音量寬窄，開齊合撮的控制，都足以造成字音和字義的不配，周德清中原音韻序中的「買笑金，纏頭錦」用來更換原來四塊玉曲，中的「彩扇歌，青樓飲」，青字唱起來像晴字，即是陽平調，而青字是陰平，所以不諧，這和李抱忱先生所謂的「揪尾（ㄧˇ）巴」、「大刀之行也」，正是一回事！古今一理！平劇裏強調上口字，尖團音，不就是因為歌唱旋律來自不同口形的方音，不變就不能「神似」了！不知唱現代歌樂是否也該注意到國語的發音，不是求其聲音宏亮，只聽見母音而不知其意（不見辨義的子音），或者太強調母音而忘記十之二三的收韻，也是缺點；因為口腔幅度的寬窄，韻母的關係也大，所以很多討論到收韻的訣竅，都要講到東鍾舌居中，江陽口開張，皆來口豁開，姑蘇滿口烏……這些都是為了藝術語言的要求，古人已經研究出來，寫在他們的樂曲聲樂理論的書中，只是我們沒有注意。

趙先生所談到的樂音是跳動的，語言是滑動的，這一點，在古典戲曲的唱腔處理上，也是十分受重視的，魏良輔如何改良南北曲為水磨腔，今天聲音不存，也難以琢磨，但保留在崑曲及南管中的唱腔處理，不是像一般地方戲曲腔調旋律是口語化的滑動的，而是傾向於跳動的，難怪有人不習慣於崑曲嗚嗚之聲，其實在音樂學的觀點來講，這是個大膽嘗試！（以下放錄音）曲家也知道子音是噪音，唱時減到最少，介音是母音，也是樂音，佔了十分之五六，韻尾是語言聲腔的顯示處，我們常說「韻味」不夠，這句話不是白說的，語尾是調門的關鍵處，聲韻學家的分一字爲發、送、舒、收，交待得多麼清楚？不僅演唱者要字字推敲，不要把字唱倒，譜曲的人，何嘗不要講求聲韻、語調、陽陰清濁？

李笠翁的閒情偶寄，看來是部消閒的閒書，然而他講到唱曲宜先解明曲意，要調熟字音，切忌字音模糊，要有高低抑揚，緩急頓挫，這些科目都是要藝術家注意到詞意，語意旋律，情感節奏，句中主意所在，那一個字是重音，那一個字要延長，正字要聲高而氣長，襯字要聲低氣短急速帶過；如人說話。這些道理跟今天的聲樂家講求的道理也並不違背。

以上只是就前節所舉的當今音樂工作者，在實踐中所提出的一些問題，而在傳統戲曲理論中早已談到，至於一些音樂與文學結合上的原理，音樂的變化、組合，在傳統戲曲中，更是十分豐富。在唐宋詞樂裏，爲了要改變整齊句型的音樂，使它產生變化，於是我們只要檢查一下詞牌名目，便可看到改變句型的減字木蘭花、偷聲木蘭花、攤破浣溪紗、添字浣溪紗，句型變了，音樂當然也變了！像隔浦蓮近拍、促拍醜奴兒，節奏一定不同於原來本曲；轉聲虞美人，賀聖朝影、花發沁園春、花發狀元紅慢、轉調蝶戀花、轉調二郎神、醜奴兒慢、轉調踏莎行、四犯剪梅花、六醜、八歸，從這些名稱，都可以看出它們將原來的音樂改變，使它的調性起了變化。又如六州歌頭、霓裳中序第一、泛清波摘遍、氐州第一、水調歌頭，這些必是來自大樂六曲，如同西洋的選曲。這些都被戲曲吸收了！

北曲因爲板式可移動，所以曲譜點板式可以分別句度，使樂句變化，汪薇史先生南北小令譜卷首究板式節說：「南北曲調尺度，悉賴板式而立，其在音律言之，乃有段落，其在詞章言之，乃有句法，北曲板式固可挪移，但仍有一定通例，南曲板式則屬固定，失之毫釐，格局皆亂。」有了板式，便可別句讀，別正襯，那音樂的架子便有了！

除了一首音樂在使用上已變化多端，至其聯綴成套，或兩兩兼帶，或十錦雜組，更是變化無窮，南北曲裏有帶格犯，有南曲的集曲，有從民間說唱吸收來的「滾」，現在都可從閩南的南管樂譜中找到例證，至於它們的格式變化，旋律處理，也有一套方法，祇是我們沒有全面分析它們，所以到目前我們只有條例式的格律曲譜，但卻缺乏科學性的音樂分析。

以上所舉的大都是長短句的詞曲體的戲曲音樂的變化例子，至於中國戲曲家根據四百多種的地方戲，除了邊疆語言不同漢語系的地方除外，大致中國戲曲音樂可以詩句式、詞句式分爲曲牌體與板腔體兩大系統；雖然整齊的詩句式的板腔體，它的變化也是多端的，就以平劇唱腔的二黃西皮爲例，雖然基本句型都有二二三的七字句和三三四的十字句，可是由於處理上的不同，可以從原型伸長、縮緊、移高、降低、加工擴張、簡約加快，或取消節奏令其自由，就可造成原板、慢板、碰板、頂板、導板、迴龍、散板、搖板、滾板、反二黃、瑣吶二黃，或西皮原板、慢板、娃娃板、二六、流水、快板、搖板、散板、滾板、導板、迴龍、反西皮以及同型的南梆子；又加上角色分生、旦、淨、丑，各有不同；再加上幾十種鑼鼓經、乾牌子、瑣吶曲牌、笛子曲牌、胡琴曲牌……和四平調、吹腔、高撥子、南鑼、雜腔小調……等，眞也是蔚爲大觀；其中種種變化，固然談不上作曲水準以上的技術，但畢竟也是前輩鄉土藝人長期發展起來的一套程式。

像梆子腔的老本家——秦腔，它的音樂，鑼鼓經有三百多種，瑣吶及胡琴曲牌有二百多個，唱腔有二十五種板路，又分歡音（三、六）哭音（四、七）兩種唱法；也分慢板、搖板、快板、帶板、滾板（無哭音）、箭板、起板、榻板、二倒板、提板、留板、黃板、斜板十三大類。傳到各地，由於語言的差異，又分東路、西路、南路、北路；到了外省又形成山西梆子、河南梆子、河北梆子、山東梆子等，可見板腔體的音樂，也不是呆板貧乏的！像紹興戲這樣的地方小戲，也還有中板、慢板、快板、囂板、十字調、清板、弦下調等，唱法上還有所謂：「偷、躲、收、煞、接、拉、變、伸。」雖然是個小調性的地方戲，也能自成格調，動人心弦。

只能略舉大家熟悉的例子，以便我們來觀察這些傳統土生戲曲，或許受了方言的局限，不能流傳全國；而我們今天推行國語，以北方官話爲主，何不吸收各種戲曲中其所以動人的長處，用來創造「國語的音樂」，總會有點幫助的，主要是看我們肯不肯動手去發掘、整理、分析、研究。後面附幾個譜例，足以說明傳統地方民歌、說唱及戲曲音樂也是有一些形式結構的道理存在。可以看出它們旋律組成，有A，B式；ABAB式；AA′A′式；ABAC式；AA′AA′式；AAB式，ABABC式……等；曲牌體的音樂，韻脚都在重拍子上；調性也相當鮮明，眞是全面去做，必然會有大的收穫，中國現代音樂在傳統民族風格上，一定是不會貧乏的！

## 五、結　語

因為要舉證的資料都太零散，因此這一篇文章不能用學術性的格式來撰述，但是我們總是相信新的藝術的產生，往往是舊的藝術形成推陳出新的結果；今天，傳統戲曲也許就此衰竭、消失，但它也是承繼了中國傳統音樂遺產中的大部分，它的一些組成、結構的理論，仍可提供我們在新音樂的創造上作主要參考！因為它所涉及的許多問題，也正是今天音樂家們所發現的問題。常言說：「他山之石，可以攻錯！」西洋音樂的理論我們都要借鑑，何況中國傳統戲曲還可算是「家珍」哩！

七十一年寫於赴英倫前夕

【註釋】

註一：「七十年來中國藝術歌曲」論集：趙琴：前言中第二段。

註二：見同集頁三九，民歌與藝術歌之間。

註三：同集頁一七四。

註四：同集頁一三五。

註五：同集頁一〇五。

註六：同集頁五。

註七：同集頁一八七。

註八：同集頁一八一。

註　九：見該書頁三七，同書頁六十，各地方戲劇目在民國四十六年統計，已達五萬一千八百六十七個。這是一個龐大的音樂庫。

註一〇：見史稿下冊頁五一二。

註一一：見前書下冊頁六三一。

註一二：見前書下冊頁六九三。

註一三：周著戲劇發展史本文頁一。

註一四：見古典戲曲論著集成及詞話叢編詞源。

註一五：前論集頁六一。

後記：本文在寫作時爲了敘述方便，不擬加註，然因中央文物供應社出版的「近七十年來中國藝術歌曲」論文集，爲趙琴女士所主編，其中若干文章均爲多年從事歌、樂工作者的親身體驗，故特予註出頁碼，以供讀者參考。至於古人著作及近人新作，均爲音樂界先進所審知，故僅提出書名及篇名，不註出頁數。文因順筆而下實不須加註而增累贅。至後譜例，則採自新聞局主編中華民族歌謠選集、碎金詞譜、白石道人歌曲集、及集成曲譜等書。

# 豫劇略述

豫劇，是河南的大戲，由於河南古稱豫州，所以把河南戲叫做「豫劇」，其實河南地方戲也相當多，譬如濮陽、滑縣一帶有大平調，也叫大弦戲；沁陽一帶懷慶府有懷梆子；南陽、內鄉一帶有南陽梆子，又名宛梆；許昌一帶有大油梆！二油梆；豫西一帶有越調；東南沙河流域有二夾弦、道情；沙河調，又叫本地梆；豫北有高調，四股弦；至少有二十幾種以上，像墜子、曲子、都曾流傳到外地去，但總沒有大戲來得廣。

豫劇早期叫女兒腔，或弦索腔，由於是用河南方言唱，也叫河南調；本來多用曲牌，後來用板腔體的梆子腔，因此就叫「河南梆子」，古雅一點就稱豫劇。

關於豫劇的起源，說法很多，有人主張起源於歷史上有名會演戲的後唐莊宗；但那太遙遠。有人主張源於北宋以來的弦索腔；除了越調、大調曲子等少數地方劇種還保留曲牌體的弦索腔痕跡之外，也很難在資料上找到直接證據。所以最可靠的說法，是源於明代，因爲大多中國地方戲拜明太祖朱洪武之賜，諸王歸藩賜以詞曲，分別去守藩化民，規定不要唱胡元所喜聽的北曲，只有各自唱自己的曲子了，這樣便促進地方戲曲的興起與發展。

從豫劇的音樂資料來分析，她是在青陽腔、弋陽腔、羅戲、昆曲、湖北漢劇、同州梆子形成之後才成熟的，尤其是由曲牌唱腔轉入梆子腔之後，音樂結構及使用，更接近同州梆子。根據近年出土的「明皇宮碑記」及清乾隆年間的李斗揚州畫舫錄中所述，完整形式的豫劇，當在明末清初，已經完成，算來至少已有三百多年的歷史。

清初乾隆、嘉慶年間，豫劇大爲興盛，當時稱之爲土梆戲或汴梁腔。同時和清戲及羅戲同台演出；所使用的語言是有尖團音的中州音韵系統；而她的板腔結構及所使用的樂器則和同州梆子相似；曲牌音樂有些來自昆曲；而打擊樂則近年多吸收皮黃腔的鑼鼓經；也吸收了不少流行於北方的弦索腔。依據中國地方戲音樂形成的慣例，豫劇音樂也是民歌、說唱音樂、民間音樂、舞蹈、雜技等的綜合，同時外地的戲曲流入河南，和當地的語言結合，再由本地的說唱加以擴展，無論故事取材，基本腔調，很容易被河南同胞所喜愛。

前面雖已提過，河南地方戲劇種很多，但綜而言之，豫劇在河南地方戲中由於它能吸收，融合各種聲腔，因而成爲河南戲的代表，而以豫東豫西兩派爲主流：豫東派以商邱一帶爲中心，後來又結合開封附近的祥符調，形成了用假嗓子（二本腔）的上五音高調，早期著名藝人有陳素眞、馬金鳳等，以華麗、高亢、清脆、明快見長。另一派以洛陽以西一帶爲中心，稱豫西調，西府調或靠山黃，它的特點是渾厚、典雅，細膩、抒情，用大本腔，不用假嗓，基本上用 Do Re Mi Sol La 的下五音，和豫東的 Sol

La Do Mi的上五音不同，較爲哀怨、深沉，著名藝人有常香玉、崔蘭田等。

豫劇早期伴奏的樂器有皮嗡（較京胡稍大）、笛子和月琴，號稱三大件；民國以後由於東西二派融合，樂器也由三大件改爲板胡（俗話叫瓢子）、三弦、二胡、笛子稱爲四大件；近年由於吸收平劇、漢劇、梆子等音樂，除了四大件又加上墜胡、四胡及其他打擊樂器；傳統劇目約有六百多種，常演的有對花槍、梵王宮、白蛇傳、三上轎、桃花庵、楊家將、陰陽河等，早期多爲三小戲、所謂兒女私情的粉戲爲多，抗戰期間，有心人士爲樊粹庭等，改編劇本，戲路漸寬、大量社會劇、歷史劇加入；豐富了豫劇的內容，使能擔負起社會教化，團結民心的功能。

豫劇演員，亦如平劇，早期均由男扮女，號爲乾旦，民國十七年以後，馬雙枝以女性加入演出，才開始有了坤旦。抗戰以後，演員則以坤伶爲吃香，很多人喜歡捧角，有所謂聞香社、捧狗團，女性演員漸漸多起來。豫劇唱腔主要有慢板、二八板、流水板、飛板等所謂四大正板，再由此四種板式衍成其它的唱腔，如導板頭、七折、五音、金鈎挂、呱嗚咀、垜子板等；它們的衍生也是由基本腔壓縮、擴展、變速、轉調、重疊、變奏等樂句變化，增減樂句及過門等移動，形成多種腔格。但由於語言的活潑，多是眼起板落，高起低收，語言旋律性特强。

由於豫劇早期爲三小戲，多爲粉戲，故爲乾旦，由大陸傳來台省初期，各地演出的豫劇，仍以乾旦爲主，如張榮州演白馬關的樊梨花、楊桂發飾五鳳嶺的吳鳳英、李光銀扮二進宮的李艷妃、李雲卿唱鍘美案裏的秦香蓮，都是清一色男扮女。

在本省的豫劇活動，大致是由於軍中有很多河南籍同鄉，爲了鼓舞士氣，也因爲這種以中州音來唱的土戲，容易讓人接受，也容易感動人，於是有心人士，使湊成班子來演出，大大小小曾經出現過十幾個豫劇演出團體，但主要的有四個：

民國三十九年，台中空軍基地清泉崗，由杜玉珊倡導在聯歡晚會中演出「轅門斬子」，分由鄭國儀飾穆桂英、張與泉楊延昭、吳炳文楊宗保、屈海泉趙德芳、李雲卿佘太君、常可舉孟良、邱忠臣焦贊，可說是近年豫劇的第一次公演，由於效果不錯，乃由高永森任團長，正式組成空軍豫劇隊，第二年深知有豫劇四大名旦之稱的毛蘭花由佳多來台中，乃力邀加入，先後演過桃花庵、孝婦淚、老羊山、雙孝廉等，至民國四十二年停止活動，但已開風氣。

第二個團體，當以裝甲兵的捷豹劇隊爲有名，此隊之組成，是在民國三十五年，河南地區的「曲子團」，有鑒於共匪禍國，全班集體從軍，四十二年左右仍有演出，以曲子爲主，以後散去。

第三個豫劇團體是民國四十二年六月，部份國軍由雲南到越南，當時在富國島由於軍中亟須精神鼓舞，以張岫雲女士爲主成立了中州劇團，以克難方式演出，對身陷異域的軍心，大有鼓舞作用，後來該團編入海軍陸戰隊，改名飛馬豫劇團，幷成立小班授徒，是爲今日豫劇名伶海字輩的搖籃，像王海玲、劉海燕，均爲「萬人迷」周清華及張女士等所調教出來的。

其間最感動人的是韓戰結束，一萬四千名反共義士唾棄共匪，向自由祖國投誠，那時他們被安排在巨濟島上，一群會唱河南戲的反共義士，用克難方法被單上畫顏料，軍帽反過來當頭盔，敲着臉盆、漱口杯、飯碗、汽油桶，竟然演出藍橋會、蔡鳳辭店等戲碼，引得人人熱淚盈眶，誓死打回大陸！

另外在民國四十六年，前綫馬祖國軍成立了虎賁豫劇隊，後來被改編成陸光豫劇隊，也有一段時期的活動；慢慢的由於人事異動，社會變遷，海陸空及裝甲兵均有豫劇團體，對早期鼓舞國軍官兵的戲劇藝術工作，盡了責任。

# 水滸故事與戲劇

在明代四大小說中，水滸傳的形成和發展是非常特別的。其它幾種都和說部的關係較密切，而水滸獨與戲劇有分不開的關聯。在性質上講，也有人把它列入「講史」的一類；也有學者以爲它雖然具有強烈的歷史意向，而它的著重點，卻是社會現實生活的剪影。人性的反覆，正如孟子所說：「人之異於禽獸者幾希。」而社會上的善惡標準，有時是「官價」，舉世皆同；有時是浮動滙率，因時、地、人而異！

水滸故事大致由南宋的積弱，社會動亂，正義不張，因而產生嘯聚、俠義的意識，於是附會史事而渲染出理想中的忠和義；而有元一代的異族統治，吏治混亂，強權霸道，社會家庭失卻平衡，衰世的迷信，末世的淫邪，以及道學背後的假面，在在都令戲劇家小說家們忍不住要撻伐，要揭露；於是託意於天罡地煞等神怪，造成秘密宗敎、秘密結社，從而由伸張正義，保家衞國到形成幫會，強調男子的義氣和女性的貞烈，多少都與故事形成的當時社會意識與思想背景有關。所以，一部水滸傳，它包容有歷史、俠義、神魔、情慾、公案、鐵蹄、宗敎迷信、地方抗敵武力等題材，它和三國演義，都可算是「男性小說」，而且是一部非常具有聚合力和衍生力的一部「母體（杜撰）小說」！

根據記載宋代說話技藝和說話資料的專書——羅燁的醉翁談錄卷一，錄有一百零七種宋人話本，分爲八類，其中公案類有「石頭孫立」一種，雖然在大宋宣和遺事及忠義水滸傳等書中孫立的綽號是病尉遲，但若干學者相信，孫立也許另有一個綽號叫「石頭」；朴刀類有青面獸楊志賣刀，殺了強買寶刀的惡少，被發配衞州，結果被孫立等十一人刼囚，一同往太行山落草去了。桿棒類有花和尙魯智深和武行者，此行者即宣和遺事中的行者武松，金院本中有武松的「打虎豔」。這些話本今已不存，但在南宋，一定還有敍述梁山泊英雄故事的話本，可惜都失傳了！以上是宋人話本中有關水滸人物的故事。

## 宣和遺事中的水滸故事

其次是研究水滸者都知道的「大宋宣和遺事」這本書，雖然作者不詳，但它的成書年代，亦當在宋末元初的十三世紀。此書的前半部，共有七段情節而且爲後來水滸傳的藍本。

一、楊志、孫立、林冲等十二人，前往太湖等處，押運花石綱結果楊志在潁州等孫立，因雪阻缺少路費，賣刀殺人，判充軍及十一人刼囚落草的故事，即水滸傳十二回的藍本。

二、宣和二年五月，梁師寶差縣尉馬安國四十萬貫的金珠珍寶、奇巧匹段的爲蔡太師祝壽的生辰綱，押運來京，結果被晁蓋、吳加亮、劉唐、燕青等八人，在五花營隄上刼走。結果著鄆城縣追捕，宋江透露消息，星夜逃走，又約了楊志等十二人共二十人，一起去太行山落草。這是水滸傳十四至十六回，十八至二十回智取生辰綱和晁蓋奔梁山泊的故事根據。

三、晁蓋使劉唐下書贈金釵酬謝宋江，宋江將釵交與閻婆惜，不意閻得知來歷，乃與吳偉火熱，不理宋江，宋江一怒乃將二人殺死，是水滸第二十回至二十二回宋江殺死閻婆惜的情節。

四、在與閻婆惜交往與情殺之間，宋江得知父親生病：告假回家省親，爲父治病。及殺惜後，鄆城縣巡檢王成去宋家莊捉宋江，宋江躲在屋後九天玄女廟中，得獲有三十六人姓名的天書。此則爲四十二回宋江受玄女天書的故事所本。

五、宋江等三十六人爲寇，朝廷命呼延灼爲將，搜捕宋江等，結果屢戰屢敗，朝廷督責甚嚴，乃投宋江爲寇，此是五十五至五十八回呼延灼攻梁山兵敗投降的藍本。

六、宋江等三十六人，到東嶽燒香還願，賽取金爐，約定：「來時三十六，去時十八雙，若還少一個，定是不還鄉。」成爲五十九回宋江鬧西嶽華山的情節。只是將東嶽改變成西嶽了。

七、朝廷奈何梁山好漢不得，只好出榜招安，由張叔夜元帥招撫，後宋江等收方臘有功，封節度使，此爲後半部水滸傳的大要。

其中宋江沒有被擒，「發配江州」：當然也就沒有「白龍廟小聚義」的情節。因此，也有人認爲除了說話的話本之外，宋元之際，也許還有一種以唱爲主的「水滸詞話」故而有不同的關目情節，分別被水滸傳所採用，但今已不可考。

# 元代雜劇中的水滸故事

除了話本傳說之外，水滸故事還有見於宋人筆記的，王明清揮麈後錄卷七，「高俅本東坡小史」條，謂高俅本東坡先生小僮，頗工筆札，東坡出主中山，乃留與曾文肅，文肅辭謝；轉與駙馬王晉卿，元符末年，徽宗爲端王時，與晉卿善，俅因爲駙馬送櫛物得識端王，端王好蹴踘，俅亦精此道，乃與所送物並留王邸，於是乃得富貴，歷三衙二十年。此即水滸傳第一回高俅發跡事。可見實有高俅其人。

到了元代，雜劇盛行，很多劇本取材於梁山泊英雄故事，有的劇本現在還保存著，有些已非元本，有些已經失傳了。但根據傳惜華的元代雜劇全目，跟梁山泊英雄故事有關的劇本，共有三十二種，茲將劇目臚列於后：

| | | |
|---|---|---|
| ①同樂院燕青博魚 | 李文蔚作 | 存 |
| ②燕青射雁 | 李文蔚作 | 佚 |
| ③黑旋風詩酒麗春園 | 庾天錫作 | 佚 |
| ④黑旋風喬斷案 | 楊顯之作 | 佚 |
| ⑤折擔兒武松打虎 | 紅字李二作 | 佚 |
| ⑥板踏兒黑旋風 | 紅字李二作 | 佚 |

⑦窄袖兒武松　紅字李二作　佚
⑧金火兒張弘　紅字李二作　佚
⑨病楊雄　紅字李二作　佚
⑩黑旋風雙獻頭　高文秀作　存
⑪黑旋風詩酒麗春園　高文秀作　佚
⑫黑旋風窮風月　高文秀作　佚
⑬黑旋風大鬧牡丹園　高文秀作　佚
⑭黑旋風喬教學　高文秀作　佚
⑮黑旋風借尸還魂　高文秀作　佚
⑯黑旋風鬥雞會　高文秀作　佚
⑰黑旋風敷演劉要和　高文秀作　佚
⑱雙獻頭武松大報仇　高文秀作　佚
⑲都孔目風雨還牢末　李致遠作　存
⑳梁山泊黑旋風負荊　康進之作　存
㉑黑旋風老收心　康進之作　佚
㉒年報恩三虎下山　無名氏作　存

㉓梁山五虎大刼牢　無名氏作　存
㉔梁山七虎鬧銅台　無名氏作　存
㉕王矮虎大鬧東平府　無名氏作　存
㉖宋公明排九宮八卦陣　無名氏作　存
㉗魯智深喜賞黃花峪　無名氏作　存
㉘張順水里報寃　無名氏作　佚
㉙魯智深大鬧消災寺　無名氏作　佚
㉚小李廣大鬧元宵夜　無名氏作　佚
㉛宋公明刼法場　無名氏作　佚
㉜宋公明喜賞新春會　無名氏作　佚

以上共三十二種，其中有一部份已被水滸傳採爲藍本，但也有不少是跟水滸傳不同的；也有人說，或許水滸在元初已經成書，而元雜劇作家們是從水滸取材的，但是我們從元曲中所描寫的梁山泊英雄，像李達、燕青、魯智深、關勝、徐寧等，他們的行爲性格，以及一些事故，均和水滸傳有很大的出入。並且我們也發現同一個人物，如李逵、燕青在甲劇與乙劇二者之中的描敍，也大不相同：假若當時已有定本，便不致有岐異的情形發生。由此可知在元雜劇創作的時候，小說水滸傳尚未產生。元劇祇是根據民間流行的英雄故事和說話人粗疏的底本，來進行改編和加工，所以才各具不同的面貌。這三十

二種元人雜劇，不僅大部份在明清之際失傳，而被水滸傳採取的只有十三種，它們分別是：（以前面戲劇編號爲主，附出水滸回數）

②一百十回燕青射雁所本。

④七十四回李逵壽張縣喬坐衙所本。

⑤二十三回景陽岡武松打虎所本。

⑨四十五、四十六回病關索大鬧翠屏山所本。

⑭七十四回李逵闖入私塾一節所本。

⑯一百十五回本的第九十一回李逵異境遇仙翁所本。

⑱二十四至二十六回武松殺嫂所本。

⑳七十三回梁山泊雙獻頭所本。

㉔六十一至六十六回盧俊義上梁山所本。

㉖七十七回宋公明排九宮八卦陣以及第八十三至八十九回，征遼獲勝的藍本。

㉘六十五回浪裡白跳水上報寃所本。

㉚三十三回花榮大鬧青風寨所本。

㉛三十九回四十回宋公明鬧江州刼法場所本。

尚有十九種未被今本水滸傳編著者所取。也可由此瞭解中國古典章回小說的故事，在長時期的醞釀之後，方被有心人蒐羅起來加工組合，而後具有一完整的新面貌。它不是完全憑空揑造，因而就脫離不了講史小說的軌跡；從元雜劇故事和水滸傳內容的比較，更可明瞭水滸成書在元代以後。

## 明人爭著傳刻水滸

梁山泊英雄故事，經宋元間說唱話本以及戲劇搬演之流播，其間故事結構及人物性格的定型，已經相當完備；及至明代，水滸小說的成型，自是水到渠成；然而從明代初年一直到明代中葉嘉靖年間，這一百五十多年當中，我們很少見到有關水滸傳的資料記載。當然這期間的水滸戲劇也不多，有明一代雜劇作家約有一百十餘人，作品五百多本，與水滸傳有關的雜劇僅不過十餘本。如果將元明之際無名氏的還牢末、爭報恩、黃花峪三種算作元代作品的話（已經暫列在元人作），明初只有朱有燉作有豹子和尚和仗義疏財二劇。

朱有燉是明太祖的孫子，襲爵周憲王，有雜劇作品三十一種，集爲誠齋雜劇，今皆存。宣德八年，（一四三三）作豹子和尚。宋江開場時有宣讀三十六人的姓名，而不與宣和遺事全同。且此劇故事述魯智深誤殺人忿而離開梁山出家及宋江設計使其還俗事，亦並未爲今本水滸所採用；可見水滸定本不早於周王朱有燉；第二本仗義疏財，其間故事情節以及人物安排，已與水滸故事無太多出入。因此，朱有燉可以算是把水滸故事由戲劇改成小說的關鍵人物，只是目前資料缺乏，不能證明水滸小說成形的明確經過。

最値得我們注意的是：從朱有燉二本雜劇之後，沉寂了一百多年，直到嘉靖丁未二十六年（一五四七），山東章邱李開先正式根據水滸傳小說寫了第一本水滸傳奇寶劍記。全本五十二齣，上下兩卷，作者刻意塑造林沖。大部故事是根據水滸小說，所以它也是考察早期水滸傳刊刻版本的好佐證。

等到「寶劍記」寫成的四十年以後，另一位劇作家陳與郊將李氏劇本改寫成三十五齣的「靈寶刀」，故事焦點更放在高俅之子高明的漁色上；而從寶劍記創於一五四七年起，一五九〇年許自昌依據小說情節寫成水滸記。故事以宋江爲中心人物，而將閻婆惜與宋江元配孟氏守貞成對比，且增活捉三郎一段，頗具勸世意義。一六〇七年，格律派沈璟作義俠記，以武松爲中心，故事取材於忠義水滸全傳；自李氏開先起，水滸戲劇均以水滸傳小說爲藍本，所以寶劍記是水滸傳成型後第一部以小說作底本的明人傳奇，據考證明人在萬曆以後水滸傳奇作品有十一種，除前述四種之外，尚有王異的水滸記、張子賢的聚星記、李素甫的鬧元宵、鐵橋生的花石綱、無名氏的青樓記、花石綱、寶刀記、高唐記等。但大致上已不出小說之外，最多是另增一些情節。

除了明代中期以後，水滸故事戲劇的漸受人重視而有創作。最重要的原因是從萬曆以後，大家愛聽說水滸，也爭著傳刻水滸。像文徵明等人，暇日喜歡聽人「說宋江」，刻水滸傳故事的任道昆，常常招集賓朋在家談論水滸，而名說書家柳敬亭更以說武松打虎爲最奪人心魄，張岱的陶庵夢憶有他的描繪。明代末年社會上流行鬥葉子牌，牌上圖形均爲水滸人物。最有名的是陳洪綬的水滸葉子。上自士大夫，下至童僕，皆喜鬥此戲。可見其受歡迎的程度，這種現象，也是頗耐人尋味的！據說明神宗愛看水滸。

## 皮黃戲與宋江陣

降至清代，仍有一百二十位雜劇作家，五百七十六種雜劇作品，但以水滸爲題材的僅有張韜的「戴院長神行薊州道」以七十回本之五十二回的情節爲底本；其次爲唐英的「十字坡」，出於七十回本之二十六回。清代之所以對水滸不友善，可能出於異族入主中原，忌諱民衆侈談嘯聚綠林反對官府的故事，所以康熙五十三年禁燬坊肆小說，將水滸傳燬其書板，不准扮演。乾隆十九年，學政全書：「水滸傳一書，應飭直省督撫學政，行令地方官，一體嚴禁。」此爲主因。但以昆腔爲主的傳奇，卻有水滸戲十九種，計爲邱園的虎囊彈演魯智深、范希哲偷甲記演徐寧、洪昇的鬧高唐寫柴進、史集之的清風寨以花榮爲主、介石逸叟的宣和譜旨在翻水滸、金焦雲生辰綱以及無名氏的河燈賺、鴛鴦箋、雙飛石等……其中最特殊的爲乾隆初年，周祥鈺所編的忠義璇圖，十本，二百二十四齣。以水滸全本故事爲主，從洪太尉誤走妖魔至宋江等冤死下地獄，刪去征遼，大致以七十回本爲藍本，大致綜合前人劇本，略作改編。

雖然公開新編水滸雜劇傳奇不多，但在各省地方戲中，以水滸故事戲多演烏龍院、活捉等。七陽腔則有夜奔、山門最流行。但都已不脫小說中的故事。

最後講到皮黃戲裡的水滸戲，近人陶君起的「平劇劇目初探」共收錄上古至民國的平劇劇目六百八十餘種，而其中由第一百二十二號九紋龍起到一百八十九號美人一丈青爲止，共收水滸及後水滸（蕩寇志）劇目七十二種，有五十種可以從水滸傳章回中查出，陶氏於劇名下均一一注明出於水滸第幾回。陶書坊間可見，茲不臚列劇目。然綜合觀之，大部份出於水滸，部分出於元明雜劇、傳奇等，也有些爲地方戲所特有。至於劇目情節，大致以宋江、武松、李逵、魯智深、石秀、林沖、時遷、關勝等人的故事爲多，而且大部分都是武戲或動作戲爲主，只有多數幾折爲文戲，如借茶活捉、挑簾裁衣，烏龍院、劉唐下書等沒打出手，其餘均是朴刀趕棒，所以民間賽會，由踩高蹺肉傀儡扮水滸人物，全是武打妝扮，叫作「宋江陣」。而其中武戲也很少用大靠，多半是短打，此亦爲水滸的特色。

綜前而言，明代中期以前，爲水滸小說形成期，所有戲劇，均爲民間傳統或史事的附會，爲水滸取材的藍本；等到嘉靖二十六年以後，從李開先的寶劍記傳奇開始。此後所有戲劇的創作，均以水滸傳爲藍本而在藝術加工上，由作者刻意經營，但不能說是完全創作，只可以說是以小說爲主的改編。然而我們如果要深入研究水滸小說，這些前後期的劇作，都是提供我們作探源和比較研究的第一等好資料，眞肯著手去經營，定有意想不到的收穫。由於材料及內容的龐雜，只能扼要略述如上。

（民國七十三年十一月十九日夜）

# 「金瓶梅札記」序

在五十年代，由於胡適之先生等的提倡，古典小說的研究，到是熱鬧了一陣子；前幾年，由於國內大學中文系紛紛開小說、戲曲的選讀課，也引起了一陣風。可是小說畢竟是「小道」，有些人談了一陣子，便放下了。要談，那也僅限於三國、水滸、紅樓夢之類的「健康」小說。只有魏子雲先生，不僅對小說研究入了迷，尤其他毫不隱諱地全力研究中國第一本「壞書」——金瓶梅，眞是令人覺得這位老書生眞是「書生」本色。他的「金瓶梅詞話註釋」公諸於世時，一方面被唯利是圖的出版商人坑了「一季」，一方面還引起了國會議員諸公專案討論，雖然不了了之，但對寂寞中獨自把「金瓶梅頭上的王冠」摘起，去掉了金瓶梅淫穢的一面，揭開了「金學」研究的新途徑。從故事題材，內容寄託，到作者、成書、版面等各方面，他都討論到了。記得前年蒙他贈了一本「金瓶梅的問世與演變」與我，我是懵懵懂懂地看，也十分驚訝他的新發現，因爲那個時候紅學界也正傳說「紅樓夢」不是索隱派的反清復明，而是雍正朝前期奪位傾軋的政治隱喩小說。無獨有偶地在這時魏先生把「金瓶梅」的底蘊，也掀起同樣一角來了。這是多麼有趣的一件事哩！

前年我住在東園，魏先生常常大熱天抱著他的「成果」，老遠從新店趕到淡水河邊的舍下，我們談小說，欣賞戲劇；讓我從談話中有機會向他學習，他為了尋找資料，求得證據，遠到美洲大陸和東鄰日本；每次他印到了新資料，總會連夜打電話告訴我，或者也印一份滿足我的好奇與貪心。那時他有許多論證，他談得頭頭是道，我則是所得迷迷糊糊，從他所涉及的人物、書籍、資料看來，他這一發現，可不是弄著玩兒的。

去年暑假，我去劍橋開會，回來後從東園搬家到「南山」，離開淡水河，傍著仙跡岩。但不是平房，而是公寓五樓，雖然離魏先生的住處近了，但爬五樓對一位兩鬢添霜的魏先生來說，有些虐待。但魏先生氣都不喘，一通電話立即就從他家的四樓來到我家的五樓。我想看的資料全給送來，因為我的書還未集中到新居來，常常發生讓他以為某些書我應該有而白跑一趟的事。但更令我佩服的：幾年中，他不僅連接出了「金瓶梅探源」、「金瓶梅問世與演變」、「金瓶梅詞話注釋」、「金瓶梅編年紀事」、「金瓶梅審探」，今年春天他告訴我正在每天不間斷地作「金瓶梅札記」，以備將來寫金瓶梅人的物論、藝術論，文學論……等各種專題研究。沒想到今年初夏，他便抱來了五大本札記的原稿，先睹對我來說到是一快，可是魏先生要我這個窮忙而未深入的門外漢寫篇序，這倒是給了我一份苦差事。那五大本稿子，我是寢食以俱，看得神龍不見首尾，偷偷地又把藏在櫃底的金瓶梅詞話拿來對照，才覺得這本札記已不是普通人可以一目瞭然，一定要是「梅」迷，才知道魏先生每天早上在拿著筆對誰娓娓「論」道，從很多地方札出來的資料、蛛絲馬跡，草蛇灰線，一一被他點明了。如果沒有長時間的走進這本書，如果沒有他的新發現的理論作根據，如果沒有這幾年他對「金瓶梅」的許多外在的研究，怎麼樣也札不出這許多人不得不信服的內證來。

讀了這本札記，令我也產生了幾點感想：第一，魏先生這本札記做得很基本，很仔細；第二、集體改寫編刊的事實，是這本札記的一個最主要的重心；第三、找出更多的問題使得「金瓶梅」這本小說更耐人尋味；第四、讀了之後免不了要跟著魏先生一起找證據。

談到「金瓶梅」的初刊及作者，傳統說法都是根據沈德符的野獲編；魏先生已證其訛與僞。但在一九七八年的北大中文系集體編寫的中國小說史第三編第十章，根據干縣的「金瓶梅考證」（未見原文），認爲約成書於隆慶二年（一五〇二）至萬曆三十年（一六〇二）之間，最初以抄本流傳，萬曆三十八年（一六一〇）始有刻本。現存最早的兩個版本；一是萬曆四十五年（一六一七）東吳弄珠客作序的金瓶梅詞話，一是天啓年間（一六二一——一六二七）刊刻的「原本金瓶梅」。……兩本八十四回、五十三、五十四回差異較大，想是出於復刻者的加工。這些論點都還是老套，難怪魏先生要慨歎「大陸無人」！但在抗戰期間，馮沅君在二十九年及三十四年寫了「金瓶梅詞話中的文學史料」及跋」。這兩篇文章後來收在一九五五年的古劇說彙中，是比較有系統地站在文學戲曲的觀點，來討論金瓶梅的引曲，我覺得馮氏論到戲曲資料，對研究金瓶梅而言，是非常重要的，但馮氏只在臚列資料，已經可以看出有七十六條曲詞是出於雍熙樂府，和詞林摘艷，而非作者杜撰，這一點不能證明成書的確切年代，但從引的這許多曲詞，可以證明作者或改編者一定是一位深通及熟悉戲曲的人，那麼擁有詞山曲海的李開先被疑爲作者，自非無由。在這兒，我想補充札記中數條論證：

在四十一回的札記裏魏先生說：「家妓，唐宋間極爲普遍，此一風氣，抵晚明尙在流行，斯一證也。」其實蓄家妓奏樂、唱曲、演戲等，清朝前期，亦復如是，像李漁便自己養著家妓，自己訓練她們到處替王公大臣們上壽，賀喜，乾隆年間「紅樓夢」裏不還有家妓演戲？

廿四回插寫韓回子老婆罵街，潘金蓮問她爲了什麼來，韓婆子唱耍孩兒：「太平佳節元宵夜」爲證，魏先生說：「這寫法則與明朝當時流行的戲曲述說的方式一樣，今之平劇，仍有這種簡略述說方式，如「……聽了！」這樣的方式，在「金瓶梅」中不止一次，馮沅君還擧了卷一頁七十四、卷二頁二一六、卷六頁七〇二、二、七〇六、卷八……等十四個例子，也是可證明一定先有個像話本一樣的說唱本子，再湊成現在這個金瓶梅，則此人又是個懂得說戲歌曲的了！正如七十七回裏，崔本稱許苗青給西門慶尋的姬妾楚雲，說她「腹中有三千小曲、八百大曲」。小曲是小令，大曲是套曲。

四十三回裏，魏先生記的是：「喬太太點唱的是元曲『王月英元夜留鞋記』。按此劇乃曾瑞卿著。」馮氏在史料一文中有一些說明，我覺得該採納：「留鞋記譜郭華與王月英的故事，事本太平廣記，這也是個北雜劇和南傳奇都曾戲詠過的題材，雜劇方面有曾瑞卿的王月英元夜留鞋記，傳奇方面有無名氏的王月英月下留鞋。喬太太所點的究竟是那一種，既未見曲文，是無從確定的！其餘六種自應都是傳奇。」明代中期以後，此雜劇已衰，大約不可能演北雜劇了！可是在五十四回裏吳銀兒唱了一首青杏兒：「風雨替花愁。」馮文只說出自太和正音譜，其實這是一首老曲子，見唐圭璋全金元詞中滏水集，作者是金人趙秉文，字周臣，河北滏陽人。五十八回金蓮教吳銀兒、桂姐唱慶七夕：「暑纔消，大火即漸西。」也是一首南北合套，明刊徽藩本詞林摘艷及北詞廣正譜都作金元之際杜仁傑作。此人一定是曲家老手，方有如此功力也。像六十五回西門慶叫韓畢同周采唱「洛陽花，梁園月。」也是元人張鳴善的作品。

當然，最耐人尋味的是八十二回魏先生記（潘金蓮）：「懷疑陳經濟和孟三兒也有一手，陳經濟說是在花園中拾的，金蓮不相信，竟氣得背著身子睡了一夜。笑笑生們還寫了一闋醉扶歸詞來描寫陳經濟的這夜情景：我嘴搵著他油鬏髻，她背靠著胸肚皮。」魏先生以爲是是笑笑生們寫的，其實這一首仍是元人小令，北宮詞記外六以爲元人作，雍熙樂府卷二十，彩筆情辭卷六以爲呂止軒作，陽春白雪說是和關漢卿同時的王和卿作。同樣地八十三回，魏先生記：「在這一回，笑笑生們用詩詞形容潘金蓮與陳經濟兩人的交情，比上一回多，上一回九篇，這一回十篇，其中詞曲八闋，看得出全是笑笑生們的新作，不是抄錄別人的舊作。譬如這裏陳經濟寫給潘金蓮的寄生草：動不動將人駡，一徑把臉兒搊。……」這一首也是馮氏金瓶梅詞話中的文學史料三曲的盛行，註三，此曲出雍熙樂府卷十九無名氏，所以也不是笑笑生們所作。由於引用的作品太多，一時不能查核。但僅是全書所引各種詩文、詞、曲、雜劇、傳奇、笑樂院本、等，是以作一篇大文章來推敲一下他們引用的來源及用意，以及清曲、劇曲在晚明表演的情形，從而探知作者究竟是何種身份、學養、知識程度等關係了。

二十七回的札記，魏先生指出重覆寫了來保與吳主管晉京的事，前後血脉不貫，作爲集體改寫時，分回各寫各的，無人總其成，寫好就匆匆付梓，也未校正，看出刊本全書不是成於一人之手；但接著談到「明朝文士抄襲之風盛行，凡是經過他們的手編纂過的前人著作，沒有不被增增删删的！」眞是行家的話，明朝刻的書不及宋元或清，在版本上講，好動手脚，自以爲是附會風雅，亂改一通，所以這是明刻的通病。魏先生從「金瓶梅」中都能細心地找出這些證據，眞是令人佩服。同樣在三十一回札記裏，看出回目與內容不同，上半回是「西門慶夾打二搗鬼」，夾打的情節只佔了六分之一，「大部份的篇幅寫的是西門慶與王六兒的再度苟且，韓道國反而認爲自己的妻子能與他的東家勾搭上，乃是他們難得走上的一條路。………可以說，這一回回目，應是「韓道國縱婦私東主」，從內容與回目來討論非出一人之手，同時也提到相同情形還有三十三回；這些地方都看出魏先生的細心、深入。尤其後面談到：「試看這一回的七宗情節，在演進過程中，居然有三宗是重新開筆的，與我前面根據第三十四、三十五兩回情節之演進技巧，比說出的搓草繩方式，無從倫比矣。」用了他自己撰的一個文學創作名詞——搓草繩，眞是令人叫絕！沒搓過草繩的人，還眞不易體會這個詞兒的妙處呢！

札記本來就是隨筆，隨想隨記，不拘什麼故事因果，也不必詳爲說明，但魏先生字裏行間，總不忘他的基本理論，隨看隨說隨證，處處不離主題，又處處沒忘了相關的學問，讓人讀了一定有更多的收獲，像五十七回：「此說前日山東有個大官，這語氣好像永福寺不在山東似的，顯然地，這作者不是山東人，方始有此種語氣。」一點都不放過那些蛛絲馬跡！在七十四回寫海鹽戲子唱的一套南西廂的詞兒，魏先生借機會底下接著把葉德鈞誤以爲李景雲是李日華這件事弄清楚，特別指出崔時佩、李景雲是嘉靖時人，李日華是萬曆時人。可見時間人物都是考證上重要的條件，不能有一絲含糊，多仔細！

魏先生要找證據，證明作者們是南方人，而非鄭振鐸、吳晗他們所說的山東人，札記中也要處處在尋證據，譬如三十五回寫應伯爵「醉的只像提線兒提的！」根據全國劇種調查，在江蘇、浙江、福建、江西，以及新疆南部有提線傀儡；在山東多爲杖頭傀儡，這也是從所寫事物證明產地的好佐證，像五十五回，西門慶晉京去祝壽，潘金蓮在家想她那小相好陳經濟，用了「呆登登」三字，眞是標準的吳語也！三十九回魏先生記道：「我認爲金瓶梅詞話是南方人的作品，曾舉語言爲證，這裏西門慶有一句說：正是小頑還小哩！……其中小頑一詞，即吳語。今寫作小囝。」幾乎要用到方言知識，四十三回寫把小孩寄名到玉皇廟，這也是南方習俗，記得我們家鄉江南，很多人家單丁子，怕養不大，多半記名在出家人那裏，小名有時故叫得不成格調，像小和尚、阿狗……之類，不知山東人也如此不？

三十五回從四個楞小子去捉姦，引到萬曆朝的許多「忠臣」們的楞，知道底細的，看了眞是會心，後面又記到平安挨打，聯想到神宗的十俊，更令人發噱，也許這些就是當時頗涉政治實況的事，後來改了！才讓人看不出來。本來末世政治就是很亂的，誰能理得出某人即某人，某事即某事！赤裸裸地記上能刊行嗎！札記除了要把全書大事研究之外，也不忘指點讀者一些新方向，像在六十二回裏討論到「金瓶梅」裏的宗教觀，又指出可與馮夢龍三遂平妖傳合併研究，這是非常有意思的！這樣，當然叫人開卷有益了！

我不是研究「金瓶梅」的，本來也不夠資格來寫序，但讀了札記之後，覺得當個忠實讀者或學徒總是夠的，亂糟糟地寫了一堆，算是我的讀書筆記吧。

（民國七十二年十月十七日台灣新聞報）

# 爲中國音樂尋根

幾年前，中廣公司名主持人徐謙小姐找我，要我接一個節目——中國古典文學講座。她並告訴我說，這個節目原由邱燮友教授主持，已經一年了，邱教授介紹古典的詩詞欣賞和吟唱。每週二四六，邱教授不但選擇名作，詳爲解析，而且有時也帶著師大南廬吟社的一些同學，到節目中現場示範詩詞吟唱，頗得到聽衆的回響；邱教授目前因工作較忙，不能繼續。所以要另邀一位對此工作有興趣和有經驗的人來接替，由於我多年來在擔任電視國文教學，對廣播應該不陌生，看中了我，我也就欣然接受。心想：這不等於開了個文學欣賞專欄嗎？由於這件因緣，也讓我知道了邱教授好幾年中，默默地做著一件事，爲了探索古詩詞的吟唱，足跡遍全省，訪問了不少詩壇耆宿，錄下許多詩社中吟詩誦詞的聲音，經過一番整理及加工之下，不但出了第一套詩詞吟唱的錄音帶，也附了有聲資料的樂譜和說明，眞是功德無量！

民國七十年，教育部恢復了國語推行委員會，我又受聘爲該會常務委員。由於台北市、高雄市先後升格爲院轄市，而每年一度的全省國語文競賽，也因行政體制的改變而改變，由地方而中央；於是台灣區的語文競賽，則統由教育部負責委託省、市輪流主辦。當然，每年的競賽辦法及項目，也須由國語會來協調及審查；由於社會進步，國民生活提昇，基礎文化也隨之提昇，語文競賽，不僅是作文、演說、注音、書法、朗讀……等項的比賽，會中有人提出：近年來國民中小學老師們都想活潑一下國語文的教學方法，很多學校請老師指導學生如何吟唱古詩詞，是否在競賽項目中增加一項詩詞吟唱？但這個方案牽涉的問題不是讀錯音，寫錯字的那樣標準，見仁見智的朗誦方法，語音讀音的選擇，吟誦的語言和旋律性，幾乎超越了語言範圍達到音樂界限了；可是又想到目今小學國語課本內容太淺，沒有顧及學齡兒童的學前語文能力，以及國小、國中、高中、大學這一系列不同層次的語文教育的連貫性的規劃設計，及各年級語文能力的評量標準，一切都沒有章法，在日本小學二年的課本內即有唐詩，而他們課本設計既切合一般智力的學童，也爲天才兒童和低能兒童作了詳盡的規劃，（不得不佩服日本人的專業精神！）甚至我六十五年在巴黎時，法國小學三年級的兒童琅琅上口讀十八世紀維克多雨果的詩，甚至三年級小學生老師便要求他們寫心得報告！而我們一直不知道加強語文教育，一味地把一些不相干的知識生吞活剝地往他們小腦袋裡裝，基礎的理解與分析能力的訓練反而忽略了！尤其不注意心靈的啓迪，在缺乏周密規劃的語文能力教導下，能夠讓小朋友們接觸到一些精緻語言的美文學，也能提昇一些語文欣賞與表達的能力，不失爲好方法；比賽固可不必，觀摩未嘗不可！就這樣詩詞吟唱越來越被重視，也就有了不少商人投資來製作吟唱的錄音帶了！

由於有了觀摩，各校無不想出奇招，表現小朋友的活力，於是集體朗誦、歌舞形式、對吟輪唱，配上聲光電化，幾乎蔚成風氣；因而也勾起了不少有志之士，從而組織班底，出版刊物，設壇授徒！

各自宣稱是吟誦正宗，曾得秘傳！南腔北調，東柳西梆，全都來了！甚至一些衞道之士主張因爲國語沒有入聲，四聲與傳統讀音不一樣，要用「古音」來讀唐詩；一個「白」字，李白的白要唸「ㄅㄞˊ」，白日依山盡的「白」要唸「ㄅㄛˊ」！你我的「我」不唸「ㄨㄛˇ」，要唸「ㄜˊ」！這不像國語的範疇，而是古今音的問題了！唐詩用「古」音，宋詞是不是要用河洛音呢！這是國語文還是古今音？

由於很多人主張不讀古音，讀不出古詩的聲調之美，不用古韻顯不出古詩押韻的旋律性，四聲不同，讀音歧異，固然是今日國語語音的一項缺憾，使它不能符合傳統古詩詞的唸讀，但我們都知道人們使用語言，像江水東流一樣，是不停在變的，不僅習慣語詞在變，語音也會因時間因素而變！這又何須去貴古而賤今呢！同時不僅在空間上有方言方音，在時間上它們本身也在變，這些現象，都是統一國語之前早已存在的事實，爲了補救這些紛歧，故而訂國語來統一之，如今爲了吟唱古詩詞，又把紛歧的傳統語言問題來煩惱中小學老師或小朋友們，這豈不是在自找麻煩？因此有人問我某字如何讀？古今音，語音讀音又如何？我就直截了當告訴他：免麻煩，用國語發音唸罷！要不然我們可能要舉行方言比賽了！這是點滴之一。

再回過頭來說：如果吟唱古詩詞，旨在欣賞古典文學，幫助語文教育或語文訓練，我以爲只要唸得琅琅上口，有情有意，便是很好的了，但如果要提昇層次，使其學術化，講求古音古韻，那就遠離中小學生語文教育的範疇，不是輔助語文教育，而是走向音樂與文學的問題了！

現在，我們再談文學與音樂的問題，誰都知道從三百篇詩經到楚辭九歌、漢魏樂府、唐詩、宋詞、元曲……這些詩歌文學都是合樂的！可惜六藝之中，樂最易亡佚，雖然我們要尋大漢天聲的根，但在譜表未發達的古代，聲音科技未有發明的歷朝，尤其是歌樂，幾乎多靠口耳相傳，文字資料雖然保存很多，但聲音則難傳其彷彿，古詩不能唱，衆所週知，雖有宋人編的詩樂譜，那是宋人的猜測；唐詩不知如何唱，連宋詞也未必能上口，因爲到了曲譜裡，詞牌幾乎都成了引子曲、散板曲，旋律節奏都是自由的；不管欽定詞譜或詞律，有千首以上的形式體製，那幾乎是徒成具文！不能恢復聲音歌調。

有人說：曲律最細密，就是因爲南北曲承襲了六朝民歌，唐宋詩詞大曲大樂，譜律亦全，應該是最完整的音樂資料，但很可惜的，仍是「譜律不全」，聲音不保，故而很多曲家都說：南北曲到明代中葉漸趨式微，代之而起的爲昆山腔，今欲探求南北曲當年的聲貌，昆腔戲曲中或可得其梗概。因而一度昆曲被我們學戲曲的人視爲國寶！雖然他吸收了南北曲的長處，但一經加工，原形也就不純了，尤其很多正板曲被點成贈板曲，則原來的基本腔格已被移動，其中增減消息并無記載。因此，也只能從昆曲譜中求南北曲之彷彿！不能說那便是「南北曲」！這些事實，對中國音樂及文學來說，徒具可歌之名，而無可歌之實，眞是十分的遺憾！

民國肇建，西樂大盛，到處一片洋樂之聲，一些中國學者頗覺憂慮，意欲恢復我大漢之天聲，早先有沈心工、李叔同等把西樂和中國詩詞配合起來，作了一些學堂歌曲，如沈氏的體操、賽船、黃河，李氏的祖國、送別、西湖等，都曾傳唱很久；民國十年前後，很多人用工尺譜編印當時社會流行的時調小曲；爲了激勵我們這東亞病夫國人，民國九年八月，白宗魏氏將古詩木蘭辭編成歌曲，發表在北京大學音樂研究會的音樂雜誌一卷第五六號合刊本；不久由於抵制日人侵華，楊蔭瀏氏把他發表在同一雜誌的第九、十號合刊上的一首以元人薩都剌所作的金陵懷古的樂譜，改塡以宋代抗金英雄岳飛的「滿江紅」怒髮衝冠那一首。大家都以爲古譜，實際是早期音樂工作者們的作品，後來雖有很多作曲家拿傳統古詩詞來配以新譜，但總不如滿江紅這首道地自然。一些人在嘗試溝通中西，創作新曲，也有部份人士對傳統音樂表示關懷。民國十四年，童伯章寫了一本「中樂尋源」。

童氏在自序中說：「……甲子之夏，江浙戰起，學校輟業，自顧愚陋無能，不堪奔走，閉門靜守，以預備教材自課，因念中國自學校之興，設有音樂一科，二十年來，教者、學者、歌譜樂器，悉資傳於外國，若中國固無音樂者然！頗自短氣，平心思之，中國言樂之書，累篋盈架，欲舉以爲教，正不知從何處說起……」很明白地說出他要站在中國傳統音樂立場來編中樂教材，其內容如何呢？吳瞿安先生序中說：

「文人才士，高擬樂府，操翰伸紙，睥睨一世，而字不協聲，聲不協律！有識者哂之。又晚近庠序以東邦簡陋字譜，施之童齔，往往就舊聲以實新辭，而鉤輈格磔，有若寱語……備論八十四調之原，樂器管絃之法，以及聆音作譜之方，復取古代舊譜，一一爲之釐訂，上自關雎，下至唐詩、宋詞、南北曲，粲然畢具……」

其中尤以「復取古代舊譜，一一爲之釐訂，」一語，最堪吾人注意，他選了朱子儀禮經傳通解風雅十二詩譜的關雎章，姜白石越九歌譜濤之神，白石道人詞譜醉吟商，並附以曲子的唱法，童氏自注說：「右譜順口易唱，但只是曲譜，不能名之爲詞譜耳！」其態度十分認眞，不失學者風範。以下各譜，雖名南北曲，實以淩廷堪燕樂考原的理論：昆曲中以七聲并用者爲北曲，但爲五正，不用二變者爲南曲例之。童氏則不願苟同其說，分別錄九宮大成譜中之欸乃曲、陽關曲、白石之惜紅衣、張炎之桂枝香、辛稼軒之永遇樂、蘇軾之念奴嬌等，以爲詞譜例；復錄琵琶記、雙獻功、以及南曲集曲玉抱肚等，北曲增句格混江龍等加以說明，足見童氏曲學工夫之深。歌譜三又列行香子、柳初新、浪淘沙、玉嬌枝、四塊玉、梧葉兒等十餘首，均依九宮所載譜；譜四載劇曲錦堂月、孝順歌、集賢賓、等集曲體式及譜五列九轉貨郎兒套曲取自納書楹曲譜、長生殿彈詞昆腔譜，可作比較。而且均以工尺譜爲主，是此書特點。書雖不是宏篇鉅製，然而對傳統歌樂之肯定與其演變軌跡，童氏的規劃選擇，確有進步音樂家的眼光。

童氏而後，民國二十三年，朱謙之著「中國音樂文學史」，書中談到了音樂與文學的關係，綱羅了中西文學、音樂、詩歌、美學等理論，進而談到中國文學與音樂的關係，而後分論詩與樂、論楚聲、論樂府、唐代詩歌、宋代的歌詞、論劇曲等，其中討論到詩經樂譜，白石越九歌、相和歌、樂府譜式、唐十部伎、竹枝詞、陽關三疊、唐樂笛字譜、詞源、謳曲旨要、詞譜、白石旁譜、宋大曲、諸宮調、芝庵曲論、九宮大成、納書楹、吟香堂等曲譜，所涉範圍，大約已涉及歌樂之大部，而其對詩歌音樂的看法，幾與童氏無異，只是在理論及引證資料上，較童氏更完備與深入。態度亦頗嚴謹。

及後吳瞿安先生在顧曲麈談等曲學著作內，提到白石旁譜，爲詞樂之瑰寶，可惜不點板眼，比納書楹、吟香堂曲譜不點小眼只點板更爲令人難以捉摸！而由於諸家提倡，從清代開始，若干懂音律的詞家或音樂家，如方成培、淩廷堪、戈載、戴長庚、陳澧、張文虎、鄭文焯、唐蘭等先後對譜字校正解讀上，下了不少工夫，但律字可解而節拍難定；民國廿一年，夏承燾的「姜夔詞譜學考績」一文中，第三節：音節存疑中說：姜譜迭經諸家之推求，幾乎全書可識矣；惟所識者限於譜字；至其音節，各家之說，互有牴牾，尚未能貫通……首可疑者，即一字一音，不合當時協樂之情狀……今人歌曲，往往以數音歌一字，此在宋元豐以前，雖朝廷大樂，亦已如此矣！

夏氏之疑，實在很有道理，今人所謂北宋柳永已創爲「慢」詞，既已曰慢，何能一字一音一拍，呆板得像唸經的雅樂，況且今日類似詞樂的南管，其中慢七寮譜中，有的一字可唱二十拍，可見姜譜必非如此處理法！而若干有志之士，即以今譯之姜譜，不予加工，直接歌之，頗類西洋歌樂，實在不妥，而夏氏按語說：「張（爾田）先生謂『姜譜但注發聲之首一字』，當指主腔。二十年前予在上海與馬夷初先生（敍倫）論姜譜，馬先生亦謂一字一音則等於吟誦，必不可歌，疑白石僅寫一主腔，其花腔由歌者自由增加……」可見前輩態度認眞，多方推敲，不肯自我作古，至於姜譜究竟爲何拍，筆者以爲從南樂、弋陽、高腔等「安腔」、「立柱」、「放流」、「二調」、「滾門」……等傳統音樂處理技術上尋求答案，當有收穫！

民國二十二年起，夏承燾作了「白石道人歌曲校律」一文，後來在三十一年，又將白石旁譜譯出，刊在唐宋詞論叢一書中，校律則刊在月輪山詞論集，民國五十年又出版「姜白石詞編年箋校」，將校勘，版本，與友人討論之信函刊入，以文學家兼音律家來討論白石道人歌曲，其顧及的面，及討論的深入，其餘諸家恐不能與之相比。

詩詞入樂，由於抗戰軍興，漸趨沉寂，民國三十四年雲南大學劉堯民先生發表「詞與音樂初稿」（七十一年出版改稱詞與音樂）可見學者對古音樂的探索工作，仍不肯放棄；民國三十六年起，中國音樂史家楊蔭瀏氏開始研究姜白石旁譜，然而在民國四十二年九月，在西安民間發現大批鼓樂社的器樂譜，將近七十幾個抄本，保存近千個曲調，並且當地尚有一百多位民間樂人可以能讀能奏，而這批譜是用宋代譜式記錄的，和白石旁譜十九首相同，這對於解讀白石旁譜，眞是一大福音，使埋沒了七百多年的文化遺產，在清初被學者們發現，經張奕樞據宋本摹刻而流傳的這份音樂資料，總算有了生命。接著又陸續發現了五台山八大套、北平、保定等地民樂家及智化寺的鑼鼓譜的印證，更堅實了白石道人自度曲的今譯工作。高低雖然沒問題，節奏及腔調的繁簡加工，仍不可解！

接著在民國四十二年丘瓊蓀氏見到楊氏與陰法魯氏合譯的「宋姜白石創作歌曲研究」之後，丘氏本人亦已開始白石旁譜的研究，他從版本考辨，字譜考釋、宮譜考訂、聲律考索、利用旋律進行曲線譜、四聲實驗，肯定姜白石譜是根據當時南方的江浙語言爲製訂旋律的基礎，這個論點是非常重要的！因爲南宋都杭州，以首都通行語調來創作歌曲，而非白石的江西語調，是很自然的道理，尤其姜氏一直希望南宋恢復「大樂」！丘氏乃於民國四十八年成「白石道人歌曲通考」。

在楊、丘等發表譯譜的同時，香江饒選堂氏於日本京都中田勇次郎先生處，獲見明季抄本「魏氏樂譜」，書前附有明律與工尺俗字對照表、其篳篥譜之記號，與姜譜近似，亦不記板眼，同於樂府渾成集，乃依魏譜詮釋姜譜；夏氏、楊氏、丘氏、饒氏所譯之譜，其音高或有不同，乃在解讀工尺譜時所定基音不同，其高低曲折，大致相仿。饒氏於民國四十七年十月出版「詞樂叢刊」，除了白石旁譜新詮之外，並有張炎詞源中謳曲要旨八解（趙尊嶽），「魏氏樂譜」及研究介紹文章一併刊出，頗有助於研究古樂者。而「魏氏樂譜」係晚明魏皓所編。皓字子明，號君山。四世祖元琰，於崇禎間流寓日本長崎，任職通事。精音律。皓傳其業，居京都十餘年，以精聲樂享譽公卿，從游者至百餘人，除樂譜外尚有「魏氏樂器圖」，譜不傳於中國，而日本則極流行。是譜計收詩經關雎一首、樂府古辭十八調、唐詩十調、唐五代宋明詞三十二闋，共五十三首。唯未注出譜之所從來，但總是清初明末之作品。

饒氏、趙氏之外，前國立音樂院院長、國立禮樂館館長顧一樵氏，民國四十四年夏日在哈佛大學圖書館，得見明刻詩詞樂譜五十調，乃將原書縮影，並將工尺譜譯成簡譜，四十九年臺灣商務印書館刊印「顧一樵全集」，該項譯譜收入第十一册中。民國五十三年秋，顧氏又將「唐宋歌譜廿五調」交商務出版；係由魏譜選譯；五十六年復將餘存各譜整理，加上白石歌曲二十調，五十七年再由商務出版「宋詞歌譜四十五調」。其自序略云：「……近年國劇流行，樂調不多，而劇詞新編，每能配合上口。因思宋詞樂調，或者亦有大同小異之處，姜白石自度各曲，當於北宋詞曲有相通處……此係初步工作，俾藉宋樂譜以試唱無譜之宋詞，但編者決不敢即下斷語曰：此即某詞之原譜也！是否有參考價值，請高明正之。如蒙愛好詞曲音樂試唱，則幸甚。」不管顧氏繼各家之後，努力成果如何，而其對恢復詩樂詞樂之舊觀，從舊譜去求其彷彿，不肯自必，這種對音樂的認眞，不厚誣古人的求眞求實態度，還是敎人欽佩的！

無論是文學家或音樂家，在爲中國音樂尋根的工作上，按理說其方法或有不同，但其目的應該是一致的，許多年來在探索中而獲有輝煌成就的，應推楊蔭瀏氏，從他早年的中國音樂史、四十一年的古代音樂史綱、七十年的「中國古代音樂史稿」，皇皇千餘頁，不但是不再講抽象的理論，而全書重心幾乎全以詩、詞、曲的音樂爲主要材料依據，但這些資料幾乎便是當年童伯章的中樂尋源的擴大、深入、科學化、中國音樂理論的追尋與建立，而重心則仍是從白石道人歌曲研究以來同一路線，總是從舊譜中去尋中國音樂的根：七十二年他又發表了一篇「語言與音樂」，更從音韻、聲調、發音吐字、民歌、戲曲樂譜、語言旋律等，來討論中國音樂的發生，分析入微；如果我們今天來吟唱詩詞，不管前人所走的路，以及他們所蒐集的古調古譜，求之於各地民歌、戲曲唱腔的旁證，以爲參考，而一味地即興吟唱，不問音樂體式和結構，甚至連古人最基本講求的起調、畢曲都不問，試問如此態度不但不能揚大漢之天聲，還有點無視於傳統音樂遺產，更是自我作古，厚誣古人了。

我以爲吟唱詩詞，本是爲中國音樂尋根作奠基和開路的工作，假如路子走歪了，爭如不吟不唱的好！

# 從詞曲的格律探討詩詞的吟唱

## 一、引　言

儒家以禮、樂、射、御、書、數六藝施教，而「樂」則列爲第二，可見「樂」的重要。在論語裏，孔子曾多次强調音樂的功能，像泰伯篇：「子曰：興于詩，立於禮，成于樂！」子路篇：「……事不成則禮樂不興，禮樂不興則刑罰不中……」衞靈公篇：「顏淵問爲邦。子曰：行夏之時，乘殷之輅，服周之冕，樂則韶武。……」陽貨篇：「子曰：人而不仁，如樂何！」在在都强調禮樂之教，對國家社會的安定和進步，極爲重要！

既然儒家六藝之敎，禮樂爲先。六藝之中，其他各藝，都能保存，唯有「樂」，是難以像其他各藝一樣，被完整而有系統地保存下來。也許有人說：「樂」被保存在詩經裏！因爲樂調是跟詩句走的！然而，今天我們在孔廟裏祭孔時所唱的樂章，那便是詩樂的眞面貌嗎？說得好聽些，是古樸雅淡，保留原始風貌；說得苛刻一點，那眞像巫師作法時的故弄玄虛，這就是「樂」嗎？也許我們去古太遠了，無福消受吧！我們的樂教呢？

記得當我們在小學唸書時，音樂老師教我們唱李白的「牀前明月光。」唱孟郊的「慈母手中線。」總是唱得熱淚盈眶。上了中學，最容易讓我們唱得上口，和背得順溜的歌曲，仍然是飄逸的李白那首：「誰家玉笛暗飛聲」春夜洛城聞笛；或是用西洋民歌樂調配上的「清平調」：「雲想衣裳花想容！」唱起來也覺得十分富麗堂皇，餘味無窮，至今難忘。

進了大學之後，私底下聽到同學們說：某位老先生會用「古調」唸詩文，某先生會用古音讀詩經、楚辭！想著這些「再世的尹吉甫！」「活生生的屈大夫。」到也讓我神秘感中帶著幾分羨慕——要是我也有那套本領，該多令人興奮！可是等到欣賞了他們的唱和唸之後，總覺得有些像和尚唱「焰口」；有的像道士唸「捉鬼咒」。有些簡直就是「黃梅調」和「賣梨膏糖」的！也就不覺得有什麼神秘和可羨了。

但說實在的，要談到中國的本土音樂，除了保存了一大批的詩歌文學之外，也很難找到更好的研究材料。而這些詩歌文學作品中，古、近體詩和詞、曲，可以算得上最具有代表性的音樂資料。所以有人說：如要發掘我大漢天聲，除了從詩、詞、曲中去尋找之外，別無其他蹊徑！

因此，這一批有關音樂的文化遺產，近年來，我們很多有心於發揚孔夫子禮樂之教的文教工作同仁們，便開始想讓這批古聲湮沒的詩篇，使它重揚大漢之天聲。於是到處都可以聽到「吟唱古詩詞」，甚至還發掘出：「流派」、「調別」、和「古詩新唱」等等的作法，看起來「元音未喪」，古曲發揚有望了！大家一窩蜂地你吟我唱，出專集，灌唱片，設壇授徒，現身說「樂」；但很少有人提出疑問——這樣的「吟」，如此的「唱」，有所據嗎？是懷古？復古？創新？自由的自我表達？這些吟唱，無論從音樂、語言、歷史、美學……等觀點來說，都值得我們來作一次學理上或技術方法上的探討，這便是我寫這一篇文章的動機；同時爲了保持可以商榷的態度，我想從一些詞曲格律和音樂關係的技術問題上來商討，所以不想引經據典地來支持或加强我的某些理論，只是從傳統詞曲格律和音樂關係來研究詩詞音樂有些什麼可利用的資料，藉以探索我國古代音樂遺產，而不想讓一件有意義的音樂研究和文學結合的學理問題，在我們自我作古，自由即興地吟詩唱詞中給忽略和湮沒了！如果可以藉此找出一些古代文學音樂結合上一些寶貴理論，也算是千慮一得吧。

## 二、詩詞和音樂的關係

從純文學的立場來說，文學作品是性靈的發抒，它是自然的流露，沒有任何條件的約束。可是在中國，從有「詩」開始，它就沒有自由過，因爲它除了盡文學的責任之外，更要盡一部份音樂的責任。所以早在春秋時代的墨子說：「詩三百，孔子弟子皆絃歌之」；不僅孔子拿詩歌當修身養性的科目來教導學生，就連兩周時代的諸侯、大夫，無不用詩歌來作爲折衝樽俎，政治上、外交上的特殊表達工具。可是在古代人們對於語言和音樂的要求，沒有像今天的嚴格和標準化，所以只是要求詩歌內容的表現，形式的揣摩，並沒有很多後代詩歌創作上的規律和法則。但到了後來、生活條件充足了，語言的使用也繁瑣了，詩與歌也漸漸分離了，於是有人爲作詩而作詩，有人爲唱歌而作歌，從此便產生了詩樂分離和對立的現象，而詩的理論，音樂的技巧也就各自應運而生了。

㈠詩以音樂爲主

一般說來，古代大部份的詩，都是和音樂相伴而生的。因此，很自然地要求它能合樂，能琅琅上口地唱，能便於傳誦，能有一首動人的旋律。因而一首詩便成了一首樂。三百篇也好，一些古詩也好，往往當我們說到它們的題目時，不只是單單指它的內容文字，也多半是指它的歌唱條件的音樂。於是樂府詩便出現了很多音樂形式：像「短歌行」中便有「短歌微吟不能長！」；「長歌行」中的「長歌正激烈！」或「咄來長歌續短歌！」豈不在詩句中都說明了「短歌」、「長歌」音樂形式的不同嗎？樂府詩集裏更記錄了魏文帝自撫箏和短歌行。有人寫了一首「飲馬長城窟」行，由於聲調悲壯，氣勢感人，於是有很多人喜歡這個調子，結果郭茂倩樂府詩集裏搜集了前前後後十七首「飲馬長城窟」的詩，當然它們是用同一調子來唱的！所以只要一位詩人兼音樂家，創作了一首動人的詩歌，後面便會有人借他的酒杯，澆自己的塊壘。這類以音樂爲主而作的詩，不管它的文學形式如何，古人一律都叫它們「樂府」！在這種條件的創作下，都是特別强調它的音樂。有些詩唱時跟伴奏的樂器有關時，古人就叫它「相和」、「鐃歌」、「鼓吹」、「琴曲」……等，有的跟地域或方言有關，古人就叫它「吳歌」、「西曲」、「楚辭」；也有將原來的音樂作一些變化處理而改變了原曲，如「長干曲」之外又有「小長干曲」，而兩者之文字形式，都是四句五言，既然加上了一個「小」字，必有另外條件的變化，那便是改變音樂旋律，調整樂句，使其調有新聲，而非原來的「長干行」了！

一部樂府詩集，其間雖然有很多不正確的穿鑿附會，但大部份的資料，足可供我們體會出；那些文字樂章，本來都是聲辭俱備，有音樂歌譜的。但音樂的文化，在科技尚未發展到聲光電化的古代，是所有的文化遺產當中，最容易流失的！雖然我們可以在敦煌卷子唐人卷子中發現琵琶譜，但若干年來，它的解讀仍是像謎一樣；即使是姜白石的歌曲，旁譜都仍存在，但由於未點板眼，也無腔調裝飾音等音樂處理的解說，縱使有很多聲樂家翻成今譜來試唱，但聽起來，仍是似是而非的！所以樂的研究，在今天「詩教」中來說，眞是刻不容緩的。

㈡詩與音樂脫離

這裏說的「詩」，是廣義的詩，它包涵各體。無論樂府、古詩、近體、詞曲，我們都叫它們作「詩」。在文化進展的旅程中，當我們的音樂科學、藝術有了高度的發展之後，它已擁有了許多旋律樂器，不必再等著詩來賦予它生命，它可以不作詩的附庸。沒有詩篇，音樂家仍可「彈琴」、「鼓琴」、「吹竽」，換句話說，早在西周初期，已有純器樂曲的出現，像詩經裏的「吹笙」、「鼓簧」，「伯氏吹篪，仲氏吹壎！」或者像俞伯牙、鍾子期的「高山流水」，它們不單純是奏樂器，實際上已經是高度發展的器樂曲；甚至詩經中有「由庚」等五篇笙詩，它們既無詩篇文字，當然是純器樂曲無疑。

因爲器樂的高度發展，尤其若干旋律性的樂器，都有了各自離詩而獨立的奏鳴曲，於是產生了古代音樂史上的「但曲」和「但歌」。這類純器樂的「但曲」和以人聲爲主的「但歌」出現，正說明了音樂不再是詩的附庸，而詩也就不必遷就音樂。於是文學家掌握了「詩」，雖然並不完全放棄長久以來合樂的「音樂架子」——字句、平仄、陰陽等格律條件，這都都是語言合樂的必要條件。文學家們只在强調格律中的形式美或內涵問題，已經是不重「樂」而重「文」了！可是劉彥和文心雕龍樂府篇卻說：「故知詩爲樂心，聲爲樂體；樂體在聲，瞽師務調其器；樂心在詩，君子宜正其文！」這便說明了調器的樂工去調他們的「器」，而作詩的文學家就專去正他們的「文」。這樣一來，聲辭相離，音樂和詩獨立是自然的現象，而且文人作詩，旨在達意，於是離音樂愈來愈遠。因此樂府篇又說：「凡樂辭曰詩，詩聲曰歌；聲來被辭，辭繁難節；故陳思稱李延年閑於增損古辭，多者則宜減之，明貴約也。」這段話很明顯地告訴我們，第一：聲辭分離，舊的調子合不上新作的詩；第二：如果再要讓詩來合樂，就必須要有文學修養的音樂家來加以增損。這段文字不正是說明，中古時期詩和樂已經分家了！

由於詩樂分家，文學家走的是懷道達意的路子，只管咬文嚼字；樂工們則抱器求技走的是技術路子，跟學問脫節，久之他們就失去了學而流入技，失傳之慮，是無法避免的。因此雖然在古書裏也遺留了一些樂工作的曲子，它們旨在記錄聲音，不知道原來的詩句是什麼，更加上中國文字未發展出一套樂譜符號，於是技術性的樂譜也是用不相干的文字來記，沒有解說，久之就不知所云了！在樂府詩集第十九卷裏，便錄有古樂歌「上邪曲」四解、「晚芝曲」九解、「艾如張」三解。這十六解只是一片不可理解的字符，茲錄「上邪曲」一解如下：

大竭夜烏自云何來堂吾來聲烏奚姑悟姑尊盧聖子黃尊來餭清嬰烏白日爲隨來郭吾微令吾應龍夜

烏由道何來直子爲烏奚如悟姑嘗如鷄子聽烏虎行爲來明吾微令吾

這樣七十三個字，顛來倒去，摸不出頭緒來，既不是歌辭，又不像歌譜，明明知道它是有聲有辭，但究竟何者是聲？何者是辭呢？古今樂錄引沈約的話說：「樂人以音聲相傳，訓詁不可復解。凡古樂錄，皆大字是辭，細字是聲，聲辭合寫，故致然耳！」這種大字是辭，細字是聲的辦法，像今天的古琴譜、南管譜甚至崑曲譜，都有這種情形。不過那些代表聲的細字，已經是簡化了的文字符號，而不是完整的字體。在樂府詩集裏不但把大字細字一體混抄了，而且又是經過樂工們的增損合樂，看不出原來的樣子，當然也無從模仿其聲音了！

又如宋書卷二十一樂志第十一，搜錄了「秋胡行」、「苦寒行」、「塘上行」、「西門行」等譜式，只知道它們是古樂府的歌聲「曲折」，但究竟如何付諸聲歌呢？我們錄一首宋武帝的苦寒行於后：

北上太二行二山二，艱二哉二何二巍二巍二。羊腸坂詰屈，車輪爲之摧。（一解）

樹木何蕭二瑟二，北二風二聲二正二悲二。熊羆對我蹲，虎豹夾道啼。（二解）

谿谷少二人二民二，雪二落二何二霏二霏二。延頸長嘆息，遠行多所懷。（三解）

我心何二怫二鬱二，思二欲二一二東二歸二。水深橋梁絕，中道正裴回。（四解）

迷惑失二徑二路二，瞑二無二所二宿二棲二。行行日以遠，人馬同時饑。（五解）

儋二囊二行二取二薪二，斧二冰二持二作二糜二。悲彼東山詩，悠悠使我哀。（六解」

如何讀法？又不像疊字疊句，又不知是何符號，有人說可能是標音的長短，那便是最早的「板眼」符號了，然乎？沈約說：「詩章詞異，興廢隨時。至于韻逗曲折，皆繫於舊。是以一皆因就，不敢有所改易。今既散亡，又無識者，歌聲譜式，樂人以聲音相傳，訓詁不可復解。」

這類現象，就是告訴了我們樂工記樂和文士們作詩是兩回事了，淵博如沈約，去古尚未遠，而這類樂工記錄的歌詩，連他都不知道如何解了！如此詩和樂怎得不分流？像前所舉的「但歌」，宋書卷二十一樂志三，沈約說：「但歌四曲，出自漢世，無弦節。作伎：最先一人倡，三人和。魏武帝尤好之。時有宋容華者，清徹好聲，善倡此曲，當時特妙，自晉以來，不復傳，遂絕。」這段話足可證明這種徒歌，即無弦來伴奏，也無節來打拍子，一人倡三人和，這種歌連曹操都很喜歡。到了晉朝，由於傳者無人，於是就成絕響。這不是說明文學作品的詩可以傳下來，而聲音之道很容易成絕響。於是今天的樂府詩集也好，唐詩宋詞元曲也好，大家公認在古代原都是合樂的！但除了一大堆文字資料外，音樂家的事，文學家不管了，只管自己欣賞或發揮文學之美，大家都激賞：「一曲新詞酒一杯！」至於它被樂工如何唱，便不管了。甚或在旗亭、酒樓打賭，看誰作的詩被歌妓唱得多；這種情況，便是以文學爲主的「純詩」創作的寫實。

因爲文學家作詩已不管音樂的形式問題，故而樂工在用音樂來配合時，難免要像文心雕龍所讚佩的：「陳思稱李延年閑於增損古辭，多者則宜減之……」的李延年的重作安排，不也就是後世樂工們，將文學家們的新詞，重新調整，用不同的聲音來陪襯，於是就有了「虛聲」、「泛聲」、「纏聲」……等音樂技術上的配合，既然詩是原料，各種添加的聲便成了「佐料」，加佐料變化後的詩歌，當然就是曲「詞」，可是重文的文學家硬要抬高詩，而把它叫作「詩餘」，眞是多餘！

由於文人作詩，成了詩歌市場的主宰，進而也出現了一些文人和歌伎的故事，像宋王灼的碧鷄漫志說：「元白諸詩，亦爲知音協律者作歌。白樂天守杭，元微之贈云：『休遣玲瓏唱我詩，我詩多是別君詞』。自注云：『樂人高玲瓏能歌，歌予數十詩。』樂天亦醉戲諸妓云：『席上爭飛使君酒，歌中多唱舍人詩』。」這段話明明白白說出唐詩多入歌，不帶音樂就叫「詩」，配上音樂就叫「詞」；但當時是如何唱法，今天是不可知曉，但一定首首各有一個套式，所以元稹才說高玲瓏能唱他數十首詩，如果首首是同一唱法，那他儘管說玲瓏歌我詩就完了，何必提出「數十」這個限制性的數目？可以想見，必是首首有不同的變化，而非像我們今天的「順口溜」，首首唱成「一道湯」。如果是這樣隨便哼哼，不得稱作「歌」！如前人詩句：「一聲何滿子，雙淚落君前！」假若只是隨口唱唱，怎能賺得人家雙淚交流呢？一定是聲情淒絕，讓人聽來，不得不掩面掉淚。而這種聲情，絕非全由詩句本身發揮出來的，它是加上了音樂家的另外一套，何以見得此說可信呢？我們看碧鷄漫志的另一段：

沈亞之送人序云：故友李賀善撰南北朝樂府古辭，其所賦尤多怨鬱淒艷之句，誠以蓋古排今，使爲詞者莫得偶矣！惜乎其亦不備聲歌絃唱，然唐史稱李賀樂府數十篇，雲韶諸工，皆合之管絃。

這段便是說唐代詩人雖然仿南北朝樂府作了一些歌辭，可惜已不備「聲歌絃唱」的資料，但史書上實際記錄中說雲韶樂工，還是拿它來合之管絃。

所以我們可以肯定地說：古代樂府本是有歌有辭，等到音樂和文學分離，文學的創作大量增加，而音樂的創作究竟不如文學快；如果要和文學配合，難免要想出許多辦法，到了實際歌唱詩句時，一定要有種種加工變化來以濟其窮，像前說的「虛聲、泛聲、纏聲、和聲、疊聲……」等，便是音樂配詩時的加工處理！這種處理過程，當然是樂工之事，而非文學家的設計和安排，如夢溪筆談卷五說：

> 古詩皆詠之，然後以聲依詠以成曲，謂之協律。其志安和，則以安和之聲詠之；其志怨思，則以怨思之聲詠之。故治世之音安以樂，則詩與志、聲與曲，莫不安且樂；亂世之音怨以怒，則詩與志，聲與曲，莫不怨且怒；此所以審音而知政也。詩之外又有和聲，則所謂曲也。古樂府皆有聲有詞，……今聲詞相從，惟里巷間歌謠及陽關、擣練之類，稍類舊俗。然唐人塡曲多詠其曲名，所以哀樂與聲，尙相諧會。今人則不復知有聲矣。哀聲而歌樂詞，樂聲而歌怨詞，故語雖切，而不能感動人情，由聲與意不相諧故也。

沈存中這段話說得非常明白，古調未必常存，然而聲詞相協的道理，本是合於自然的：可是唐宋間人，已不可知六朝舊聲，又不講求聲意相諧之道，雖然按著形式作了不少詞，但樂工和詩人也不能完全配合，所以歌唱起來也不感動人了！這便是很明白的詩樂分途，詩人爲作詩而作詩，不管樂工如何去處理成歌曲；而樂工們已經失去古調，只精通一些當時流行的俚歌俗曲，把文士們的作品隨便湊上一個曲調，唱起來難免會聲與詞的意義相乖。於是僅只文獻保留下一堆前朝古調的漂亮的樂曲名字，實在是詞存而聲亡了！一些思古的作家，又一成不變地照著原樣去塡詞作詩，嚴守「格律」；樂工們只是從師傳所傳的譜，照譜配字；唱的人又不十分明白原譜的聲歌表情，所以唱起來實是不知所云，因而宋以後不管古調，而大作新腔，詞之盛，豈僅是文學形式改變而已哉？爲了要配合當時的新聲，改變形式是勢所必然的。所以詩與樂之相倂而變，也是勢所必然。

## 三、吟唱古詩詞的基本態度探討

### ㈠外來文化衝激下近代中國音樂的反省

自從民國以來「新詩」創作不押韻，寫傳統律絕近體詩或詞、曲的老派作家，仍守著詩、詞、曲韵，不肯用現行的中華新韵來作些合乎現代人可唱的詩詞；讓音樂家可以配上曲調來傳唱，於是純供文學欣賞的作品越來越多，只可閱讀賞析，沒有耳聽的音樂之美；而音樂家們，疏離了傳統詩詞和本土傳統音樂，大量地吸收西洋音樂，引進了西洋音樂的樂理、唱法和奏法，甚至放棄土生樂器而全部改用西洋樂器、樂律及全部音樂產品。因而造成了一羣：「新的音樂民族」！

這類脫離傳統全盤西化的新音樂民族，多屬於受過現代教育洗禮的知識份子，就全部中國人口來說，他們的數量，成了少數中之少數。在現代新式教育的制度中，他們掌握了中國現代的音樂教育，全部移植西方的音樂，而忽略了中國幾千年來祖宗豐富的音樂文化遺產。除了對傳統的音樂、地方戲劇、民間說唱等充滿輕視性的批評外，很少有人肯認眞下功夫，對中國音樂作全盤性或系統性深入地去研究分析和探討。因此，上自國家大典的從戎樂、大閱兵；下至民間的婚、喪、喜、慶，全部用的都是舶來品。站在實用和偷懶省事的立場來說，本是無可厚非。但站在民族傳統文化觀點而言，便甚有「長他人志氣，滅自己威風」之感！

世界越變越小了，而民族自尊心則越來越强烈。我以爲今天社會上所謂的「國語流行歌曲」泛濫，便是對西樂的一種直接的廻響！因爲畢竟是中國人，接受不了西洋的「曲高和寡」，只有另覓代替品。於是國語流行歌曲，便應運而生了！可是，西樂雖然至今還沒有完全打入中國人的社會，大多數的地區，仍然唱著自己的梨花大鼓、歌仔戲、梆子腔……等，或者，在某些城市中流行著小脚放大的國語歌曲；但對大部份的中國人來說，是格格不入的，對有心維護中國傳統文化的人士來說，看到這種不倫不類的音樂現象，更是不以爲然。

因爲自從孔子創始了中國平民教育以來，用的教材便是「禮、樂、射、御、書、數」六藝，「樂」呢？在這個號稱「詩歌王國」的國度裏，爲何大漢之天聲聽不到了呢？民族傳統文化意識，在 國父孫中山先生三民主義的提示下，現代中國人，要尋找民族傳統文化的根。於是一些受高等教育的年輕人，他們對西洋音樂有所懷疑，「校園歌曲」便在這種情形下產生了；他們不用美聲唱法，他們也不用土樂器三絃、琵琶，他們唱的內容沒有流行歌曲的低俗和淫靡，也不像全盤的西化音樂，多少放進了一些中國人說話的語調；可是唱來唱去，除了一些「鄉愁」、「失落」，青少年的「迷惘」、「探求」之外，題材又太窄，詞句又太不夠「詩化」，過份白話得使人不覺在唱歌，而是在呢喃自語。

於是，在一個受西洋音樂汚染了很久的音樂環境中，新的新不了，舊的呢？又不去挖掘；傳統文化中有多少音樂遺產呢？三四百種地方戲劇的唱腔，兩百六十多種的民間說唱藝術，數不淸的地方民歌民謠，爲何不可拿來補充一下貧瘠的新音樂呢？很多器樂曲如古琴、琵琶、二胡的「空山憶故人」、「覇王御甲」、「閒居吟」等，不也滿動人心弦的！於是有人大膽地回顧過去的音樂遺產，去爬羅剔抉，刮垢磨光。雖然不怎麼，但畢竟是未經汚染的純中國樂。

古人常說：「君子無故不撤琴瑟！」孔夫子本人也是能歌能樂能舞的，在論語裏記載有：「子與人歌而善，必使反之，而後和之。」「子食於喪者之側，則不歌！」弟子曾點說：「莫春者，春服旣成，冠者五六人，童子六七人，浴乎沂，風乎舞雩，詠而歸！」孔子稱讚說：「吾與點也！」這不是旣會唱歌又能舞蹈嗎？另外還有一段「子語魯太師樂」，孔子不是一位音樂專家嗎？本來中華民族，在古聖先賢們的敎導下，是個爽朗、活潑愉快，能歌善舞，欣欣向上的民族。不知從什麼時候開始，閉嘴不唱，縮手不彈，停足不舞，充耳不聞地，變成了泥菩薩的呢？

大家都承認，中國自古以來，「樂府」是漢魏六朝人的聲音，「律絕」是唐音，「詞曲」是宋元之音，我們旣不能短時間創造出「民國音樂」，回頭唱唱古人的心聲也未嘗不可，於是古詩詞的吟唱，漸漸有人摸索了，有的自配譜樂，有的尋找古譜試着來新唱，有的出書，有的灌錄音帶唱片。這是對中國音樂尋根的第一步，値得我們高興，更値得熱愛中國傳統音樂文化的人士們去努力！這個現象，正是對多年來西樂汚染的一個徹底反省。

㈡音樂本土化的功用

今天，由於科技的進步，物質生活不斷地提昇。教育、文化，對人們來說，是更形重要了！孔子說：「庶之，富之、敎之！」物質生活提高了，相對地文化生活也要提高。人不是酒囊飯袋，飽食鮮衣而已。在這時，人們不需要化太多的力量和時間在生活瑣事上，無所事事的有閒的現代人，整天無聊，豈不要作一些「休閒生活」的安排？孔夫子曾說過：「飽食終日，無所用心，難矣哉！不有博奕者乎？爲之猶賢乎已！」說實在的，飽食終日，無所用心，那可眞是麻煩，所以孔子說實在無事可作，玩玩六博或圍棋，讓頭腦體操，總是好的。既然如此，聖人敎化的利器「詩歌音樂」，我們怎可不利用呢？

大家知道，詩詞本身就含有強烈的音樂性，因此吟唱古詩詞，也等於溫習古人的心聲，如此才能「心心相印」，使文化的根連綿不斷；如果站在音樂立場而言，吟唱古詩詞，也是爲了補充今日音樂文化的內容，美化我們的生活；如果站在文學敎化的立場來說：現在我們雖然說標準國語，可是由於五方雜處，胡適之先生早年提倡「文學的國語，國語的文學！」在今天來說，我們所使用的語言，實在很汚染！什麼樣不通的語言，大家都在使用。有位朋友告訴我說：某一次他去花蓮，看到一幅賣鵝肉的市招，上面如此寫著：「某某鵝肉店，直接經營，自殺自賣！」乍讀之下，眞是觸目驚心！爲了敎育下一代用精確的語言，精練的語彙，提倡吟唱古詩詞，在語文敎育上而言，實在比在課堂裏敎小朋友們學「小狗笑，小貓跳，小弟呱呱叫」要有用的多了！小朋友們不但可以唱熟了祖宗們的心聲，也學會了祖宗們所遺留下來的精緻語言，這是有積極的意義的。

# 四、吟唱古詩詞技術問題探討

㈠發掘古樂古譜及其處理

既然是吟唱古人作的詩詞，那究竟是如何唱呢？雖然這不是復古，但總跟古有關，領略古代詩樂的原貌，總是吟唱古詩詞許多目的中之一是不成問題；所謂發揚我大漢之天聲。我們都肯定詩、詞、曲，因爲是合樂的文學，宋明以來，留下了不少樂譜，不管這些樂譜是眞古、托古、仿古，或借古之名，總比今天受洋樂文化汚染過的產品要近古得多；如果發掘出了古譜，怎樣去解讀呢？讀通了又如何去唱呢？用什麼發音方法？原嗓？假嗓？國語？方言？這些先決條件，我們都該要探討。有人說用國語讀古詩，便覺得聲韻不諧，用方言則聲調鏗鏘，於是有人把李白（ㄅㄞˊ）一定要唸李白（ㄅㄛˊ）。何字該古，何音該今，又沒有一定原則。大家你是我非，反而把古詩詞折騰得面貌全非；這是值得研究的問題！

爲了求眞，還其本來面目，我們發掘古譜來唱，這原是非常必要的！但傳統中國音樂的演奏或演唱技巧，經過長期的冷落與忽視，韻味竅門方法等，幾乎已經失傳了！比方說：劉天華先生用五線譜記下了梅蘭芳的平劇唱腔，於是學西樂的人拿到了這份譜子，他雖然在高低快慢上分毫不差地演唱，但聽起來我相信不但是不會像梅蘭芳，恐怕連平劇的味兒都沒有！因爲具體的東西容易表達，而抽象的部份便很難捉摸了！比如宋人詞可唱，而留下有聲有詞的唯一寶貝，便是姜堯章的白石道人歌曲，十七首詞都有旁譜。近年來好多音樂家研究它，把它譯成現代五線譜，由於既無節奏符號又無記譜法說明，所以照揣摩出來的譯譜演唱，總令人懷疑南宋人便是如此唱詞嗎？不是說從北宋柳永開始就有慢詞，慢詞一定是伴著絃索、啞篳篥、簫管等曼聲而歌，一字九囀，令人迴腸盪氣才是，爲何姜白石的詞譜仍是大部份「一字一音」？而旋律又是出人意外地大跳動，音程中沒有一點裝飾。那樣的乾直，怎會有「小紅低唱我吹簫」的韻味？

今天，幸而我們還保留了傳統唱法的南管、崑腔、以及平劇等的唱腔腔及樂譜，樂譜上的有形記錄，和演唱者唱出來的樂調，總存在著若干的距離。最明顯的便是運腔、咬字以及旋律進行中的表情和裝飾音的處理。這些相當重要的「音樂色彩」條件，必須耳濡目染，心領神會，浸淫其中，再加上師傳及指點，慢慢體會，才能有「像不像，三分樣」的可能，否則照譜唱來，一定是似是而非的了！這個藝術條件上的問題，也不得不研究。

又如伴奏的樂器，在古詩詞吟唱中，尤其根據了舊譜，更要看看該用什麼樂器？樂器的演奏同樣既影響唱腔也影響音樂旋律的風格；北曲用絃索，南詞用簫管，這是基本原則，總不可拿把「吉他」或「小提琴」來伴奏，再敲上木魚和以定音鼓，在音樂上講是既大膽改良又豐富，但在詞曲音樂原來的創作和演唱上，恐怕就味道全變了！這些事也該注意的：所以古譜的解讀，吟唱語音的選擇、伴奏樂器的配合，藝術的加工加料等問題，都應該用心來研究，否則吟來唱去，對尋找詩詞音樂的根，到底有多少幫助，這是非常值得思考的。

換句話說，如果要處理一些有古譜留傳的樂章，先別貿然下手，不妨先作些準備和觀摩的工作；看看崑曲的記譜和實際崑曲的演唱；其中尤以南管的音樂，最值得我們注意，它那種一波三折，一字九迴，以及曲牌結構，樂譜的「正」、「犯」，「移腔」、「轉調」，保留了慢詞系統的音樂形式是相當豐富的！而且很多詞曲的格律理論，在詞譜曲譜中，都是些捕風捉影的具文，只有在完整的南管樂譜中，可以蛛絲馬跡尋出不少的端倪。其次是我們有句老話：「禮失而求諸野！」我們傳統聲樂特色是如何表現的。在中土一時也許難尋。以中國爲亞洲文化搖籃的觀點來看，若干日本、韓國文化，本來是傳自中國，我們不妨也找一些日本以及韓國境內，他們所吟唱的漢文詩詞，俱都是一唱三歎，委婉曲折，決非像我們今天唱大鼓似的，只有朗誦而無轉折的「吟」，當然更無曲折迴旋的「唱」。而這些古老消息，在韓國、日本的漢詩吟唱中，仍可找到，而且不同的樂章組織，有不同的處理，不像我們都吟成「一道湯」。這也是值得去比較的。

(二)即興吟唱的優劣：

目前，被音樂界及有識之士所詬病的，便是一些自以爲不傳之秘的「古唱法」，什麼傳自茅山道士，或深山古寺中的老僧，如果把他們的「古唱」紀錄下來，用一些傳統音樂知識學理來分析一下，都不能符合傳統音樂創作上的基本理論。譬如說張炎詞源中有「起調」、「畢曲」，「韻」、「拍」和「句法」，這些道理，它沒有一條合的！當然「古唱」也要經得起古詩詞格律以及樂理的考驗，否則便是「自我作古」，不可以爲典要！

也許有人說，站在語文教育立場來講，只是要學生知道一種簡易的吟唱，提示一些語詞上的輕重緩急，讓他們由朗讀過程中去體會古人用字的巧妙，古詩詞聲調的鏗鏘。這並不是音樂課，也不是教唱詞曲，何必弄出那麼多規矩，來阻礙了吟唱詩詞的教學呢？如果只是這樣的理由，那麼得先聲明，這不是什麼古調今唱，這只是個人的「即興吟唱」。因爲我們國土幅員廣大，三十五省，語言學家分成七大方言區，每一區中再仔細分還有許多差異，用不同的方言習慣來自己即興吟誦，都有些方言上自然的差異，也可以新我們的耳目，尤其對於背誦教學是頗有幫助的！可是，時代是不斷的在進步，從前聽音樂是奢侈，唱歌對鄉巴佬一輩從沒有聽過唱歌的人來說：眞是「此曲只應天上有」，如有人給他哼一曲，那簡直是最高無上的享受；然而在聲光電化高度發達的今天，年輕人什麼好聽的調子沒聽過？爲什麼要用一些「原始聲浪」去折磨他呢？我看還是要用點心，來考證一下古人如何歌詞唱曲，規規矩矩地配上一些有學理根據的音樂條件給他們，豈不更有益於「樂」教？當然收到語文教育的宏效，自是不在話下。把好的詩詞，編成歌曲來唱，唱熟了終身不忘，比急就章的死背硬啃要有效得多了！如果只是卽興吟唱，又何必儼然託之「古」而愚諸「今」呢？

## 五、傳統詩詞格律對音樂的作用

㈠有關記載的文字格律

自從詩的創作和音樂分離之後，在詩的形式中爲了配合音樂的那些格律，並沒有全部取消；學作詩的人，一定要記住：「平平仄仄平仄仄，仄仄平平仄仄平」等，如果字句中平仄不對就「不合律」。或者又說：「一三五不論，二四六分明！」為什麼一三五可以通融？而二四六又為何要如此嚴格呢？這些都是音樂上的問題！中國語詞結構，多是兩字成組，有人把這兩字的關係比作「盒蓋盒底」，蓋子可以拿掉，底卻不能不在，其實最要緊的是中國的民歌民謠，它的音樂結構多是「眼」上起唱「板」上落音。站在音樂的立場講，「板」是音樂的主要架構，所以當板字是有關音樂的風格，不可變易，這也就是在南北曲的格律上為什麼要講求「板式」，所謂板式就影響了詞句的語氣舒緩疾徐。因此，在詞曲格律上要想更動字句尺寸，想加上一些幫襯字，一定要檢查它的句型板式，這便是藝術要求。難怪明代很多歌唱的曲集，都題上「出像」「點板」，是有原因的！

譬如說，在詞曲系統中的「高腔」，樂人在按詞配樂時，首先要注意「安腔立柱」！什麼叫做「安腔」？凡原詞押韻之處，必需因韻設腔，不僅表現了詞句的段落，更顯示出曲調的層次，於是「韻」腳字便是一首歌曲的「柱子」。試想一棟房子怎能沒有柱子？一首可唱的歌詞，怎能不押韻？一首上口的樂句怎能沒有主腔？尤其我們唱崑曲，由於聲調被拉長了，不容易覺察出板式語氣的形象來，但韻句末尾的「工尺」，幾乎不是相同全結音的「正煞」，便是相對的「半結音」的「寄煞」。在這裏，對於宋詞講求的「起調」、「畢曲」的原因便明白了！它在音樂上講，第一個韻句決定了調式，所以「起韻」便是「起調」。詞分上下兩片，兩處末句即是「畢曲」，也就是樂句上的「結音」。所以它們不是相同便是音階上可以造成和諧的對比音。需要押韻也懂了，起調畢曲也明白了！曲式的基本結構也懂了，吟唱便不致跑野馬亂落音了！這便是「立柱」。

「安腔」呢？作詩時雖然一三五不論，實際上第一字最可通融，第三字也可更變，第五字在七字句來說，便不是隨便可換的了！詩律的拗律被人責難，這裏「拗」了那裏「救」！沒有意思！可是在安腔的道理上，談到高腔的設計音樂時，因爲宋詞歌樂跟著南宋而亡，元明曲樂中唱到的詞牌句子，多半是上半句是朗誦式的「放流」，什麼是放流？是自由曲調的吟詠；而到了末三字，便給他設計主腔，顯示音樂的主題！所以我們看到元曲格律，在七字句而言，一三字常是可平可仄，而末三字往往平仄四聲分明註出，譬如正宮叨叨令的末一句作「平（可仄）平平（可仄）仄平平去」，所以鄧玉賓就作：「風波千丈擔驚怕。」又如天淨沙的第三句格律作：「仄仄平平去上」。而馬致遠此句正是作：「古道西風瘦馬。」這都不是故意如此，是因爲此處是音樂的安腔之句，能不能胡亂作呢？「拗句」更是音樂的特殊處！或者就是「務頭」呢！

曲律上常常提到「板行逢雙必對」，它的道理何在？因爲在音樂旋律節奏上，它們的節拍形式相同，曲譜點板的位置一樣。如叨叨令，北詞廣正譜引用鄧玉賓作品，第二三句爲對偶，它們兩句都是在第五七字上點板；句子作「閒來幾句漁樵話，困來一枕葫蘆架。」這兩句的漁、話、葫、架四字都點板，十分整齊。又如正宮醉太平，汪薇史師南北小令譜此曲五六七句爲扇面對，張可久小令作「文章糊了盛錢囤。門庭改做迷魂陣。清廉貶入睡餛飩。」此三句中的一三五七字均點板。廣正譜用吳昌齡的墨點柳眉新套的醉太平，此三句作：「金盃不洗心頭悶。青鸞不寄雲邊信。玉容不見意中人。」

除了金字未點板，三句的板式幾乎完全一樣。不僅曲中有對偶句，詞中也有很多對偶句；像謝元淮的碎金詞譜卷一南仙呂宮，玉抱肚引宋楊无咎作品過片的第五六句是對偶，作：「這眉頭强展依前鎖。這珠淚强拭依前墮。」兩句中的第四六八字均點板，分毫不差。可見「板式」對詩樂的句式大有關鍵，不僅是「板密」則曲調舒緩，「板疏」則字多腔少；板的位置可以決定對偶形式，句意變化，語態傳神等等。所以「板」豈僅是打打拍子而已哉？它是音樂的三大要件之一，怎能忽視呢？

前面講到的「立柱」，便是「起調、畢曲」，便是「韻」腳的所在，也是此曲調的主要「結音」，這是非常規整的！我們試舉最熟悉的牡丹亭遊園中步步嬌、皀羅袍等曲的韻腳字所用的宮譜來看；院字用四尺上四，線字用工尺上四，面字用四尺上四，現字的四字被借給下句的開頭「你」字用。茜字用尺上四，瑱用四，然字用合四，顫用尺上四；遍字用六尺上四，而院字用合上四，捲工合四，軒上尺上四，船四，賤合上四。這幾支曲中韻腳的主要結音都是「四」字，若干韻上用「工」字等作半結音的「寄煞」。很明顯地古人講求曲式韻腳及起調畢曲的原則，而畢曲也有人稱之爲「煞聲」；畢曲也好，煞聲也好，韻腳也好，都是表現這首音樂架構的柱子！豈可隨口亂唱，而不爲之安腔立柱？至於集曲、犯調、帶過等，不一定只是文學上的格律，更是音樂結構上的變化安排！這裏不多舉例了。

還有韻部的選擇，聲調的調諧，音樂的需要是必然的，那些韻響亮或闇啞，那些字的性格有剛有柔，老杜之於「詩律細」，決非調調平仄而已。實則字的陰陽清濁，輕重緩急，都是影響旋律的重要條件！聲調固可構成基本旋律，而語意更須要音勢的强弱辨別，以爲區分。我們讀到詞牌中的促拍、減字、偷聲、攤破等，很明顯地都是音樂上的條件，我們看到南曲中的集、犯、帶過、轉調等，仍是音樂上的問題，假若集中地把詩詞格律中的有關音樂條件的格律，作一番深入推敲和研究，我相信對古詩詞吟唱的設計，一定有很大的裨益。以上爲了行文方便，不作瑣碎的譜例說明，對音樂分析有研究的同仁，一定會瞭解我的意思。

## ㈡文字聲韻對旋律的影響

前面已經提過，文學之所以講格律的目的，不僅是在追求單純文學形式上的美，實際上在要求配合音樂，譬如說我們看整齊句型的民歌，它們音樂的結構都是作呼應式的上下句，有的兩句爲一組，有的四句爲一組，句型一樣，節奏板式往往也雷同，爲什麼詩句要講求字數，此是道理之一；中國文字本身含有聲調，如果有了音樂需求，它們的同聲調的字，必定要求作藝術性的調整，這樣便可使語言旋律有輕重疾徐。上下句呼應有主從關係，那麼古人講求「四聲八病」，豈僅是文字上的遊戲或枷鎖？它正是設計優美動人的音樂旋律！簡單說，這都不是故意橫加於文學創作上的負擔。

到了元代，周德清的平聲字分陰陽，我們知道在不同的方言區中，每字發聲因爲清濁不一，於是聲的高低也不同；不同方言區的四聲分辨法雖然相類，但調値不同，一樣地上聲字，中州音則低起下降再升高作二一四式，湖廣音則由高降低作五一，長沙則作四一，南京作二二，成都作五三，濟南作五五類似高平。這些方言聲調，都會在音樂上造成同字而有不同形式的旋律，那在塡詞合樂上來講，何字該平，該去、該上，豈可不愼加選擇？否則一定拗折歌者的嗓子是必然的！把音和字唱倒了唱反了也是必然的！當然如果無樂譜或音樂形式，全是新創，則又當別論。

如果一首曲子，沒有韻腳，讀起來既無諧應，唱起來又如何處理樂句的委婉曲折？它的基本立足點何在？一個樂句或一句話說到那裏才能停止呢？不能無止無休，也不能隨起隨停，韻腳在音樂的自然美上是十分重要的。自古以來，沒有一首歌句子唱不斷，或者主音不迴旋的！因而字句形式關係語意和樂句形式；聲調搭配，是語言的藝術，也是旋律的初步設計，怎可掉以輕心呢？

## 六、結 語

爲了要揚大漢之天聲，爲了要提倡古詩詞的研讀欣賞，爲了要使這一音樂文化遺產變成我們音樂的泉源，爲了奏或唱出來的音樂是中國式的，對於詩詞吟唱，我以爲一定要汲古生新，溫故知新；深入地把詞曲格律中和音樂有關的理論，發掘整理，解釋運用。讓文學和音樂結合的路子，再度打通，讓我們再度回到開朗活潑有聲有氣的詩歌民族！

# 說唱藝術的新評價

在我國傳統文化中，歷史最悠久、內容最豐、藝術形態最多樣、表達方式又各逞所長的有聲藝術，「說唱」可算是其中最富有代表性的！

由於這門表演藝術既用到「說」、「講」、「評」、又用到「誦」、「唱」、「奏」……等等，因此，有些學者稱它爲「講唱」、「說唱」；甚至有人偏重於從用歌曲來唱故事的觀點，而稱它爲「曲藝」。當然，這些都是籠統的稱謂；實際上，由於所使用的方言不同、樂器不同、表演的方式不同、流行的地區不同，在我們全國三十五省中，將近有三百種左右的說唱藝術，而今天在寶島能找到長於此道的各種說唱藝人，便覺得吉光片羽，鳳毛麟角了！

## 說唱歷史源遠流長

談到說唱的歷史，眞可算得上「源遠流長」了！早在詩經、周禮的三代，便已有了它的踪跡，周禮春官大宗伯下卷說到瞽者掌各種樂器的演奏以及諷誦詩篇，敍述祖先的世系，這種情況在劉向列女傳中便提到古代的王室后妃懷孕時，由瞽者來道正事，敍述聖賢烈女的事跡，來進行胎教，列女傳說：

「古者，婦人姙子，寢不側，坐不邊，立不蹕，不食邪味，割不正不食，席不正不坐……夜則令瞽誦詩，道正事。」

墨子耕柱篇也提到古之百工「能築牆者築牆，能說書者說書」，都可以證明說唱古代聖哲賢德的故事是很早的！甚至連孟子書中，也說了不少舜的大孝故事！

在中國文學史上，戰國末期的荀子一書中的成相篇，是學者們所公認的說唱詩篇，近年雲夢睡虎地出土的秦簡中，也有和成相辭相同的秦代公務人員守則——爲吏之道。用歌唱方式來記誦守則，這是最好的方法，今天我們有些人背誦詩篇，也是配成歌來唱，便很容易背誦了！自來各類說唱藝人，那一位不是全本全本地背誦着連演連說帶唱地一氣呵成，記憶力眞不是「蓋」的！今天大家覺得文章作不好，就是因爲古人文章背得太少，如果來幾段文情並茂的說唱段子，能夠行雲流水地唱出，文章自然也就好了！難怪有人聽到蘇州評彈中的焦桂英情探，那些「桃花落，杏花開，花謝春歸你郎不歸！推窗常把夫君望，不見郎君奔馬來，我步香閨，到小齋，手托香腮對面陪，我依然當你郎君在，兩盞清茶飲一杯；每夜裏夢繞長安千百轉，中宵哭醒在羅幃……」文情並茂，那裏是大字不識的民間俗人的口吻呢！

## 兼具娛樂、教育、傳知等功能

唐代的變文，宋明以來的話本，都是說唱的祖本，明清以後由於經濟生活繁榮，都市生活發達，在聲光電化類科技未發明前，說唱等表演，便是古人的廣播劇，電視綜藝節目一般，它們不但做到了娛樂的功能，在社會敎育及知識普及，國民道德生活的提昇上，更盡到了最完善的功能！許多沒進過學讀過書的凡夫俗子，由於聽書看劇，心領神會，耳濡目染之餘，多半也都能按照說書人的口吻，出口成章，它對國家社會的變革與進步，眞是厥功至偉！

近代科技，給人類帶來莫大的福祉，先是無線電廣播，聲音可以超時空；曾幾何時，由只能用耳聽竟然到了極聲色之娛的電視。電視來了，起初確實給近代人類生活帶來莫大震撼，從前是海外大奇談，除了在拉洋片時可以看到巴黎鐵塔、紐約摩天樓等靜態畫片，已經是嘆爲觀止了，而今全世界今日發生的任何事，都可以讓我們超越時空障礙，透過人造衞星在電視上看到有聲有色的現場即景。因此，大家都成了「電視族」，把廣播給全忽視了。曾幾何時，發現電視的優點極多，但缺點也不少，從前可以邊做事邊聽廣播，而且不限制空間，起坐行馳，均可聽得到，但電視却必須守在螢光幕前，睜着兩眼，豎着雙耳，邊看邊聽，時空上增加了限制；一看電視就得停下所做的事，不能像廣播可以邊聽邊做事。尤其一些特殊工作條件的人，像駕駛、行動、用眼的工作，便不能長時間「看」電視，妨礙工作。因此，表面看來，似乎被電視搶盡風頭的廣播，已經跌落谷底，瀕臨破產邊緣；然而它的長處，也是電視所不能完全替代的，波段多，內容不受時空及視覺的限制，電視不能完全替代廣播。甚至廣播事業，在匆忙的今日社會上，在卡式收錄音機、隨身聽發明之後，廣播事業不但沒有沒落，甚至更廣泛地爲社會大衆需要：不但好節目可以錄成帶子，無處無時均可欣賞，不僅廣播節目有了新的模式，甚至現代人忙得無法端坐在書桌前看書，却有了有聲書刊的應運而生，既方便更省事，尤其能使人隨時隨地可聽而不耽誤工作，浪費時間！

## 新評價、新契機

同樣地，說唱雖然動人，比起舞台劇或電視連續劇來，有如寡味的陽春麵，有人爲它擔心，說唱沒有前途了，可是，你沒想到，在有聲書還未流行前，錄音帶雖有各種內容，但最吸引人的仍是有歌有說的節目，像說相聲，老少咸宜，價廉物美，聽起來會心笑，回味笑，你說電視劇能替代得了嗎？因此，我們也可說，廣播的契機，不也正是「說唱」這種健康娛樂、老少咸宜、價廉物美的好精神食糧，最經濟而又最精緻的藝術。在今後，它將更是一種最佳社教教材，不容我們忽視它的價值和功能！

當然，由於傳統的士大夫的觀念作祟，職業平等的思想不開化，多少對這種表演藝術，難免有等而下之的看法，然而職業觀念的改變，藝術生活的普及與提昇，在所有表演藝術中，說唱藝術應該是最基礎的！

# 中國傳統音樂現況的檢討

明立國先生從人類學，社會學的觀點來討論大會主題，我則站在文化學的觀點來討論現階段的民族音樂現況。

一、首先我提出「傳統音樂」的性質是什麼？——什麼樣的音樂稱爲傳統音樂？由於西方文化在最近三百年來影響了整個世界，我們用很多方法說，它做了近世紀世界文化的先導，變成了我們落後地區的文化榜樣，此爲西方文化予我們的建設性幫助之一點，然而從另一觀點看來，由於長時期的淪陷在西洋文化之中，因此我們認爲全世界文化僅有一種型態；即西洋音樂之哲學，或音樂理論，或音樂之現況。第三點：由於西方音樂文化長期霸佔了音樂的世界，因此造成了今日音樂的僵化。由於音樂的僵化，造成了音樂的反感。學例來說，今日產生之「校園歌曲」，就是對西洋音樂的一種反抗，此亦即我要討論的第一點：「傳統音樂」的性質其定義是什麼？

最近廿多年來西方音樂家已經發現了一個問題；亦即如果音樂要有更好的面貌，要有更富生機的生命感的話，必須要吸收新的東西，必須接受今日非西方音樂的其他資料。因此，今日在國際上的研究是民族音樂學的研究。因此，我認爲民族音樂學的性質，第一：要有它自己的傳統，第二：有它自己的流行範圍，第三：有其特殊的音樂語言及音樂特質。此爲我首先要強調的。

二、其次，我檢討清末到民國以來，中國音樂社會對音樂的看法；換言之，我們在長期西洋音樂理論、技術陶冶之下我們對音樂的看法是：

1.一定是七聲音階，同時是十二律的半音階這樣的一個標準來進行。

2.使用的節奏一定要$4/4$、$3/4$、$6/8$……等，等節奏的節拍，或具有準確音高的，才是好的音樂。這種僵化的音樂對民族音樂而言，正好造成很大的戕害；因爲，民族音樂的產生是不用如此科技觀點來討論音樂，換言之，西方音樂所給予我們的卻很多是科技的。例如，中央C必須其有一定的頻率才算標準。那個調子必須具有一定的頻率，這才算音樂，否則便視爲怪聲。節奏上若無拍子，則不稱爲音樂……這些都是受西方音樂的束縛，使我們無法在民族音樂上做新的探索。

三、民族音樂思想。此處係指拋開西方傳統音樂，在本國傳統文化中找尋本國自己的音樂哲學，以及自己的音樂科學；亦即在古書中也有許多關於音樂的描述。不論禮記或樂記，甚至老、莊、論語中，皆有許多關於音樂欣賞及音樂評鑑及音樂演奏的記載，但這類材料僅被我們視爲古董，視爲一種理想性的理論，並不認爲它是我國現代的、科學的音樂。但自從在湖北隋縣曾侯乙墓發現六十五個編鐘，可以奏出十二平均律的音階，有半音，有全音，使我們可以想像中國傳統音樂的科技上也是相當科學的。在我們的哲學中，我們特別強調的不是滿都是聲音才叫音樂，甚至於音樂中的休止符是音樂的最高境界；老子有言：「大音稀聲」，這種思想在今日音樂中，應特別予以強調，正如畫家們早期認爲油畫須畫滿布始稱爲畫，卻沒有想到中國的水墨畫，只在畫布上畫兩條線亦可稱爲畫。音樂同樣也應該是如此的一個方向。以上這點是談到我們應探討本國傳統文化中的音樂哲學與科學。

四、檢討民族器樂之發展：

今所謂民族器樂是指在本土發展之樂器。而這些樂器，經過幾十年的探討，許多東方音樂家皆認爲很多中國的樂器都不是中國的；例如國樂隊中之胡琴是胡地來的，琵琶是西域來的，唯一的中國樂器似乎只有古琴了。此種說法是否正確呢？是否只加了一個「胡」字，即可證明它就是胡琴？我以爲這種說法很武斷而且非常不合適。因爲我們中國人所指的「胡」不一定指的外國，尤其我們是漢、滿、蒙、回、藏五族共和的一個國家，我們所謂的胡人可能是滿人，可能是藏人，也可能是維吾爾人，而他們在漢唐以來已經受中國文化的影響，因此我們不能說這些樂器絕對不是中國的。同時，很多樂器在民族與民族之間是直接影響的，但在相互影響後產生改變的新面貌。舉例說：用兩條絃，一個共鳴體，一根柱子，這樣的拉絃樂器，在利比亞也有，在北非、西亞皆有。他們的形狀，可能彼此有歷史淵源，但演奏技巧和曲調的處理上，我們已經把它們中國化了。因此我們不能說這些樂器不是中國的，這些樂曲不屬中國的民族音樂。這一點，器樂上必須做一個肯定。

其次談到樂器音色的問題：很多人檢討我們傳統音樂樂器；認爲外形很好看，但在音準、共鳴、音色之美方面則不太講究。我們雖有很好的國樂隊，但缺乏很好的音樂家，尤其是器樂學家來研究器樂理論；例如發聲、演奏技巧等等。

五、民族音樂中聲樂的探討：

由於受近世紀西方音樂中美聲唱法的影響，使我國從民初以來七十多年間，所有學校音樂教育皆採用此種唱腔來唱所有的歌。美聲唱法在中國來說，並非以我們自己的語言特點所應發出來的聲調，因此在民族音樂的探討上，可以發現聲腔的處理是民族音樂學中一個很大的問題，舉例來說：中國人在發聲方法上有很多種，我國在地方戲中可發現，大部份的地方戲中是用的「本嗓」，所謂「本嗓」是不加雕琢，用說話的聲音來歌唱的。因此中國人不太討論胸腔或頭腔共鳴的問題。但是有些地方音樂，爲表示故事性或爲表示某些特殊的聲音技巧，他們用「二本嗓」。例如平劇中的「小生」、「青衣」、「花臉」，這些聲音也是中國音樂中非常特殊的。我們不能說這是違背語言發聲的方法它就不是音樂。此外，我們觀察了中國二百六十多種地方的講唱以及三百六十種的中國地方戲曲，可以說沒有一種地方的講唱及戲曲是用西洋的美聲唱法來唱的。因此我們檢討中國民族音樂現況中的歌唱，覺得這是一個値得檢討的狀況。因爲美聲唱法特別強調的是母音，中國文字中母音、子音所佔的成份都非常重要，我們若拋棄子音，則往往無法分辨出字義。因此，我們往往說，凡用西方音樂方法唱的歌，我們只能聽到聲音，而無法聽到它的字。但在中國傳統唱腔中講求的是字正腔圓，亦即字首要，聲音其次。可見美聲唱法強調的是聲音首要，咬字其次，這與傳統音樂的發展是相當違背的。

六、現在民族音樂的弱點

記得有一年我到國外演奏，美加州某校系主任告訴我：「李先生，你們現在奏的是中國音樂嗎？」當然，我們的樂器如古箏、揚琴、二胡、笛、簫，那樣不是中國樂器？「爲何你們使用的卻是我們西洋最簡單的和聲？爲何你們的節奏也要用我們的方式處理？爲何不用你們地方的鑼鼓樂？爲何不用自己以自由節奏的方式來演奏你們的音樂呢？……」這是因爲長時期以來受了強勢的西方音樂的技巧的科技影響，使我們對傳統音樂的要求，所追求的最高境界掉在西方音樂之後，而無法找出自己的路來，此爲第一個弱點。

第二個弱點：不但是我們的國樂向西化發展，而且我們更將音樂朝商業化發展。在我們現階段的民族音樂中，可以說，商業氣氛相當濃厚。許多廣播電台中用簫與薩克斯風合奏，或用南胡與長笛合奏……，當然這不是不好，至少我們是否認爲這些樂器奏出來的就稱爲傳統的民族音樂呢？還是我們該在音樂語言當中及其他藝術方面還有所要求？這是我們在傳統音樂的討論中所遺漏的。

第三個弱點：對傳統音樂最大的憂慮是中國傳統的音樂哲學，音樂思想，音樂科學或音樂史沒有專業化的研究，只用人云亦云的方式，最糟的是我們所能見的音樂史，都掉在十二律的討論當中去了。虛無縹緲的文字遊戲成份較濃，並沒有與科技結合，實爲民族音樂中最大的弱點。

總結前面六項分析，我對未來的中國民族音樂的發展有一點希望；我有下列幾點建議：

一、有系統的整理中國舊有的音樂史料；包括演奏、解釋、樂譜、思想、音樂哲學。

二、全面整理中國地方戲曲及地方音樂。

三、在尚未找到正確的中國傳統音樂形態之前，不妨多作試驗。例如從元、明、清各代樂譜的探討，結構的分析，然後找出語言、旋律的特質，再探討何者可謂之爲中國的傳統音樂。

以上是我非常簡單、淺漏的幾點見解。謝謝大家。

文建會（第一屆中國民族音樂週七十二年八月十九日至二十四日）。

# 南管古樂簡介

南管是我國傳統古樂的一支，由於流行在我國福建省南部泉州一帶，地屬我國南部，所以傳統上也叫此地的音樂爲「南音」，在歷史上「南音」一詞，可以追溯到東周的左傳，這當然只是從古籍中證明，自古以來，南方的音樂是與北方的音樂幷生同長的，幷不能證明今日的「南音」即是周朝的「南音」！他由於主樂器是以洞簫，橫笛來引襯琵琶之絃，形成管音悠揚絃撥頓挫，所以也叫作「管絃」，它的主要旋律是由宮商角徵羽（do Re mi Sol la）五音構成，所以又叫作「五音」；在台灣又因它與外來的「北管」有所不同，所以一般都叫它「南管」！其實，在中國音樂史上，泉州古樂，幷無翔實記載，但它之所以叫「南」多多少少含有高度的民族意識，中原正音！因爲我們從南管古樂的曲牌中，可以探知它保留了北宋以來的詞樂，諸宮調及唱賺等，與南宋的南戲曲牌有很深的淵源關係，同時當蒙古入關之後，南宋人抵抗不屈，後來元朝稱此不降的漢人叫「南人」，因此「南」之一字，實包含了保持中原傳統文化，維護民族獨立精神，實有不可磨滅的一面！

因爲「南音」實質上即是由漢魏以來的不受胡化的「漢樂」與隋唐的「法曲」的嫡嗣！也可說是

我大漢的天聲！可惜由於年代久遠，資料不全，今日我們對於這一傳統文化的寶藏，只是一知半解地保存了若干零星資料，從這些資料上我們可以大約將南管分爲樂曲及戲曲兩大類。

南管保存了古樂譜甚多，如指譜有唱詞者就有四十八大套，每套演奏均在四五十分鐘以上；「大譜」有十六大套，另有演唱古曲百餘首，其唱詞均爲古代的「詞曲」，樂曲的演奏，遵照古代傳統，一律默記，不看譜，而師徒相授，也多口耳相傳，但演奏時則一絲不苟，各守部居，因此在清朝康熙年間，盛極一時，有「御前清音」之譽！演奏時多四管合奏，以洞簫笛笙爲主，配以箏笙、琵琶、三絃、二絃、拍板等，音韻流美，引人入勝！若再加上響盞、四塊、小鼓、小叫等敲擊樂器，則更是音調鏗鏘，雍容華貴。

南管戲曲，出自北宋新劇，揉合了諸宮調唱賺與民間歌藝，也承繼了南宋的永嘉雜劇，故事題材多有雷同，數色合唱，更保存了「南戲」特色，以演員來分：有七色班，這是以生、旦、淨、末、丑、外、貼、古劇脚色分二組班的老規矩，所以也叫「七色班」，還有兼演文武戲的「交加班」及講究韻味的「老人戲」，早期南管多以男童串唱，所以聲腔較崑曲爲高，同時數色合唱時，用同一曲調而唱詞各不同，這一特色是可媲美西方的歌劇！

戲曲的場面音樂，則不像「清音」那樣一絲不苟，她可以配合劇情，說白，而加上變化，但「清唱」曲則是一氣呵成，誠爲難能，自兩宋至今七八百年來，無論「清音」「劇曲」，都未有曲譜及劇本的定本，全憑口授，因此它保存的古樂腔韻也特多，近年來專家學者們，已十分重視此一寶貴文化遺產，而大專院校的同學也紛紛參與研習，這都是文化復興的好現象。

（民國六十五年十月二十六日中華國樂會南管古樂演奏會）

# 爲國樂一哭

## ——山中人語之一

前若干年，國樂在臺灣，幾乎流於陳跡！了不起在街頭巷尾，偶爾見到一兩位三輪車伕，翹起二郎腿，捧著支破笛子，支支吾吾地自吹自樂一番。而今時代進步了，三輪車長成了四輪車，計程車伕可沒有踏三輪的那份閒情，於是新時代的喇叭聲，代替了三輪車伕的笛子、胡琴。這是進步代替了落伍？

我們常常喜歡用「揚大漢之天聲」讚美中國的偉大的音樂家，可是今天，街頭巷尾，廣播電台，電視公司充滿了洋樂，何處去找「大漢天聲」？而所謂以「禮樂射御書數」爲教育目的的教育機構——大、中、小學，雖然也設有音樂課程，但大都教的不是從洋爸爸那兒搬來的舶來品，便是剪辮子放小脚改良時期的仿製品，譬如紅豆詞，杜鵑花那些老調，我記得從小聽我姑姑唱過，顫顫抖抖地吼著，曾被老古董的祖母駡過那是「哭」調！愛聽京戲的小舅舅說那是「出洋腔」（樣）！想不到我讀中學，論好歌除了洋樂之外，還是離不了「淡淡的三月天」！「滴不盡相思淚」一類「改良」調！到如今我也三十出了頭，也誤了幾年人家的好子弟，可是看看各校的音樂教材，一紙黃豆芽，滿篇洋人話，巴哈是音樂的爹，蕭邦是鋼琴的爺，伏爾提是歌唱劇的老祖宗，韓德爾是交響樂的急先鋒。程度差的小朋友，一定會沾沾自喜，想不到中國竟出那麼多了不起的音樂大家，因爲他們都姓的是中國姓氏，毫無疑問地是可敬可佩的中國人。如果程度好的小朋友知道那些姓蕭，姓巴的是外國人，一定會想到：「當姓蕭姓巴的當了音樂之爺、之爹的時候、中國人可能還沒有誕生，要不然以我們如此世界化的音樂水準，會沒有中國音樂家嗎？」這個問題，我想精通黃豆芽的中國音樂老師們，一定會給他們一個最滿意最值得自豪的標準答案！

我們的大學裏有音樂科系，這些都是黃皮膚、黑頭髮的純中國人主持的；他們代表了古老東方音樂繼承和發揚人。歐洲人聽厭了那些叮叮噹噹，抖抖顫顫的老調，想來東方一新耳朵，聽聽東方的音樂，想不到大學教授們開音樂會，表演的都是法國老媽子都會唱的茶花女，英國趕馬車的都會哼的蘇菲爾其！再不然便是改良種女高音唱長江頭，拋紅豆；男聲唱怒髮衝冠，教我如何不想她，簡直糟蹋人家的旅費！難怪人家要問：「你們中國的音樂那裏去了？怎麼都學了一些我們的不三不四」？天知道，我們幾千年來號稱禮樂之邦，而且我們也知道唐詩，宋詞，元曲都是唱的；有那麼一大批音樂上輝煌的成果，到而今何以成了音樂沙漠？必須人家的老母雞來給我們孵蛋？用人家的音樂來教導我們的國民？而我們又何以向下一代的純中國兒孫交代？際此復興中華文化喊的震天價響的時候，中國的音樂那裏去了？中國的音樂家呢？中國的樂器呢？中國代表東方傳統的音樂呢？

也許有許多自命爲「進步」的人說：「中國的音樂是很落伍很原始的」；「都是些七音不全的幼

稚調子，單調而沒有藝術化！不值得去學它」！「中國的樂器都是粗製濫造，音階不準，音量不是過小便是刺耳難聽」；「不登大雅之堂」。也有人說：「中國的音樂停留在原始的單音旋律階段，便止步了；沒有西洋音樂富麗的和聲，沒有西洋音樂多變化的旋律，不能趕上進步的世界音樂潮流。因此它只好被淘汰！」因此今日充滿了中國音樂界的內容是：樂聖貝多芬，音樂之父巴哈，歌劇之王伏爾提，鋼琴詩人蕭邦……甚至中國籍的音樂教師編的音樂辭典，都弄不清楚中國曾經是否有過音樂家？中國有過什麼精美的樂器，動人的樂譜？中國不要談「聖」了，就是夠得上稱「家」的，恐怕也找不出一個半個。

最進步的理論是民主，最公平的評價是少數不及多數。中國有幾億人都說這首中國歌好，歐洲只有幾千萬人說那首德國歌好，請問表決的結果誰該擁有「好」的聲譽？也許有人說：「音樂藝術的高低，是取決於它在藝術上的成就，而非取決於普遍的喜愛」！可是我們要問：「音樂藝術的目的是以少數人能感受的價值爲高呢？抑是以多數人能感受的價值爲高」？

學聲樂的幾乎都以羅馬發音AEIOU爲正宗，這種腔調，唱拼音文字的母音聲樂是可以的，但是用到單音節，聲子變化多的中國語上，便覺得雖然唱的是中國字，滿耳AOE，聽不出是何字音，和聽洋文歌無以異也！學器樂的，不是鋼琴，便是提琴，至於我們祖宗傳下來的什麼笙、簫、管、笛、琴、瑟、壎、篪啦，如果有人發思古之幽情，了不起到博物館去瞧瞧（可惜博物館裏也不全都有）！也許有雅興，會起個大早去參觀一次祭孔盛典，聽一聽那些所謂古樂器的演奏。但聽後的結論，總是適合不了聽慣ＡＢＣ的西洋音樂之耳，幾乎要批判孔老夫子是個眞該居九夷的村夫俗子了！他竟然讚美這些單調刺耳的調子，反而說是：「盡美矣又盡善矣」！豈非音盲也而何？我想以我們聽慣了西洋音樂的現代耳朶，確實領受不了那種所謂華夏之音，就正如目前十個受高等教育的中國大學生，至少有九個不愛聽京戲，但倒有相當比例的大學生，會唱歌劇選曲，會哼搖滾，會吼披頭，會喊阿哥哥！這在中國音樂史上，是個可悲的事實！而這個可悲的事實，正好給喊復興中華文化的一個強烈的諷刺！不知道有心人想到這裏也不？

回頭看看日本吧！我們都知道日本自從明治維新以來，極力仿效西洋，無論工、商、兵、農，幾乎全盤西化，僅管他們也擁有符合西洋水準的洋樂交響樂團，國民的音樂教育也採用歐化，可以說他們的西洋音樂水準，無論那方面，均合得上歐化的標準，但日本有古箏學院，有大量的「尺八」，「箏」，琵琶等舊譜在流通，僅管他們十分歐化，但他們並沒忘記自己是東方人，所以他們有皇家樂團演奏「邦樂」，有傳統的「能樂」及「大曲」，每當他們演出這些，幾乎極爲鄭重。說實在的，他們款待國賓的邦樂，也不見得比祭孔樂華麗到那裏去，但他們一板一節地保留著，毫無變動，也毫不爲歐化所影響！

再看看我們，除了祭孔，再從那裏去聽到我們的「邦」樂？從我們的音樂會，音樂系畢業生的演奏會，從我們坊間所出版的一些音樂類書籍雜誌，從教育部審定的中小學音樂教材，大學音樂科系的修習課程，充斥了西洋音樂的樂理和樂曲！也許有人認爲如此說法未免太本位化了，但我決不是做帚自珍捨不得那破包袱，而是從一個熱愛中國文化的中國土包子的立場來說，站在復興中華文化的運動如火如荼地展開的今朝，眼看到我們的禮部尙書，太樂正，國子監生，名牌教授，在掛洋頭賣洋樂，不但耳朵受不了，精神也受不了！

也許有人說：大學音樂科系裏有「國樂」課程，廣播和電視有國樂節目，同時官辦音樂比賽，近兩年來也加了國樂器組，可是以份量而言，那眞是微不足道的點綴，尤其要強迫中樂合乎西樂標準，才算合格，眞不知道這些人怎樣忘掉自己姓啥的？更有用ＡＢＣ的調門兒吼鳳陽花鼓，小黃鸝鳥，茉莉花等中國民謠，簡直就像洋鬼子唱京戲一般，四聲全無，五音不分，叫你聽了簡直匪夷所思！聽說某校音樂系有位享譽國際的中國國樂家（？）教十三絃，學生學了三年一首「燒餅油條」歌都弄不像！這樣子的悲慘局面，將來到那裏去找純中國音樂呢？

也有些前輩，爲了使中國音樂連綿不斷，所以若干年來，作了某些改良，譬如放棄舊式的黃鐘大呂的空理論，採用西洋的音階，調名不再用商調、無射、而改用西樂Ｇ，Ａ等調名，樂器音量小的改大，音不準的改準，樂譜也改用西洋交響和器和樂聲搭配的理論，但仍難挽厄運，前幾年，還不斷有幾場「改良」性的國樂演奏，如今最負盛譽的國樂團，也因爲知音太少，賞識無人，而漸漸地淪爲唱流行黃色歌曲的歌星們的伴奏，夜總會裏去伴奏交際舞，從高尙的國樂家，淪爲洋琴鬼，可悲也不？

記得前幾年，教育當局者，想到許多外國來訪的音樂家的建議，也看到中國國樂的日漸枯萎，很想借屍還魂一下，或許有助於國樂的提倡與改良，於是作了一次試驗性的中西樂交換演奏，成績如何是可想像的，（如果成功的話，那麼唐明皇當年不要把唐樂分爲十部伎了！但其情可感。）結果某報的專欄作家，連琵琶洋琴都認不得，竟然撰了幾千字的長文，誇了一番交響樂團奏中樂的「動聽」，國樂團奏西樂的胡鬧，毫無音感可言，於是提倡國樂的熱心涼了！教育部想成立一個大的實驗國樂團的腹案，便就胎死腹中了！想想看，在這樣的環境，這樣的客觀條件下，中國的正統音樂，就是再有頑固性的生存力，恐怕也無以爲繼了！那麼，站在復興中華文化運動面前，對於中國固有的音樂，我們究竟如何向我們的子孫們交代呢？口號喊得最響的人們，請你告訴我！

（民國五十六年三月陽明雜誌十五期）

附：

# 哭錯了方向！與山中人論樂

陳康翔

陽明第十五期山中人的「為國樂一哭」，哭得不能感人，而且哭錯了方向；哭向了復古而不是復興的一面。從哭文中，可看出山中人對中國音樂瞭解不多，也許會玩弄幾件所謂「國樂」的樂器；如古箏、簫、笛、南胡而已。

先和山中人談談什麼是「國樂」？「國樂」一詞最早見於遼史，惟僅指元旦晚上國宴時所奏的音樂而言，其後又見於清朝續文獻通考，用以區別西洋音樂和中國固有的音樂，然而名詞常會隨時代的演變而增廣其義，所以今天演義的來解釋這兩個字該是；凡是中國人寫的，具有現代音樂語言並有傳統民族音樂素材的樂曲都是「國樂」，且不管是以什麼方式演奏，中國樂器也好，西洋樂器也好，假若僅局限於只有中國的古樂或用中國樂器演奏的樂曲才叫「國樂」，那就是無知而頑固的小「國樂」，而不是中華民族在每一時代的音樂藝術的大「國樂」。

哭文中對五線譜或許有偏見，大凡不懂五線譜的人都有這個毛病，那麼現在就和山中人談談樂譜（包含中國的）。樂譜是傳達音樂的一種工具，它和音樂的關係是間接的（因為抽象的音的本身是音樂的眞正工具），特殊的（因爲需要專門的學習），先以西洋的記譜法來說，約在五世紀以前用的是字母的文字樂譜，從五世紀簡單的音節記號的發展，到約十七世紀以前是「記號」樂譜階段（包括納莫記號譜和比例譜），然後約從十七世紀才看到今天通用於全世界的五線譜，其間很多人（包括各個國家各個民族）在漫長時間裡，經過多次的改良，才有這種既適當又科學的樂譜。在中國，聲樂方面有採用文字的樂譜，如宮商角徵羽或合四一上尺工凡，這相當於古希臘羅馬時代的文字譜。樂器方面有採用記號的手法譜，如古琴上的符號，表明左手何指按何徽，右手何指彈何絃等，這相當於西洋中世紀的呂特琴的指法譜。文字譜的缺點是只適合於表現單旋律，不能表現較複雜的和聲與節奏的音樂，所以西洋或中國古代音樂的特色是詩歌上的單旋律，節奏是根據詩歌韻律的規則，只要有表示音的高低的文字就夠了。記號譜中的指法只能表示一個或一族的樂器，對於樂隊統一演奏的總譜是極不適合的。因爲有了五線譜的發展，才會有十八世紀以後的和聲的調性音樂，也使我們知道新的記譜法是如何會影響後來的音樂了。中國今天如果還停留在文字譜或記號譜的階段，那麼中國音樂是永遠沒法進步的！而且這些中國古代記譜法是直接促成中國音樂落伍的根本原因。這類記譜法也很煩雜，瞭解他的人也不多，敦煌琵琶譜就是一個例子，假如有位「國樂」家能把它翻譯成五線譜多好，既能保留又能發揚中國文化遺產，可惜它却藏於法國國家圖書館內而被一個日本人林謙三者譯成了五線譜，雖然其正確性待考，也夠使人慚愧與猛省的。而一些冒牌「國樂」家們不祇西洋的五線譜不懂（以爲像豆芽菜那麼簡單），中國的古譜也不通，他們的法寶仍是「舶來品」式的簡譜，1234567也，簡譜出現在中世紀的西班牙，十八世紀傳到法國，後經日本再到中國，這仍是一種記號譜，獨奏或合奏簡單的旋律可也，複雜的就不行了。山中人假如耐心一點，好好地學學五線譜，對你的喜愛「國樂」會有幫助的。

哭文中提到目前的音樂教材，誠然有些確是很差，可是山中人可曾看到好的教材嗎？介紹一套幼獅書局出版，由史惟亮編的初中音樂課本讓你看看，那是一套合乎新的音樂教育理想的教材（現代的、民族的、地方的……）。至於說西洋音樂家的稱號，那祗是就某一個音樂家在音樂上的偉大供獻而後人對他的崇敬而言，就好像中國明朝的魏良輔，我們一樣可以尊稱他爲「崑曲之父」，或稱朱載堉爲中國的「律聖」，而且中國的小朋友們不會笨到看不懂教科書上對西洋音樂家的介紹，而誤認他們是中國人，巴赫的確是「音樂之父」，他不但集他那個時代以前音樂的大成，而且他的音樂一直是影響今日的整個樂壇。海頓所以被稱爲「交響曲之父」（哭文誤寫爲韓德爾，韓氏那個時代還沒有交響曲呢），是因爲他第一個確定了交響曲的形式，沒有他，交響曲就沒有今天這樣輝煌了，貝多芬眞是「樂聖」，沒有他，今天樂壇也許會和我國唐朝的十部伎一樣，停留在只知技術的加工製造而缺乏理論的階段。

中國很早就有標準音（黃鐘）的觀念，那是中國音樂史上最光榮的一頁，而今天的一般中國樂器却是粗製濫造，「國樂」家們也能將就的去用它，我們祭孔所用的樂器和服飾，以及節拍和禮儀確是雜亂無章，就憑這些就不能和受中國音樂影響的日本「能樂」和「大曲」相比，當然這是主其事者或無標準音感的冒牌「國樂」家的傑作。現在介紹一位現代的眞正的「國樂」工作者莊本立先生，他從科學的觀點來看「國樂」，許多中國樂器是他改良與創造的，他的論文曾在國際性的音樂會議上發表，他在兩個大專院校認眞地講授「國樂概論」，他也寫有「國樂」的曲子並能演奏各類中國樂器，他更能把中國一些古譜譯成五線譜，可是他却是個業餘的，他不是那些扔不掉破包袱的「國樂」家，或在暑期騙騙外國友人，講點落伍的「國樂」的人所能比的。

某大學音樂系主修「國樂」的人不多，但是喜愛中國音樂的也不少，他們曾舉辦「樂展」，展出中國正統的南管樂器和樂譜，以及中國音樂的史書，他們的作品發表有一串是表現了中國音樂的風格，他們把中國民歌寫成鋼琴曲，把京戲的主題寫成創意曲，並保有京戲特有的節奏。他們經常去看歌仔戲、紹興戲，他們發現京戲二進宮有三個聲部次第進入而後重疊的例子，並找出「春江花月夜」是首變奏曲，也研讀過李友石的碩士論文「先秦音樂考」。就在不久前（二月十二至十八日），他們以旁聽的資格，參加了中國青年音樂圖書館所舉辦的全省音樂教師講習會，在那裡他們吸收了很多中國音樂的知識；如南管、歌仔戲、臺灣民歌、山地民歌、以及中國音樂對鄰國的影響等等，他們也仔細地參觀了該館展出的數十件中國樂器，每天並參加討論，這些都是山中人所想像不到的。

AEIOU是集合世界各國語言的發音基礎，這五個母音加上各國不同的子音而形成各國不同的語言，例如中國字「我」是「ㄨ」和「ㄛ」的結合，如果「ㄨ」發不準，試問「我」這個字將如何成立。因此這五個母音的發聲法是學聲樂的人必經之途，費明儀小姐的演唱就是個好例子，她所演唱的數首中國民歌如「五哥放洋」、「繡荷包」、「四季歌」，既不是「哭調」，也不是「出洋腔」，字正腔圓，而且「韻味」充沛，不知山中人去欣賞了沒有？唱不好中國歌與AEIOU關係不多，那是因爲演唱者失去了中國歌特有的韻味，斯義桂就是如此。在音樂科系裡，鋼琴是必修課，「國樂」組的同學照修不誤；蓋鋼琴是構造最完善，表現最廣泛的樂器，對樂理、和聲、曲式、以及各類樂器甚至在創作上都直接或間接發生或多或少的影響，這也只有學音樂的才能領悟，這並不是看輕中國樂器，我就知道一位學作曲的同學，她能演奏五種以上的中國樂器，這是不是看輕了西洋樂器呢？

在臺灣喜愛音樂的外籍人士不少，美國大使馬康衛且是一位豎笛演奏者，當然也有些是附庸風雅之輩。近年來臺灣教授的音樂會幾乎沒有，而一些小朋友或年青的學生們却定期性的擧辦演奏會或發表作品，其中有新有舊，有中有西，祇說唱吧，已經不是山中人所熟悉的曲子了。而一首茉莉花，雖然世界盡知，可是今天確有了作曲學上的新評價，在中國青年音樂圖書館所出版的音樂學報第一期第二十五頁上就有着對這首歌理性而科學的分析，而且類似工作正不斷進行中。中國民間音樂豐富，豈是一般只會玩弄玩弄幾件「國樂」器的所能注意到的。

臺灣有位深得劉寶全眞傳的京韻大鼓之后章翠鳳女士，喜愛大鼓的人都知道，凌波小姐的黃梅調很多人也愛好，以國「樂」的觀點來衡量京韻大鼓的藝術價值，自是比黃梅調要高，但是聽黃梅調的人却來得多（用眼睛來感受的也不少），請問山中人這是「最進步的理論」或是「最公平的評價」？票房價值並不是藝術價值，相信山中人不是「半票觀衆」，也不是七折票的聽衆。

臺北文星書店在民國五十二年四月五日出版了一本八十餘萬字的「音樂辭典」，編著者是道道地地的中國人王沛綸教授，裡面包括了東西音樂，解說清楚，是一部極有教育價值的好書，現在已經出了第三版，在中國音樂方面，他也毫不放鬆的應有盡有，理論一項如歷史、樂律、樂曲都予以介紹；以樂器來說，有圖有文，不是山中人所能想到或者如哭文中舉的那些，至於音樂家則有古代的，近代的和現代的，不但有「家」而且有「聖」，這部辭典不貴，山中人可去買本來讀讀，以增加你對「國樂」的見識。

復興中國音樂不是摒棄五線譜，或者不談西洋音樂，也不是演奏一曲「十面埋伏」就可以復興的。歐洲的文藝復興有兩百多年做基礎，而且有那麼多藝術家在努力，而我們自從王光祈到現在不過三十幾年，又是處於亂世，不是沒人做，莊本立、史惟亮、許常惠、李哲洋等等都在埋頭進行呢。世界上任何一本有關音樂史的書，都首先提到中國人在音樂上的智慧與發明，而我們也得承認今天的中國音樂是落後於人的，西洋人喜歡來東方（尤其是中國）發掘或欣賞東方音樂，那並不意味着世人多麼重視東方音樂，祇是那些西洋音樂家們在今天音樂的十字路口徬徨下，發現在東方可以找到創作上的原始材料（前些時候烏拉圭鋼琴家兼作曲家托沙先生來臺灣的目的就是如此），就如同他們去非洲，聽土人們擊鼓的節奏一樣，並不存着太多敬意（唯一的敬意是對中國古代音樂文化昌盛的一面）也如同住在中國的洋人們，看中國人在春節放冲天炮，他們也與高彩烈的買來一放，放的時候他們也許會聯想到火藥是中國人發明的，放後他們同樣不會對中國人從古到今不斷放冲天炮有着絲毫敬意。今天中國人學西洋音樂，是要學他們的科學技術與活的理論，以補荒廢了幾百年的音樂之不足，而復興中國音樂的方案，是要迎頭趕上西洋音樂的水準。目的是用更好的工具回過頭來做自己的事；諸如「古譜的翻譯、分類、詮釋、錄音、出版。元明以後中國戲劇音樂的分類、詮釋、錄音、出版。樂器的改良與提倡。民歌和民間音樂的分類、詮釋、錄音、出版。比較中國與西洋的音律、調式、曲體給中國古代理論找印證」等等。

最後奉勸山中人，下下山，多用耳朵與眼睛，珍惜自己的眼淚，不要再無病呻吟了。

（民國五十六年四月陽明雜誌十六期）

# 國樂朝那兒走

## ——山中人語之二

前幾天和幾位同好在一起閒聊，有幾位對山中人「爲國樂一哭」的哭頗表同情，認爲若干年來，在洋聲洋氣（器）充斥的中國音樂界，盡了莫大的努力，做了一番全盤西化的工夫，讓黃豆芽代替了合四工，學ㄅㄆㄇ的娃娃們到不覺得如何，三十以上的，在老祖父那兒，家傳了幾段上尺工的人，頗有不勝其「數」之感，此數有兩意：一爲中國音樂的氣數已盡，實可悲也；二爲不習慣於固定唱名法，唱歌時喜歡用首調唱法，於是乎先要算清升降記號，辨明何調，然後從下加一線數起，如果看花了眼，必得從下加一線再行數起，此二數也。炒黃豆芽倒還小事，從今後叔叔伯伯們，那套絃子的百鳥爭鳴，哨吶的穆桂英掛帥，恐怕是成了絕響了！藝術的最高修養，便是神乎其技。而前一輩中，玩中國舊樂器的人，不乏挾神技而隱於草莽的人，如今洋樂一流行，尤其在全國的大中小各級學校全力推行，那一套似乎雖不連根剗，也摔到牆外去了。目前雖已病入膏肓，但只要有心，及早回頭，收拾舊傢伙還來得及。否則便會像皇漢針炙一般，要到日本德國去學了。所以認爲此哭，亦如當年申包胥，有起死回生之效。也有幾位認爲此一哭有些類似小三子撒賴，滿嘴支支吾吾，並沒有向奶奶說明你要「什麼」

祇是一味地說東劃西，指桑罵槐，滿口中國音樂，你不妨拿出一些來，人家不就無話可說了？

那兩伙子朋友，都說得「於我心有戚戚焉」！此戚亦有二意：其一，前一伙說我此哭有申包胥之效，不想三月一日報上便發佈了一項教育部決定下學年度起，各師範學校加授國樂教材的消息，我知道禮部尚書那一決定，與我的一哭可說毫無關連，但阿張偏說那是我的一哭之效，不但寄予同情，還予熱烈讚揚，我的心像齊宣王一樣地有點暈陶陶地戚戚然——國樂有救了！後一伙要我別僅撒賴，拿些中國音樂來，可是陽明雜誌不能格外地替我印樂譜，或者找樂隊灌唱片，要是寫上一大堆中國樂曲的名字，或者加上一大堆動聽的讚美，那仍是紙上談兵，不近實際，說不定還會有人檢舉我是「滕文公」，抄古書騙稿費，因此，我把後一伙的忠言，保留到我的行動裏，去多多玩我小三子的那支破笛，希望那七音不全的破笛聲，能騙到幾個知音，而後設壇，免費授徒，藝術是無價的，何況我的技術並不純青；但是我却多餘地產生了另一項杞人之憂的戚戚之心：

教育局，打破了數十年獨家經營的洋樂獨佔的音樂教育圈子，讓國樂插進一指，這是值得喝采的。若干年來，生恐國樂絕跡的惡運，如今漸露曙光，眞乃可賀可喜，但是這一消息却給山中人帶來亦喜亦憂：喜固不必贅言，憂倒是不得不訴。

國樂已衰落到奄奄一息，懂得國樂的人，也都已鳳毛麟角，如今一旦提倡，不僅當局要急見實效，就連一般喜歡自己音樂的同胞們，也必日夜翹首，渴想一聽我大漢之天聲。際此復興文化運動正熱鬧開展之初期，復興國樂，更是當務之急，但國樂如何復興呢？已有專家們在發表意見了：

專家們說：「明代樂舞，毫無疑義地，可以根據許多文獻、樂譜、舞譜、集禮、史書等，予以復興重演，我國歷史悠久，從明朝着手，似乎並不太古……待有些成果後，再上溯到元、宋、唐等代，這是穩妥踏實的辦法。」據說都已列了預算，深獲有關學術單位的贊助，不管是什麼樣的學術單位予以贊助，但我們面對一個音樂文化存亡興廢關頭，絕不能跟那些自鳴學術的學閥們一般見解，閉着眼，懾於專家風雨雷霆之勢，不考其實際，而盲目附和，這裏有幾點疑問，倒是骨鯁在喉，不吐不快！

## 一、明代音樂是什麼？

根據明史樂志，以及幾本中國音樂史之類的論著，除了朱載堉發明了十二平均律，在萬歷二十四年（一五九六A、D、）具表奏獻的，較今日西洋現行採用德國管風琴演奏家威克馬斯泰（Andreas Werckmeister,1643 —1706）在一六九一年所發明的十二平均律，要早約一百年，同時朱氏理論於一八九〇年，經比利時聲學專家——皇家樂器博物館長馬隆（M,V,mahillon）氏的實驗證明黃鐘正律、倍律、半律，所發之音恰等於五線譜上之$be^1$、$be^2$、$be^3$，可因之推出西洋管樂上十二律的數理依據。這一點是中國音樂史上的一大光榮，當然更是明朝音律學方面的最高成就，可惜的是朱氏嘔心瀝血的大發明，獻給神宗皇帝時，並沒有立被採用，創造一套大明新樂，只是當作參考資料「宣付史館」，這又是中國音樂上的一大損失。

明代音樂方面的著作，確是不少，但那些可以說都是紙上談兵，大多數的命運，有如十二平均律，並未與實際的當時活音樂發生多大的關連，而且中國文人，歷來喜歡掉書袋作大文章，堂而皇之的文武周公一番，於實際樂律現況或演奏技巧的實踐方面，並不多談的，就是談也是理論多於實際，讀來茫茫然，並不能立即「入門」，就以吹笛來說吧，他可以形容他如鳳之鳴，如氣之清，發乎中和，出乎幽谷，你能吹出什麼聲來？又如方以智通雅上說：「以笛列七，每一調則閉二字，如閉凡上二字，則爲平調；閉凡乙二字，則爲正調，閉五尺二字，則爲梅花調；閉六尺二字；則爲絃索調，閉五工則爲凄涼調；閉乙工則，爲背工調；閉上六則爲子母調，北調則微犯之，名曰犯，此則吹人皆能言之。」一個人普通人讀完這段話，如何找出梅花調，凄涼調？一個對簫笛毫無吹奏經驗的人，如何照此理論去學習？

根據明顧起元客座贅語說：「萬曆以前，公侯與縉紳富家，凡有宴會小集，多用散樂，或三四人，或多人，唱大套北曲。若大席則用教坊打院本，乃北曲大四套者，中間錯以撮墊圈、觀音舞、或百丈旗、或跳隊子，後乃變而盡用南唱，歌者止用一小拍板，或以扇子代之，間有用鼓板者，今則吳人益以洞簫及月琴，益爲悽慘，聽者殆欲墮淚。大會則用南戲，其始止二腔，較海鹽更清柔而婉折也。」那麼明初至萬歷之間的明代音樂狀況，可以得其大概，所謂散樂即當時社會流行歌曲，或傳自唐宋大曲，或來自詞遍、曲套，可見明代除了雜收了宋元以來的零樂殘章，並無另創一套完美的大明新樂，（這一論點，可以明史樂志所述作佐證。）甚至也沒有像漢武帝立樂府，命李延年造爲新聲；也沒有像隋煬帝立九部樂，唐明皇分十部伎，縱然明太祖討厭當時的北曲煩囂之聲，命尚書詹同、陶凱及協律郎冷謙等製定雅樂，宋學士濂造樂章，宣付太常，但這只是一部份郊廟祭祀所用，其不入俗耳的程度，不亞於今日的祭孔樂。至於朝會宴享，雖是九五之尊，所用者亦爲元曲或俗曲之類，如：

刮地風、普天樂、殿前歡、飛龍引、風雲會、慶皇都、賀聖朝、萬年春、水龍吟、朝天子、四邊靜、新水令、水仙子、滾繡球、小梁州、感皇恩、側磚兒。

這些曲牌，不是元曲，便是社會上的小調，當然不足以代表明樂，至於舞蹈等所謂雅奏，也如十二平均律一般，說者自說，用者自用，風馬牛不相干。根據明史樂志云：「禮官請訂定樂章，令廣求博訪，精通音律者，具以名聞，史科給事中夏言，以張鶚應詔，鶚進所著樂書二部，其一曰大成樂舞圖譜，自琴式以下諸樂，逐字作譜；其一曰古樂心談，列十二圖以象十二律，圖各有說。疏下禮部議：禮官言：音律久廢，即今太常諸官，只是循習工尺字譜，不復知有黃鐘等調，臣今奉詔，演習新定郊祀樂章，間問古人遺制，茫無以對，今鶚謂四清聲所以爲旋宮，其註絃定徽，蓋已深識近樂之弊，至欲取知曆者互相參考，尤爲探本窮源之論，似非目前司樂者所及。乃授鶚爲太常寺丞，鶚奏較定樂舞一疏，奉旨考定音律，待眞知者行之，羽籥干戚，不宜繪於服，當如禮制更定。其朝燕等樂，且姑舊」。這一段記事很明顯的告訴我們，明代樂舞的貧乏與殘缺，縱然有大批古樂舞書籍出籠，但那等於學術論文，理論自理論，實際與它並不謀合，甚至官訂樂律之書，亦是雅附古道，託鐘律之名，作一番蕭規曹隨的文抄公，虛應故實，也非實際。所以明代樂舞圖書雖多，畢竟大部屬於作者筆下想像的多，切於實際的少。

除此而外，明代的另一音樂建樹，便是魏良輔改海鹽、弋陽字多音少的眞調，爲伊吾恩愛的水磨調，支配了明代中葉以後，直到遜清末年的中國歌劇！魏氏之新腔，可以說是明代獨創，但他是重視四聲、開合、送氣、收聲、喉牙、舌唇的中國單音節的子音音樂，但等到洋樂的母音音樂登陸東土以後，唱五個母音的愛、奧、意，總比考究什麼尖團、開合、抵顎、展輔等十幾個子音的崑腔，容易而且動聽多了。因此有人批評崑曲的缺點是在於不懂音樂的文人作詞，不懂詞章的樂工照字塡音，不可謂之作曲。當然也就沒有純音樂價値之可言，衰亡的命運自在料中。

如此一來，試問恢復明代音樂，是恢復崑曲嗎？已經晚了！恢復明代郊廟樂舞嗎？不知道清代郊祀樂舞的典制如何？猛一去找明代，豈不落個荷花池裏練海兵，眞是黃河之水天上來！若是恢復宴饗之類的朝會之樂，到不如說是恢復宋元以來的雜曲子好些，何以要標個「明代」呢？難免要讓人覺得有掛羊頭之嫌！又何況詞曲之樂早已亡佚，徒存紙上談兵。前些時有位國際學者擧行元曲試唱會，發表他所發掘的元曲曲譜，圈外人聽來是一開耳界，圈內人聽來，頗不以爲然。樂譜所記音符是死的，抑揚頓挫，表情技巧，有文字所不能言者，過份迷於機械式的樂符，是不足表現那曾經使宋、元人着迷過的音樂眞象，這一點凡懂音樂的人都會有的常識。有許多前代音樂家，因吃了捫壁的虧，皓首窮年，浪費了可貴的才華與生命，盡在不切實際的紙上，談發揚文化的兵，豈非歧途亡羊而何！

## 二、復興國樂是復古嗎？

西風東漸，給我們來了生活上的革新，物質文明，刷新了我們的生活形式。從四合院到洋樓，大馬車到噴氣機，長袍馬掛到洋裝革履，甚至西餐或中餐西吃，這些都不會影響我們是中國人的身份，物質文明是生活之所需，大家應努力創新，大量造福同胞，功德是無量的。但代表一個國家民族的精神文明的文化，却斷不可任意拋掉。發揚中華文化，不是祇要大家都去研讀孔孟之書，舉行論文比賽，如此一番而已，是要我人能體會孔孟濟世的思想與抱負，施之於現實生活。提倡固有忠孝，並不是祇要大家去寫岳飛的年譜，文天祥的傳記，是要大家力行他們的忠孝精神。同樣的發揚中國國樂，並不是要大家都穿上長袍馬掛、梳辮子、留長指甲、戲劇化地搬演某代廟享之樂，這無疑是把國樂送進博物館，即使一旦訓練了一批五六十人的明代樂舞家，試問這一批人除了騙騙觀光美鈔，唬唬以村野觀點來看東方的洋人外，與整個中國社會、生活、教育絕緣，那麼這批「白頭宮女」老死之後，又何以爲繼呢？復興的意義絕不是一成不變地復古，他是個全面的問題，是個根本問題。恢復國樂是要我們這一代人，建立一個代表中國的音樂，不是西洋人的血統，不要完全丟棄自己幾千年傳下的優美的樂器，不要老推崇蕭邦、杜步西，自己來麼！學音樂的人，除掉那付有色眼鏡，虛心地、誠懇地，翻翻典籍，整理一些可作借鑑的中國古樂資料，不要一味地閉着眼睛跟人家後面跑，斬釘截鐵咬定中國音樂是一無所有；要復興國樂，決不是奏兩支將軍令、塞上曲，參加些慶典點綴罷了！我們要從根救起，要讓中國人生活在中國音樂的聲響裏，要把中西音樂的賓主地位分個清楚，如此我們的國樂才有生命，中國音樂才可復興！

目前因爲專家太多了，掛羊頭也可稱專家，扒手尚有博士，國樂家又何嘗不然，際此大談復興之際，希望不要再懾於專家的聲威，爲了應付故事，掛個羊頭算了。國樂是中國的音樂，小三子是中國人，他就可以對國樂復興發表愚見，他就可以品嚐純中國味，正如老天津人可以批評西門町苟不理包子味道是否正天津苟不理包子一般，絕不帶假，絕不以下江人身份去講說製四川油辣子的秘方！

際此專家們發表復興國樂的方案之時，觀察了他們的呼籲與辦法之後，使人頗爲撲朔迷離！復興不是復古，不能再捨本逐末，作點綴文章了。在音樂教育上，在社會大衆傳播上，必須及時研究、整理、改革。說實在的，偌大的中國，知道笛簫胡琴、小放牛、萬年歡的，畢竟還佔多數，反攻大陸後的音樂教育，洋樂決不及土樂來得普及與容易感人與收效。土一點說，中國深遠僻壤地區的人們，可能知道兩句小放牛，藉此或可宣傳政教，如果放出一段貝多芬，他們不知道在玩什麼西洋景了！我這杞人之憂，不無道理吧？

（民國五十六年四月陽明雜誌十六期）

附錄：

# 再和山中人論樂

陳康翔

「陽明」第十六期有位何林墾先生的讀者來書「站出來說」，我非常贊成。

先介紹我自己：陳康翔是我的眞名，現在是中國文化學院音樂學系四年級的學生，沒有任何頭銜。「與山中人論樂」一文（文題「復興不是復古」被編輯先生改了）是感於「陽明」十五期山中人在「爲國樂一哭」裡亂哭一通，連個名堂都沒哭出來而寫的，動機單純，不是「騙稿費」（「陽明」目前是不支稿費的），也許文中有些地方我錯看了山中人；譬如山中人還是位學者（「編者談」裡說的），看「國樂朝那兒走?」，發現山中人的一些觀點如：「復興不是復古」，「及時研究、整理、改革」等等與我的意見不謀而合，這是可喜的現象，雖然如此，一些錯誤的論調，我還是要提出來和山中人一談，我的這種不在乎「學者」的名望和山中人的不懾於家的聲威是一樣的。

## 一、關於固定唱名法與首調唱名法

這兩種唱名法並不是西洋專有的，我國明代樂律全書和樂學規範裡，就有以黃鐘大呂等律呂名稱爲固定音名的記譜，也有以工尺譜作固定音名的譜例，現代臺灣南管樂部份就是用的固定唱名法，而且這種唱名法即使在今天的西洋也沒有定論，譬如英美採用首調唱名法，而歐洲一些國家則採用固定唱名法。山中人當知道中國在元代曾經有一種十二行小方格子的音階譜（由右向左橫寫），假如不經常去接觸或習慣於它，一樣對他感到困難，山中人假使不怕失掉「學者」的身份，我也可以免費授你一些方法，如何習用這兩種唱名法，而不必「清算升降記號，辨明何調」，一看便知，說不定山中人由此而能將中國古譜譯成世界通用的五線譜，不再依靠簡譜了。

## 二、關於明代音樂

東西文化交流之後，西洋的音樂學者作曲家都希望來中國尋找眞正的古典音樂資料，因爲他們曾經在日本聽過唐代的宮庭雅樂，在韓國聽過宋代的古樂，最希望來臺灣聽最正統的中國古代音樂，但是他們很失望，除了地方性的音樂外，部份國樂已經失去本來面目，因此復興中國音樂爲當務之一，但愈古的資料愈少，宋代雖有姜白石的歌曲譜，也經中外人士翻譯過，然而有些記譜符號，其正確性尚待考證。誠然可從日韓等國去獲得唐宋音樂資料，但是據韓國李惠求博士最近發表的論文，指出由中國傳入日韓的唐宋音樂，部份已有改變，如此情形之下誠不如自己先從明代書籍中去找，因爲明代樂書最多（包括不科學的），如朱載堉的樂律全書中旋宮合樂的總譜，就曾使洋人們大爲驚奇，其中舞譜每一節拍動作、姿勢及舞步都有詳細的說明，連各種樂器的尺寸，服裝圖式都有明確記載，非其他樂書如「明史樂志」可比的，山中人如不相信，可再去翻翻看。所以復興中國音樂，從後向前推進有其必要，山中人如要問爲什麼不從清代做起？很簡單，因爲清代離現在較近，且已有許多資料可查（山中人如要查這些資料，我可以告訴你在那裡能夠找到）。

根據王光祈所著中國音樂史上所說：朱載堉的十二平均律是中國的一大光榮，被「宣付史館」是中國的一大損失，所以我們更應該把朱載堉傳下的樂譜、舞譜，予以整理，使之演出，從而創造新的民族音樂與舞蹈，神宗皇帝混帳，山中人如何會不明事理的說成「騙騙觀光美鈔」呢？復興明代舞樂，只是一個起點，要知道明代除了這些還有戲曲音樂，崑曲在臺北已有兩個團體：一是「蓬瀛曲集」、一是徐炎之先生領導的，他們都在努力保存、整理和發揚，徐先生並在中國文化學院教授崑曲，請問山中人所說：「恢復崑曲已經晚了」，作何解釋？崑曲並未失傳，言恢復不如說發揚來得妥當些。除了戲曲音樂，明代的器樂曲如古琴曲譜，我們也得發掘與整理。

明代雖然有位太常寺丞張鶚者，然此人實難令人敬佩，南雍志上曾述及張鶚的排簫就是將古代十六管之半音階及全音階的排簫，改爲左右同音對稱之七音排簫，比起朱載堉的排簫來，他實在太不進步了，其他的也不必談了。

## 三、關於國樂朝那兒走

山中人對這一點並沒有說出所以然來，山中人不必悲觀，「國樂的氣數」並未盡，也未到「奄奄一息」的時候，用不着「杞人憂天」，普通人做復興中國音樂的工作時，「學者」更應該去做，下面告訴山中人「國樂」朝那兒走的一個明確方向：

第一、發掘與考證古代音樂，把樂譜譯成五線譜，並考證當時所用樂器，予以演奏，這一點並不是復古，我們要用科學的方法去尋找古代中國音樂的音階、調式和樂曲形成與西洋的不同處。

第二、創作新的樂曲，用現代的音樂語言，寫含有民族素材的東西，再用1234567就太落伍了。

第三、改良並提倡國樂樂器，要不得的樂器自然會被淘汰掉，西洋樂器直到今天還在不斷改良，就是一個好例子。

第四、眞正的國樂工作者們，該有計劃地編出一套新的教材與教學進度來，和西洋的抗衡，學國樂的青年就更多了。

## 尾聲

「建立一個代表中國的音樂」，要有勇氣來摒棄、捍衛與更新我們的傳統，能做祖宗的子孫，也能做祖宗的叛徒，不能老沒長進的吹「破笛子」，唱一二句「小放牛」，組織一個毫無「神乎其技」却「七音不全」的國樂隊來騙人，山中人該歇歇了。

（民國五十六年五月陽明雜誌十七期）

# 打着國樂招牌的洋鬼子

## 我的那些洋樂老師都該挨手板了

拜讀了「陽明」十六期陳康翔先生「與山中人論樂」大作之後，對陳先生的洋洋大文，頗表欽佩，但對陳先生的輕率，偏激，夾帶著滿腹洋樂皮毛，大談泛世界性的「大國樂」，眞令山中人不得不先擱下談復興國樂的正題，來談談陳先生大作裏所提的幾項問題，一則希望陳先生罵別人先別貶人，什麼：「山中人不懂得五線譜」，「山中人不要無病呻吟」等，那是無理取鬧，不是面對現實，也不是討論事理的方式；同時山中人雖居深山，但受的文明教育，並不太差，從小學、中學、大學、研究所，幾乎受的都是新式教育，陳先生不致疏忽得連民國以來的學校音樂教育狀況都不瞭解，硬派定山中人不懂五線譜，那我的那些洋樂老師們，都要挨手板了！並且據山中人「村」見，陳先生硬咬定我不懂五線譜的用意是：不懂五線譜的人，便是不懂「大國樂」的人，便不配談國樂問題，於是才可歸根結底，一言以蔽之——「山中人哭錯了方向」；「山中人對中國音樂瞭解不多」，便就「也許」、「如此而已」了！我想這不是討論正經問題的風度，陳先生你說對不？二則眞理愈辯愈明，雖然此文不在山中人原計劃之內，但因爲陳先生是位自認精通中西而且博貫古今的現代音樂家，並且給山中人若干「寶貴」的指示與導引，也嚴正地要山中人收拾眼淚，多用耳目，可見陳先生是頗有見地，但山中人既名山中，勢必「村」得可以，因此對陳先生鴻文中若干點，頗有異議，分別提出來，既就正於大雅，也可藉此讓局外人明瞭一下，今天音樂界的故步之風！

## 「國樂」一詞並非最早見於遼史

陳先生開宗明義，先談「國樂」一詞的定義，引經而未據典，還未說明它在中國的傳統意義是什麼，便給「國樂」很勇敢地下了新定義，而且言下之意，如果誰反對陳先生的定義，那便就落個「無知而頑固的小國樂」支持者，這種論調，頗似抗戰時期，日本軍閥爲了安撫亞洲其他被征服的國家百姓，而喊出：「重建大東亞新秩序」一般，泛國際主義者，山中人也讀過若干本線裝書，對於此點，期期以爲不然。

據村夫所知，國樂一詞最早並非見於遼史，陳先生可能是根據中與書局出版的「中西音樂大辭典」第二六五頁：

國樂：「國家製定之樂也。以備祭祀賓客兵戎之用者，蓋專指本族之樂而言，如遼史以『國樂』與渤海樂漢樂並稱是也」。

實際上遼史完成於元至正四年（西元一三四四年）而早在唐貞觀十年（西元六三六年）修成的隋書音樂志，後晋出帝開運二年（西元九四五年）修成的舊唐書音樂志，宋仁宗嘉祐五年（西元一〇六〇年）修成的新唐書禮樂志中，都曾出現過「國樂」一詞，這些都比遼史要早三百年，四百年，七百多年，各史原文如下：

1 隋書卷十三音樂志（梁朝樂志）

「以文舞爲大觀舞，取易云：『大觀在上，觀天之神道，而四時不忒也。『國樂』以雅爲稱，取詩序云：『言天下之事，形四方之風，謂之雅，雅者正也。』」

2 舊唐書卷二十八音樂志：

「十八年（德宗）正月，驃國王來獻本國樂，凡一十二曲，以樂工三十五人來朝，樂曲皆演釋氏經論之辭」。

3 新唐書卷二十二禮樂志：

「十七年（德宗）驃國王雍羌，遣弟悉利移城主舒難陁，獻其「國樂」至成都」。

4 遼史卷五十四樂志：

「遼有『國樂』，有雅樂、有大樂、有散樂、有鐃歌橫吹樂……遼有『國樂』，猶先王之風，其諸國樂，猶諸侯之風……正月朔日，朝會用宮懸雅樂，元會用大樂曲破，後用散樂，角觝終之。是夜皇帝宴飲用『國樂』……中元大宴用漢樂……端午日百僚洎諸國使稱賀如式，燕飲，命回鶻，燉煌二使作本國舞」。

## 不能給國樂亂戴帽子

當我們讀完這四條，國樂的意義，很明顯的是指本國的音樂，正如陳先生所引證，續文獻通考上國樂的含義，便是和諸國，四夷相對而不相併的，陳先生忽然加上時代演變意義，此義既不見於辭源辭海等新版辭典，也不見於陳先生所推崇的「音樂辭典」必是出於杜撰，何其不通乃爾？

一、陳先生說凡是中國人寫的，不管以什麼方式演奏，中國西洋樂器都可，即是國樂，這句話眞是強詞奪理，毫無常識，我們學例說：「國學」一詞是指中國的傳統舊學，辜鴻銘先生是中國人，用英文寫了一本中國人的精神，介紹中國的風俗人情，文學哲理，他命名爲「春秋大義」，不知道可列入線裝的國學叢書中去不？此理甚顯。二、不管用什麼方式「都可」，更是荒謬，用芭蕾舞女孃來跳演貴妃醉酒，配上天鵝湖舞曲，演中國傳統民族戲劇素材（套用陳先生語），可說是國劇嗎？或者穿上中國戲裝，打起鑼鼓，配上胡琴，唱茶花女故事，可以算是西洋歌劇嗎？三、至於說不管用什麼樂器，都可叫國樂，那不但荒謬，而且無稽！一個國家民族音樂的特性、風格，固保存在抽象的聲情裏，但其特有的種種樂器，更是造成它擁有濃厚色彩的特別形式，假若奪走了樂器，便談不上復興與發揚，那簡直是重起爐灶，毫無關連，就等於和尚廟裏的素雞，同曰雞也，此雞非彼雞！

中國音樂家們，最注重的是樂器的製定，因爲音樂的特有形式，必賴於產生此種音樂的原來樂器，才能保有與發揚，鋼琴雖完美，但它表現不出中國古琴的平沙落雁，那種特有的起伏奔流，陰陽虛實，清越寬厚，雍雍泱泱。所以新唐書卷二十一禮樂志上說：

「聲無形而樂有器，古之作樂者，如夫器之必有敝，而聲不可以言傳，懾夫器失而聲遂亡也」！這是不易之理，陳先生深懂音樂原理，何其不深思乃爾！俗話說，裏子都沒有了，還講什麼面子?!依據陳先生的論調，這便是掛洋頭！江湖郎中爲了混口飯吃，可以冒充內行，亂開藥方，可是以一個現代音樂家，而當今中國音樂，已經連根枯萎之時，不想陳先生竟想出這李代桃僵，借屍還魂的把戲，而美其名曰代表這一時代的「大國樂」，這眞是搬家丢了老婆的傻大，令人惋惜。

## 反對一知半解的冒牌貨

中國的樂譜，不下幾十種，當然有好有壞，山中人不敢敝帚自珍，硬說工尺譜好過五線譜，但不知陳先生是否深入研究過工尺譜的種種？五線譜雖極科學，但那祇是機械文明的產物，音樂不是機械，中國音樂的唱腔上，器樂的演奏技巧上，五線譜並不能全盤代替，山中人不反對五線譜，但深願精通五線譜的洋樂家們，好好地研讀一下中國各種舊譜，加以補充，制定中國樂譜上特有的技巧符號，以期不失原譜面目，這才切合實際！但頗反對一知半解的冒牌貨，亂譯舊譜！掛東漏西，掉了精華，留下糟粕，像那些民歌，如今完全失去了本來面目，變成了四不像！這是中國音樂工作者們的莫大諷刺！至於說「中國古代記譜法，是直接促成中國音樂落伍的根本原因」，這句話陳先生可以如此輕率斷論，而山中人却不敢苟同！我想中國音樂本不落伍，落伍的原因是不爭氣的中國近代音樂家們，沒有盡到承先啓後的接捧責任，一味地崇洋西化，盲目地跟在以文化力量侵略中土的帝國主義的爪牙身後，唾棄自己，厭惡祖先遺產，因爲學西樂的人，不一定都能讀通中國典籍，也不一定都先有了固有國樂方面的種種基礎，歧途亡羊，愈走愈遠，愈是不懂，愈充內行！所以中國音樂便如此連根絕了！

至於日人林謙三君翻譯了敦燉煌琵琶譜爲五線譜，此事說來，不僅我們這些愛好國樂的土包子們覺得慚愧，我們國內那些主持音樂研究或音樂教育的各機構內的賢達們應該痛心疾首地檢討一番，在這一方面到眞的要迎頭趕上，可不能再聽任外國人來反哺我們，而後我們才覺悟！林氏窮二十年之功，做了這件工作，其原因是日本保留了唐代的雅樂制的四相無品的琵琶，和它的古譜記法，正倉院如今還保留著天平十九年（西元七四七年唐天寶六年）七月的手抄琵琶譜，敦煌卷子和它一樣，才使林氏有如此成就，但林氏所譯的五線譜，並不能決定這五代時長與四年（西元九三三年）的敦煌卷子中十調的調名，祇是譯出了其相對的各音高低，陳先生是有心人，猛省之餘，去研究了一下不？

## 整理國樂不是淺薄之徒所閉門造車得了的

陳先生說：「一些冒牌國樂家們不祇西洋的五線譜不懂，中國的古譜也不通！他們的法寶仍是舶來品式的簡譜：1234567也。這一點也太武斷，中國古譜很多，黃鍾大呂的字譜，宋代的俗字譜，因爲宋明以來不太流行，或許有人不懂外，工尺譜恐怕每個懂中國音樂的人都懂，山中人當年學過崑曲，那可不是1234，研究過元曲，白石道人歌曲，那也不是1234，山中人並不十分反對及早將那些舊譜譯成五線譜，但我覺得那是個有關整個中國音樂的過去和未來，必須整個音樂界來集思廣益研討訂定各種術語，不是一兩個略識之無的淺薄之徒，所閉門造車得了的！譬如古琴譜的翻譯，就必須此人深悉古琴各種彈奏法，以及對五線譜上可用與不可用的種種符號，有肯定性的常識，而後方可着手！要不然何以得其聲？何以傳其聲？

陳先生對於1234的簡譜，作了一番考證，但是目前兩本音樂辭典所述，均和陳先生所說略有差異，今移錄如下，請惠予指正，亦愛好音樂者一大佳訊。

陳先生說：「簡譜出現在中世紀的西班牙，十八世紀傳到法國，後經日本再到中國……」但王沛綸的「音樂辭典」一九二頁上說：

「Cheve System：謝氏譜式，（亦稱簡譜或數字譜）。即用阿拉伯數字，1234567代替Do Re Mi Fa Sol La Si爲階名的譜式，這種譜式十八世紀起源於法國，起先由大思想家盧梭（Rousseau）開其端，以後經葛林（Galin）巴麗（Paris）謝威（Cheue）三氏加以完成，故名葛巴謝譜式，簡稱謝氏譜式。」

中興書局版：「中西音樂大辭典」三八一頁上說：

「簡譜亦名略譜，係用阿拉伯數字之1234567以唱音，僅能記簡單之樂曲，此譜發明於美國，而盛行於日本。」

連同陳先生的，一共有三說，而來源略有不同，陳先生之說，似乎是兩說的折中，究竟如何？倒要請教！

## 洋化的音樂教材

其次多蒙陳先生介紹一種音樂教材，大文上說：「哭文中提到目前的音樂教材，誠然有些確是很差，可是山中人可曾看到好的教材嗎？介紹一套幼獅書局出版，由史惟亮編的初中音樂課本讓你看看，那是一套合乎新的教育理念的教材（現代的，民族的，地方的……）山中人拜讀了二四六三册（一三五尚未編印出來），感慨更多，內容固然是現代、民族、地方，但滿篇充斥的是洋樂理論，除了第二册有一段介紹宮商角徵羽外，沒有什麼中國音樂的常識、術語、典故，幾十幅圖片，都是洋人，若干樂譜舉例也是洋貨，那些民謠，暫不評論，但所謂新的理念乃是培養一個十足洋樂化的中國少年，如此內容，不足以談中國音樂，中國音樂並非祇臙下那些哄娃娃的小歌，如此水準，不足以談復興文化，許多譯詞之不通，文詞不通，意思便含混了，還談什麼聲情呢？歌唱源於詩教，樂譜與文詞不和協，唱起來南腔北調，祇是兒戲罷了！十分合乎洋樂水準，但並不十分國化，雖然民歌民謠佔了近三分之一，大都居於點綴地位，而況也不是中國音樂的正統代表作。

陳先生說：「就好像中國明朝的魏良輔，我們一樣可以尊稱他爲『崑曲之父』，或稱朱載堉爲中國的『律聖』，」這眞值得高興，但遍尋史惟亮的音樂課本，王教授的音樂辭典，都不見得有如此資料！我們何時印在書上教給我們的小朋友呢？小朋友如果都能把教本上印的，完全都看懂了，我想並不佔多數，否則老師教什麼呢？書上介紹巴赫、海頓是那樣自然，毫無國別，撲朔迷離，焉辨華夷？

## 荒唐的說法

陳先生指出哭文中引「韓德爾是交響樂的急先鋒」有誤，更正爲海頓，這一點山中人亦不表同意！第一、陳先生誤解了「急先鋒」爲「之父」，第二、陳先生對交響樂一詞的義界，不夠明白，茲引王氏音樂辭典四五八頁：

「Symphony交響曲：①何謂交響曲？這個問題非常難答，以樂曲之體裁而論，則交響曲與其他樂曲，如奏鳴曲、協奏曲，以至各種室內樂曲，並無多大分別……交響曲也不一定全部用管絃樂隊來演奏，早期的交響曲則無論矣，就是海頓的交響曲，也常有用室內樂的樂器合奏來演奏的，與大協奏曲所用的樂器並無多大分別……還有交響曲並不是自始就是像海頓、貝多芬這樣形式的，最初牠祇是短短的歌劇或神曲的前奏曲或間奏曲，並不分樂章的，例如韓德爾的彌賽亞神曲裏面，就有一個叫做「牧人」交響樂的間奏曲。」文中明明指出，在海頓努力於交響曲的形式化之前，韓德爾也在早期型式的交響曲上下工夫，他有相當數量的神劇、歌劇、管絃協奏曲、奏鳴曲，而且王氏所譯西人資料中，都不但承認韓德爾時代有交響曲，而韓氏若干作品亦未必與早期交響曲有何不同，而陳先生一口咬定，韓德爾時代沒有交響曲，這句話說得旣荒唐也無稽！

## 不能拋棄祖宗努力的成果，不能一味崇洋，更不能向別人投懷送抱！

陳文中提到祭孔樂的雜亂，無標準音感，這一點在一個研究音樂理論及音樂史的人，是個無知的看法，一個人不能忘掉歷史是演化的，文明是累積的。我們保留下前古單純的樂句，不完美的旋律，是給後人瞻仰與借鑑的成份占多數，給後世子孫知道祖宗們的篳路藍縷，並不在提倡要孝子賢孫們回到茹毛飲血時代的生活去，也不是要你終日赤着胳膊打那單音調的鼓節爲滿足，是要你不要丟棄祖宗努力的成果，克紹箕裘，發展、研究、改進，但不能拋棄舊有的，也不能貴遠賤近一味崇洋，更不能一廂情願改土歸流式的向別人投懷送抱。目前中國樂器音不準，樂器本身無罪，是從事音樂工作人們的責任，譬如琵琶，從前民初所用的，都是四相十三品，而南琵琶及日本古式琵琶，仍保留有相而無品的。但近年來由於國樂家們接受西洋半音階遞進的十二平均律，所以改爲六相十八品，目前山中人等所用的便是半音具備的改良琵琶，演奏時的音階可以和鋼琴一樣準，但其音色、旋律、韻味是純中國的；技巧是純傳統的琵琶彈奏原則，而千萬首琵琶曲，並不須鋼琴去代替，而且鋼琴也代替不了！又如六孔的笛，因爲宋元以來的樂工偷懶，不用完全的十二律的律笛，而以一笛翻七調，爲了翻音方便，硬把六孔平均了距離，所以今天聽到舊笛的mi Fa及Si do之間的音程走了樣，但在民國廿五年，中央研究院丁燮林氏曾經試着以十二平均律的原則，重新計算管徑、孔距，而改良成爲十一孔新笛，當初有有膜孔和無膜孔兩種，有的和六孔笛的音色一樣，無膜的和洞簫的音色一樣，甚至在音域上，較舊式洞簫，橫笛更廣，它補救了簫笛六孔平均開而造成音不準的缺點，同時也吻合新引進的半音階的要求，山中人的十一孔新笛的音階，便和西洋長笛一樣準確，陳先生不信，可來山上試聽一下，驗證一下。

## 可悲的是今天吃音樂飯的，幾乎都是搞西樂的。

改良樂器，是促進音樂進步的大因素，山中人不會蠢到連全音半音分不清，也不會把十六絃的古箏調得五音不全：陳先生中提到莊本立先生的以科學方法改良國樂器，這件事山中人也非常感慨，莊先生只做到試驗室裏的理論性的改良，他的半音笛、排簫、四筒琴、半音壎等，雖都曾公開展覽過，但並不像六相十八品的琵琶，及十一孔新笛的立即被國樂界所提倡採用，甚至由莊先生自己指導的國樂社團，仍未採用莊氏新樂器，何以故？莊先生不是國樂演奏家，不是中國音樂史家，而是一位科學家，新樂器的原理是可通的，但實際演奏技術上的種種，尚未能研究成熟，因此無人採用與提倡，這種實驗室性質的改良是需要的，但若千年來，並無補於現存國樂團體內所用的樂器！既與事實無補，則其改良便成空了！今天國樂的發揚與延續，實際更追切於理論，我們不能不正視現實，在今日如果還大賣野人頭，空談理論，而謂之正從事於中國傳統民族音樂的復興，這無異猶七年之病求三年之艾，還有救嗎？可悲的是在今日吃音樂飯的，幾乎都是搞西樂的，而玩國樂的幾乎都是業餘的，至於有些在大專院校佔上個國樂概論教席的，當然是業餘的例外。

陳文中提到一些樂展之類展出品，山中人眞不敢領教，不曉得何處搜來的破爛，胡琴上沒有碼子，二十五根瑟絃一般粗細，哨吶沒有嘴，笛子沒有膜，凡此種種，不但於研究國樂無補，反而出盡了國樂的洋相！山中人看了鼻酸，不忍卒睹。至於說西樂人士「發現」了二進宮有三個聲部次第進入而後重疊，「找出」春江花月夜是首變奏曲，這眞是偉大的「發現」，要不是陳先生提出，山中人一輩子可能都不知道京戲裏的老生、花臉、青衣是三個不同的聲部。春江花月夜，竟然是落伍音樂裏尙符西洋標準的變奏曲！但浩如煙海的舊譜中，西樂人士究竟「發現」幾首？「找出」了若干？

## 所謂音樂圖書館，都是洋貨。講習會云云，更是賣野人頭。

至於音樂圖書館的教師講習會，更是貧乏不堪！先說它的設備：兩三千册的音樂書刊，百分之九十九點九九，都是洋貨，像中國的樂書、律書、琴瑟譜等，幾乎是零。唱片、錄音也好，連目前市面上可以買到的中國傳統戲劇、地方戲、國樂、粵曲都付缺如，就祇有一兩段高山族的賞月歌，宜蘭、恒春的民謠，這些祇能代表中國音樂的某一點，怎能代表中國音樂的全面呢？音樂圖書館的任務，除了大力灌輸洋樂知識，介紹洋樂而外，對中國傳統音樂的研究、介紹、整理等；到目前爲止，並未見有顯著成效。至於說講習會中的中國音樂知識，那更是賣野人頭了！國樂部份課程，本來要請山中人的師兄去教的，俺師兄挺着衞道者精神，去研習會一看，沒開腔便回來了。原因是那兒充滿了異（夷）

味，那眞是曲高和寡，不彈（談）也罷。陳先生說音樂圖書館展出了數十件中國樂器，到不妨請一一舉出名目來，也讓山中人長長見識，但不能論件數，說是洞簫十八枝，要說出品類！

## 不瞞你說，美國朋友到很喜歡七音不全的中國味兒。

至於說到扔不掉破包袱的落伍的國樂家，在暑期騙騙外國友人，不悉陳先生是何所指？陽明山曾來過美國舊金山暑期中文講習班，擔任中國音樂講座的是陳先生最推崇的史惟亮先生，教材內容是高山青、小黃鸝鳥等等，不知是騙騙？抑是落伍？不瞞你說，美國朋友，到很喜歡七音不全的中國味兒，他們不但要求山中人給他們課外輔導，要山中人幫他們錄了不少古琴、古箏、笙、簫、管、笛、琵琶、南胡等樂器的演奏曲，樂器的圖片與說明，並且還學會了南胡的基本把位，古箏的平沙落雁，笙、簫、笛，壎的吹奏指法。七八位洋朋友，帶了一打古壎，六枝簫笛，十個大小不同的木魚，四台古箏，一把南胡；前期班主任許芥昱博士，不僅買了一對古壎，還訂製了一架古琴。山中人覺得眞情可感，還贈了一本青石山莊影印的琴學入門給他，不知這對發揚中國文化是「落伍」，抑是「騙騙」？

陳文中提到「某大音樂系主修『國樂』的人不多，但是喜愛中國音樂的也不少」，這句話眞是最坦白的自供，中國的大學音樂系，主修本國音樂的鳳毛麟角，這還不足證明中國音樂前途的絕望嗎？專攻音樂的中國人，不研習中國音樂，一味純洋化，然後籍着洋祖師的和聲樂法寶，大大批判野生野長，沒有受過嚴格音樂訓練的業餘國樂愛好者的演奏，說他們七音不全，音感全無，沒有富麗的和聲，沒有速度標準，這不等於科班批評票友，職業批評業餘？至於說洋樂家把京戲的主題寫成創意曲，中國民歌寫成鋼琴曲，這眞是天大笑話，譬如一段蘇三起解的西皮流水，梅蘭芳和一般的唱腔就有不同，不知陳先生所指主題是指劇情主題，還是西皮、二簧、高撥子、南梆子等曲牌音樂的主題？就憑用這種洋玩意兒的公式，來套中國音樂，使之如出一轍，這便是不通；也可以說，根本不懂中國音樂是什麼！弄一些三聲部，變奏曲等名詞，唬唬土包子，爲什麼不說他是相和、移宮？學西洋音樂的人，挾其純熟、豐富的洋樂知識，來研究中國音樂，這是可取的，但對懂得舊樂的土包子們的土知識，不但不可忽視，應該虛心地來討教，研究，印證，才是發揚的正道，那豈是閉着眼睛，抹殺現實，賣弄漫罵所能阻擋得了眞正的問題？

## 「音樂學報」應該改爲「音樂『譯』報」。

陳文提到「音樂學報」，那也是件可感慨的事：學報，尤其是中國人主辦的，其內容當然是中國研究的成果，但目前山中人已經讀完了四期，內容可以說大部是借人家的嘴吧唱歌，都是翻譯洋人的大作，應該叫「音樂『譯』報」才對，其中對茉莉花的新評價一文，山中人是土包子，對那滿篇洋音樂名詞，不敢置評，這就好像中國罪犯，採用歐美比較法例來判刑一樣，以製洋蛋糕的理論，來評陟窩窩頭的製法科學或不科學，未免有點白菜窩裏揀蘿蔔，不倫不類也。

## 嗚呼！文星版音樂辭典。

提到文星出版的音樂辭典，那本八十餘萬字的鉅著，可以說是中國音樂界的壯舉，王敎授用力之勤，令人佩服，但陳先生有些地方未免言之失實，它確是一部好辭典，一部甚爲完美的洋樂辭典，也極有敎育價値，但那也是對傳授西洋音樂的知識而言。陳先生說它「在中國音樂方面，他也毫不放鬆的應有盡有，理論一項如歷史、樂律、樂曲都予以介紹，以樂器來說，有圖有文，不是山中人所能想到或者如哭文中舉的那些，至於音樂家則有古代的，近代的，和現代的，不但有「家」而且有「聖！」關於這一點，在山中人讀完王著音樂辭典三年之後，陳先生才來介紹，而且語多無稽，使山中人對陳先生的讀書不求甚解，頗覺遺憾。

## 六百多個音樂家，中國籍的少得可憐。

王著音樂辭典，共分三部份，第一編是人名編，共錄音樂家約六百七十三人，此數字不可謂不龐大，其中重要的還有明細年譜，眞可謂既詳而且盡，但在六百七十三人中，中國籍的音樂家，所佔比數，那眞是少得可憐，不過是：黃自、朱載堉、鄭志聲、李叔同、劉天華、蕭友梅、王光祈等數位而已。古代的只有一位朱載堉，其餘都是近世留學東西洋的已故音樂家，並且也不全，像乘太平輪遇難的音樂家吳伯超，便不在其中。陳先生說的不但有「家」而且有「聖」，是指西洋呢？抑是中國？尤其是我國歷史上，除了朱載堉以外的大音樂家，不知凡幾，像善琴的俞伯牙，擅笛的蔡邕、李謨，能琵琶的王維、曹保，創崑腔的魏良輔，這些不過是些最普通的中國音樂家，均不見於音樂辭典！甚至連王光祈中國音樂史中所提到的京房、錢樂之、何承天、劉焯、王朴、蔡元定等，都未涉及，陳先生如何解說？而且其中並沒有稱他們那個爲「聖」！

## 中國一大堆音樂書目和術語，都沒有採入。

音樂辭典第二部份是樂語，可以說是全書精華所在，其間搜羅了音樂名詞，樂器、樂曲等，共四千五百餘條，而其中有關中國音樂的，祇有：

板眼、琴、笛、疊韵、八音、長恨歌、反切、四聲、宮、鼓、管、中國音樂史、胡琴、胡笳、琴徽、音樂、音韵、筑、箏、夾鐘、鐘、仲呂、　、準、調子、　、崑曲、林鐘、亂彈、五音調式、音樂文獻、拍板、皮黃、琵琶、破音字、入聲、　賓、三絃、瑟、商、上聲、笙、聲紐、聲韵、西皮、簫、壎、旋宮、双簧、双聲、双聲疊韻、詩、絲、鎖吶、音律、鐵簧、詞、十二律、歌詞、揚琴、陽平、夷則、應鐘、竽、阮咸、月琴、樂府、樂懸、雲鑼……

等六七十條，這個中西兩個數目，簡直不成比例，一個多少千，一個不上百，這種事實，除了證明中國人在音樂上交了白卷以外，還能敎山中人從其中學到多少「國樂」？中國的一大堆音樂書目，一些最普通的術語，如：隔八相生、移宮換羽、變徵之音、犯調集曲、吟、弄、歌、行、齊謳、吳歌、楚艷、隔指、犯聲、小令、套曲、葉兒、樂章，甚或：場面、過場、文場、武場、江南絲竹、梅花三弄、十面埋伏、掄指、掃、彈挑、注、推等中國音樂的常識、術語、均不見採入，不知所謂「毫不放鬆的應有盡有」，這句話是指中抑指西？還是陳先生對中國音樂的常識實在太貧乏了，便對那不上百條的中國音樂知識，認爲滿足了？而且指定山中人去買來讀讀增加國樂知識，這種論事不眞的態度，實莫明其妙。

陳文中提到：「世界上任何一本有關音樂史的書，都首先提到中國人在音樂上的智慧與發明」。而陳文大力推薦的音樂辭典，劈頭便是彩色的貝多芬畫像，而書裏編排方式，完全是ABC字母順序的排列，也不能說是純「國貨」吧！

## 乾脆改成「洋樂辭典」可也。

辭典第三部份是歌劇，編者說：「包括最通俗之歌劇故事共七十六則，多用分幕方式敘述之」。但此編乃係根據David Even的Encyclopedia of the opera 爲藍本，全部爲西洋的，所以一首中國戲劇的解說介紹都沒有！雜劇、傳奇不談，就連深受英國人重視的平劇王寶釧，都不見佔一條之地，略予介紹，是中國沒有歌劇嗎？陳先生一定說，中國的那些吵吵鬧鬧的玩意兒，雜湊胡拼，夠不上資格算歌劇，但那是中國唱的沒有錯吧？元代關漢卿整理唐宋以來諸宮調，予以理想化、制度化而改良了宋金雜劇，成爲四折一本的定型歌唱劇，如今元明清雜劇著錄及存目近一千五百多種，難道那不算中國歌劇嗎？高則誠改變關目，魏良輔創新腔，明清傳奇流傳至今，其劇目亦在一千四百五十多種，那也不入大雅之堂嗎？清代伶人揉合南腔北調，改良崑調融合花部，開創了中國戲劇的新面目，自從一七九〇年乾隆五十五年入京以後，中經西太后的雅好此道，程長庚等人的努力融鑄，流傳至今，也有一兩百年了。如今談到中國戲劇的，誰不哼兩句皮黃，這也不入流嗎？給我中國青年讀的一本音樂辭典，其對中國部份貧乏如此，山中人忍不住要喊了：「必也正名乎」？「西洋音樂辭典」可也！大菜不是叫西餐嗎，如今通行裝不是叫西裝洋裝嗎？洋醫叫西醫，洋藥叫西藥，洋式點心叫西點，這些稱呼，決不是因爲頑固無知才如此，也決不能引用陳先生的公式，稱它們爲大國餐、大國裝、大國醫、大國藥、大國點啊！

## 西洋音樂家既然轉向東方，我們是不是等着「反學習」！

德國孟澤教授（Prof. Memzel　）說：「今天，特別是年青的一代，正在創造現代的種種新東西，究竟何者是有價值的，何者是珍貴的，以及何者可以保留，我人今日尚難斷言，但無論如何，這些事總須與以往的歷史相啣接，並且必須建築在我們祖先文化基礎上，而不應片面地僅憑現代的一切來創造」！目前中國音樂，正面臨一種缺乏自己傳統音樂文化的基礎，竭力西化，一點中國舊根基都不談，而美其名曰保存風味，在一些枝枝節節上耍西洋景，美其名曰融合中西，自己甘願作假洋鬼子，還恬不爲羞地破口大駡別人「無知頑固」，也太有點說不過去！

陳文中又說：「那些西洋音樂家們在今天音樂的十字路口徬徨下，發現在東方可以找到創作上的原始材料」！西洋音樂家在徬徨，在轉向東方。而我們呢？正撇下所有，迎面走向徬徨，高呼着大世界主義，向人屈膝，是否要等到西方人研究得結果後，我們再去反學習？爲何幾十年來，中國人不痴不愚，却始終甘願寧爲牛後？非要「人云亦云，人曰亦曰」才算合格？音樂科系裏充滿了洋樂課程、理論和技術，這在任何一個國家民族的音樂教育，都是反常的，除非它們已經被人征服，成了沒有國籍的亡國者。

山中人寫到這裏，眞要撫膺長歎！中國人傳統的觀念，對於不能繼承和克紹祖宗基業的人，都要罵他爲不肖子孫！想想四不像的今日我輩，眞眞是不肖之至！

在「陽明」十七期上，又讀到了陳先生的宏著——「再和山中人論樂」，抱着一股熱切的心情，希望能多長見識，可是讀後不禁恍然若失！第一點根據前文及本文中許多引經據典，我眞以爲陳君是位對國樂甚有「研究」的專家呢！所以說來如數家珍，而今方知是一位才讀過國樂概論的音樂系大四學生，難怪許多地方充滿了自恃與桀傲。而且滿口要教訓人，討論問題，不把握問題中心，却在枝枝節節上，大賣學問，山中人談的是今日國樂復興問題，並不是專文討論交响樂、五線譜和固定唱名法，可是陳君在這幾點上大做文章，也許筆記沒有抄全，所以問題越扯越露馬脚，這也不談了；但在上期陳君全文論點幾乎是：「中國音樂落伍，無可研究，西方人來找東方音樂，就如同他們去非洲，聽土人們擊鼓的節奏一樣，並不存着太多敬意……今天中國人學西洋音樂，是要學他們的科學技術與活的理論，以補荒廢了幾百年的音樂之不足……而且說明如果非用舊樂器奏舊譜，便是『頑固無知的小國樂』！」可是十七期裏，陳君却又說：「東西文化交流之後，西洋的音樂學者作曲家，都希望來中國尋找眞正的古典音樂資料，因爲他們曾經在日本聽過唐代的宮庭雅樂，在韓國聽過宋代的古樂，最後希望來臺灣聽最正統的中國古代音樂……因此復興中國音樂爲當務之一……」我眞不知陳君究竟站那一點上?!如此前後矛盾的說法，還要「論」什麼「國樂」呢？眞眞浪費山中人筆墨！

## 我們是獨立自主的中華民國，我們幹我們的，向西洋音樂「抗」什麼「衡」？

尤其荒謬的陳君最後提出四點恢復國樂的方向之四說：「眞正的國樂工作者們，該有計劃地編出一套新的教材與教學進度來，和西洋的抗衡，學國樂的青年就更多了」！短短的一條，充滿了好幾個矛盾：一、根據陳君的「大國樂」定義，誰是眞正的國樂工作者？願安承教！二、此地是獨立自主的中華民國，又不是殖民地，也不受任何歐西國家的指使，何以我們在自家辦音樂教育，却要教誰編一套國樂教材，向西洋音樂「抗衡」?!難道你承認我們目前的音樂教育，完全一面倒洋化了麼？三、最後一句說「學國樂的青年就更多了」，陳君似乎承認目前學國樂的青年是不「太」多！但在前段文字裏又說：「崑曲亦未失傳」，蓬瀛曲集或徐先生的曲集，陳先生你是學音樂的，而且對「國樂」懷絕大研究熱忱和抱有「國樂氣數未盡」的樂觀，請問您參加了那一集？

陳君前面說復興中國音樂爲當務之一，最後又說：「建立一個代表中國的音樂，要有勇氣來摒棄、捍衞與更新我們的傳統」！復興、摒棄、捍衞、更新，這在一個從事建設性工作的工作者們，所不應有的矛盾口號！究竟是挾專家之名，是復興還是摒棄，使人懾於專家淫威，不知何去何從了！山中人既不是職業音樂家，也不是業餘的國樂概論教授，祇是一個熱愛中國音樂，醉心中國文化的土包子，知道什麼，就說什麼，不賣野人頭，也不欺世盜名，是則是，非則非！奉勸眞正「大國樂」的音樂工作者們，別擔心專家招牌要挨砸，要緊的是要面對眞現實，負起承先啓後的文化使命，莫再掛羊頭了！

（民國五十六年五、六月陽明雜誌十七、八期）

# 國樂的血型

## 兒不嫌母醜。抱來的娃娃總是人家的骨血。

——山中人語之三

一提到「國樂」，便會使人想到頑固、落伍、與無知，因爲生於文化昌明，東西學術水乳交融，即將蔚爲奇葩的今天，對雜交後的「改良」果實表示懷疑，這不啻是個新文化的叛徒，而況在國樂沒落衰微的當兒，不能迎合潮流，空喊口號，是不智的。但在三月一日教育部長答覆立委質詢，決定自下學年度起，在各師範學校加授國樂教材；五月三十日教育部又正式通令全國大專院校，加強教授「國樂」課程，訓練學生運用國樂器。這兩件消息，給山中人帶來無限的興奮，而且從跡象上顯示，縱然決定與通令仍在「一紙具文」階段，但「此情可待」：第一，各師範學校加強國樂，這是部長先生有遠見，若干年後全國小學教師，對國樂有了認識和訓練之後，則國樂復興的種子，自是廣擴全國了，這是値得喝采的；其次，目前國內的大專院校，是全國高等學術綿延的機構，他們在硏究與實踐上，是負著承先啓後的重責的，尤其設有音樂科系的院校，即使沒有推行中華文化復興運動，他們對本國傳統音樂遺產也有研究發揚的責任，又何況我們的　蔣總統，眼看數千年文化將被中國共黨摧殘殆盡，大聲疾呼昭示我們要推行中華文化復興運動，音樂科系的專家學者們，站在本身所負的傳統文化責任上，發展研究傳授保有國樂，是義不容辭的，決不能再抱有殖民教育的思想，找出落伍的理由來唾棄自己的音樂文化，平心靜氣的面對現實，俗語說：「兒不嫌母醜」！更別被以盲從爲進步的高論冲昏了頭腦，維他命固然是高單位的營養，但我們還不能只吞維他命丸而不需要澱粉質；每個人都只知西藥的維他命丸，而不通曉賴以維生的國樂澱粉，是不會強大茁壯的，更何況抱來的養子總是人家的骨血！

當然大本位主義，不求進步，一成不變，蠻喊蠻叫，打着堂皇的招牌，盡在張牙舞爪，無理取鬧，也不是個解決問題的法子，我們應該平心靜氣的探討問題的眞象，不要走極端，也不要抱成見，也不要只要說是洋樂好便表示自己進步，甚有見識，也不要光說國樂美便認爲是愛國份子，不是無知！所以山中人願就所知，略探我們傳統音樂上幾個特質問題，瞭解增加一分，岐視便減少一分！

## 不能以西樂的演變，來宣判國樂落伍。

西洋音樂的發展，先是單音音樂，九世紀（約當中國五代），以後，複音音樂漸次開始發達，直至今日，和聲音樂造成了歐洲近世音樂輝煌的成就！但我們不能以歐西人如此演變法則，來宣判中國音樂的落伍。這一點絕不能單從音樂本身來比較其高低，應該考慮的是民族性與傳統生活及傳統思想方式，甚至傳統樂器體制都有關係。近代西洋複音音樂的興盛，與他們使用半音階及以絃樂器爲主有莫大關係，絃樂器移音較易，祇要定好基音，導音均可任意奏出，如古琴絃上推復音便是明證。而中國傳統的音準，始終以管樂器爲主，其間音程上的變化，自有其不可增改的技術上原因，管徑、洞距、空氣的燥濕密度，吹氣的強弱，均足以增加管樂上定音的困難，此其一；再則，中國人的人生思想，向以雍雍泱泱爲最高境界，所謂「叔度汪汪」。因此從容閒雅，歡適優美，意態安閒，情志舒展的整音旋律，便爲中華民族所愛好，甚至唐代最流行的琵琶，均是因相的限制祇可奏全音，改調必須調絃，並不如今日的六相十八品半音遮進之容易奏出半音或轉調也。觀察九世紀至十五世紀的西方正處於黑暗時期，封建制度，城邦政治，不是併吞，便是壓迫子民；才智之士，不是逃亡，便是糾合志士推翻暴主，因此憂思如擣，呻吟不斷，刺激精神奮張血脈的半音階，便易於爲痛於極權、暗無天日的歐洲藝術家們所使用了。我們可以看出歐洲幾位名音樂家，幾乎無不多少與政治有點關係，皇帝協奏曲，不是個好例子嗎？

## 「王八戲子吹鼓手」，無關國樂本身。

西洋早期音樂家，往往多是堡主們的豢養者，可以以音樂演奏技術或作曲爲謀生之具，所以他們的音樂家專業化較早於中國，我國則寓音樂於生活中，君子無故不撤琴瑟，音樂爲修身之具，而非養生之具，除了唐明皇的梨園子弟三千外，其餘均是歌伎樂工，甚少以組織樂團以演奏維持生活的，這也是中國音樂風氣之不同於西方的，而且士農工商四民之中，樂工不入流，小時候曾聽老先生說「九流」是：「一流舉子二流醫，三流地輿四流推，五流丹青六流相，七僧八道九琴棋」此九流固不表示身份等第，但也並不把音樂家看的高尚，甚至有罵曰：「王八戲子吹鼓手」！這都是中西社會思想上的差異，這一些自不能諉過於國樂本身。

中國自始便是主調性的音樂，因此他的變化在音級上，所以除了聞名世界的標準音的理論甚為豐富外，再便是基礎音的理論上的極度繁衍，從五音六律，十二律呂，到京房六十律，錢樂之三百六十律，何承天的十二平均律，以至於蘇祇婆的三十五調，燕樂二十八調，宋元十七宮調，崑腔的九宮調，在理論上不僅分出那許多名目，而且對於調性與樂情也有相當的研究和分析，如元曲選載「燕南芝庵論宋樂宮調性質」曰：

「仙呂宮宜清新緜邈，南呂宮宜感歎傷悲，中呂宮宜高下閃賺，黃鐘宮宜富貴纏綿，正宮宜惆悵雄壯，道宮宜飄逸清幽，大石調宜風流蘊藉，小石調宜旖旎嫵媚，高平調宜條拗滉漾，般涉調宜拾掇坑塹，歇指調宜急併虛歇，商角調宜悲傷婉轉，雙調宜健捷激裊，商調宜悽愴怨慕，角調宜嗚咽悠揚，宮調宜典雅沉重，越調宜陶寫冷笑」！

這些話，決不是個音樂落伍的人所能稱道的。

**不是向祖宗臉上貼金，我們殷周時期的音樂就有和聲。**

其次，我們稱道西洋音樂進步，是因爲他們大量使用諧和音，創造複音音樂，令人聽來富麗堂皇，而中國便只有曲折波動一線如縷的單音，令人覺得貧乏，這一點是個頗值得討論的問題：戴粹倫教授在中國音樂史論集中，談到周代音樂說：「周代是有和聲的，不但是有，而且當時還用得很普遍，但可惜的是，沒有一本和聲學，爲什麼我如此肯定呢？因爲他們把聲、音、樂三者，分得非常清楚，關於這個問題，史記樂書中可以找出幾個片段的記載，『單出曰聲，雜比曰音』我們試看這個『比』字，比者？同也：並也。這不就是說幾個聲同出的才叫音嗎？而幾個音同出，在今天除了用和絃來解釋以外，還有什麼可解釋呢」？戴氏並認爲中國正式有半音，是在周景王二十三年（西元前五二二年），但根據考古學家的鑑定，在河南輝縣殷墓中出土的三個五孔陶塤中，有一個小的陶塤，經測驗結果可發出a、升c、e，升f、g，升g、a，升a、b、c，升c等十一個不同的音，有八個連續的半音，如果它的升g眞是導音的話，則它所發出的音階，已接近今日十二律的音階，祇缺d，升d和f三律，而另出土的殷代三片編磬，也經測定爲降B調的do、re、fa，或降E調的sol、la、do，或降A調的Re、mi、sol，或降D調的la、si、re。至少從這裏可以知道殷代已開始有不完整的類似十二律的半音，及五度諧和音的事實，而我們還可將戴先生所發現的周代半音提前千年左右！同時發現有兩個塤的發音一致，則絕對音的觀念產生，在商代已經有了，而其產生絕對音的背景，必有賴於樂器的合奏和人聲的伴奏。又如老子道德經第二章曰：「長短相較，高下相傾，音聲相和，前後相隨」以及國策所載：「郢人作陽春白雪，其調『引』商『刻』羽，『雜』以清角流徵；國中屬而

『和』者，不過數人」其中較、傾、隨、和自有比意；而引、刻、雜、厲、和，當然也是和諧對比變化的意思。則殷周以來的和聲，傳至戰國，仍盛行於世，那麼早期中國的音樂，似乎又確實是有和聲的。又如笙簧，便是和聲樂器，這也不是向祖宗臉上貼金，但為何流傳一兩千年的半音及諧和法則，沒有傳下來，發揚光大呢？戴先生說可能因為古代記譜法的不健全，和當時使用的樂器與推演的理論不能一致所致。

## 國樂的化境：「總是無聲勝有聲」！

除了前面的整音主調特性外，中國人的音樂思想，自春秋戰國以來，多少要受到諸子學說的影響，如老子道德經第四十一章曰：「大方無隅，大器晚成，大音希聲，大象無形」。第十四章曰：「視之不見名曰夷，聽之不聞名曰希」。莊子人間世曰：「若一志，無聽之以耳，而聽之以心，無聽之以心而聽之以氣，耳止於聽，心止於符，氣也者，虛而待物者也，唯道集虛」。天地篇曰：「視乎冥冥，聽乎無聲，冥冥之中，獨見曉焉，無聲之中，獨聞和焉。」淮南子原道訓曰：「夫無形者，物之大祖也，無音者，聲之大宗也……音之數不過五，而五音之變，不可勝聽也」。這些都說明中國人對音樂感受的境界，並不在繁音縟節，或變幻無常。又如呂氏春秋侈樂篇曰：「為木革之聲則若雷，為金石之聲則若霆，為絲竹歌舞之聲則若譟，以此駭心氣，動耳目，搖蕩性情則可矣，以此為樂則不樂，故樂愈侈而民愈鬱，國愈亂，主愈卑，亦失樂之情矣」。所以中國人的音樂在感化人至一崇高心聽氣感的理念境界，所以「琴」字的意思是「禁」也，而不是搖蕩性情，求其發洩，所以除了武事征戰的軍樂外，大多爲和平中正的旋律，旨在調和情性，進入化境，琴聲之撫、抹，最足以表現「總是無聲勝有聲」的化境；它不可能發揚蹈厲，令人血脈奮張，製造一大批的「北鄙殺伐之聲」，古琴之所以傳數千年，其影響中國音樂的少噍殺多平和之聲的原因是很大的。

同時中國音樂的發展，或許因爲孔夫子倡詩敎的關係，它在器樂曲方面的發展，似乎不及詩歌音樂的發達；而詩歌音樂對音樂的最大影響在其句法和章法；又因爲我們的單音文字，其句法章法之變化，自在意中，無形中造成它整齊簡易。詩歌音樂，以唱爲主，所謂：「絲不如竹，竹不如肉……取來歌裏唱，勝向笛中吹」；所謂：「大不過宮，細不過羽」，又如呂氏春秋曰：「故太鉅太小太清太濁，皆非適也！何謂適？衷音之適也！何謂衷？大小不鈞，重不過石，小大輕重之衷也，黃鐘之宮，音之本也，清濁之衷也」。這便是中國音樂之所以採取衷音主調，不願意太清太濁，或侈聲以搖蕩性情。因此他們不重視和聲美聽的發展，而求其起調畢曲不失主調之聲情，當然也就造成了波幅不大的單調的主調音樂了。如果說中國音樂落伍，這就好像中國人因吃米飯的關係，十個有九個患胃病，不如洋人吃麵包的胃健康，於是便說中國人就是差勁、劣種！一樣地不是持平之論！

## 擊鼓罵曹裡的鼓聲，其風雨雷霆之勢如何？

中國的樂器種類在隋唐時，多到六百多種，照理說應該有很豐富的諧和音樂傳下來才對，爲何傳到今天仍是單一主題前進，衆器齊奏？這也便在使用主調音樂有關，西洋交響樂使用和聲，使其音聲複雜寬厚豐富，但音質上的變化則不大。大中小提琴祇音量等級的差異，管樂的號、管、笛，其音質亦差近。但中國的樂器，因爲和諧音的不使用，爲使其豐富悅耳，則在樂器上求其音質的之特殊化，如擊樂的鐃、鈸、鉦、羯鼓、建鼓、堂鼓、板鼓、梆子、木魚、鐘、磬……，吹奏的笙、簫、管、笛、竽、篇、篳篥、笳，彈的琴、箏、弦子，縱然同奏一音，其所發之音，已自有異，羯鼓錄裏說到明皇愛羯鼓，並作鼓曲若干；假若千鼓一音勢必枯燥無味，徒然以節奏強弱快慢爲表示方式，也不足令一個音樂皇帝着迷如此，假如各種鼓有其不同音色，自可相互配出一套套的鼓曲。我們間嘗聽到「擊鼓罵曹」裏的鼓聲，其中驚濤裂岸，風雨雷霆，聽來也不得不令人覺得中國音樂家還是有腦筋的！

## 洋樂家成千累萬，何須添一位黃面黑髮的「西洋音樂家」？

有人說：西洋音樂有其長處，我們要吸收人家的長處，來增加國樂的新生力，這一點山中人舉雙手贊成，但是有一點不得不提醒音樂專家們，國畫可以停幾年不去學它，心血來潮，要學時可以依樣葫蘆一番，還可以湊合。至於音樂，如果不學，等到「無師」，恐怕就不能「自通」了！孔廟裏擺設了不少古樂器，就是因爲少人學習，如今見到那些稀奇古怪，不但不知道如何發音，如何演奏，甚至連它們的名字都不知道了！這不是一個很令人警惕的事實嗎？我們空談發揚文化，掛掛洋頭，美其名曰「求進步」、「吸取新經驗」創造新的大國樂，一旦國樂譜讀不懂，國樂器玩不了，像春秋末年的麒麟出現，大家都不認識，要不是有位博聞多見的孔夫子，誰還能識得牠？試問今日專攻音樂的人，或傳授音樂的人，不接下國樂的那根烟火棒，若干年後，到何處找國樂的孔夫子呢？那我們的音樂除了澈底被同化外，還談什麼「大漢天聲」囉！因此，我們今日提倡國樂，不是消極的保守，一成不變，故步自封，是要懂得音樂的人們，大家正視這個鐵的事實，改弦更張，脚踏實地的，集體來研究整理幾千年來國樂的實踐經驗和其特有規律，我們不應忘了三十幾年前王光祈先生在中國音樂史的自序中的一段話：

「吾人既相信『音樂作品』與其他文學一樣，須建築於『民族性』之上，不能強以西樂代庖，則吾人對於『國樂』產生之道，勢不能不特別努力，而最能促成國樂產生者，殆莫過於整理中國樂史，蓋國內雖有富於音樂天才之人，雖有曾受西樂教育之士，但是若無本國音樂材料（樂理及作品等等），以作彼輩觀摩探討之用，則至多只能造成一位『西洋音樂家』而已。於『國樂』前途，仍無何等幫助，而現在西洋之大音樂家，固已成千果萬，又何須添此一位黃面黑髮之『西洋音樂家』？」

王氏之言，值得吾人猛省。凡研究本國音樂樂器，探討國樂理論，不僅不可再帶有色眼鏡來批判它，應該保有革新與發揚它，國樂的命脈才不絕如縷！

（民國五十六年七月陽明雜誌十九期）

# 別聾了我們的耳朵

## ——山中人語之四

誰都知道：音樂，是一個具有充足文化的民族的心聲，是一個民族心靈生活的特殊表現方式之一；所以生活環境、思想方式、風俗、宗教、語言，均足以使其產生獨特的音樂，而與其他民族的音樂，不相容混。因此討論到民族文化，首先要明瞭最足以表現一個民族的特性，且又顯而易見的，是聲與色的使用和表現。王光祈先生說：一個民族的衰落，首先是聾了他們耳朵，喪失了他們的心聲！再便是瞎了他們的眼睛，不再有他們傳統的繪畫。一個既聾又瞎的民族，還有什麼文化好談呢？今天我們便是如此的應驗了王先生的話。

我們放棄了自己的音樂遺產，說它是沒有裝飾的骷髏！一大片不諧和的噪音，比非洲的更幼稚，更落伍，更原始。甚至有人說，中國根本沒有音樂！如今必需用自己的耳朵，欣賞別人的心聲，聊以補償我們死寂的心靈；也有人說，中國的繪畫，還超不出原始社會的圖騰，談不上色彩學，更談不到光學的透視，於是丟棄了輕描淡寫的寫意，打破染料缸，倒滿畫布，說那是印象、前衛！可憐的中國藝術，不但人工移植了我們的眼球、耳鼓，也移換了我們的無形的心臟！

從黑暗時期的閉關自守，到學術昌明的二十世紀的今天，我們究竟眞正瞭解了西方人若干？易言之，西方人又瞭解我們若干？在此雙方心智互通還不十分交融的情況下，談不上比較他們之間，聲與色的使用，和表現方式的絕對優劣。有人說：「音樂是世界的語言，它可以使不同種族的人們，產生相同的哀樂。」這句話說的很有智慧，但山中人覺得此說稍嫌武斷，舉例說，有人寫中國民族性的研究，曾在西德——一個音樂文化極高的國家，舉行了一次一百四十三人的中國音樂欣賞測驗，其中包括高中生、大學心理系學生、音樂系學生、神學院學生、宗教音樂研究員、商店學徒、歌唱隊指揮、中小學敎師等；用越劇梁祝一段，京劇梅蘭芳的楊貴妃，李麗華的倩女情癡流行歌，琵琶的十面埋伏，二胡獨奏，笛子奏的民謠等，結果大多數人對京戲、越劇一致表示反感，認爲極其陌生，使人生厭，兩三位表示喜歡，其理由是：「我喜歡這種很細緻而任性的表達情感的方式！」但大多數人却對李麗華的倩女情癡表示好感，甚至有人很喜歡。許多人都認爲中國獨特的音樂與歐洲音樂無法相比。這是一九五五年十月至一九五六年七月之間的一段測驗（結果太長，不擬詳述），我們看歐洲人對我們瞭解若干？越劇梁祝，江浙老太太們聽了一定會共掬同情淚，醉酒一定會使京戲迷大飽耳福，搖頭幌腦！至於倩女情癡，則又是我們音樂大家們，認爲是不入流的「流行歌曲」，音樂標準在那裏？

又比方說：中國鄉下，在某些地區，凡遇喪事，必定要「嚎喪」，換句話說，死了人，不但要嚎啕大哭，（送女兒出嫁上轎時，也要女眷全體大聲哭，否則新婦生個孩兒必是啞吧！）而且傷心痛哭之餘，縱使淚水流乾了，也還得拉開嗓子，作有調門兒地乾嚎，頗有莊夫子鼓盆遺風；但我們在影片上看到洋人的喪事，傷心之極，是無聲的飲泣！有人曾就此點，發表評論說：「到底西方人文化程度高，他們濃縮情感，使它昇華，總是無聲勝有聲！多含蓄，多高雅。可是中國人却有口無心地，在那裏呼天搶地的喊叫，多麼俗氣。」西方人的送葬行列，是大家都低着頭，默默無聲；但中國人却敲鑼打鼓，中西樂隊雜陳，哭喪棒、亡人牌、孝衣蔴鞋，甚至還僱一批人來幫哭，送喪完了放爆竹！中國大臣見了皇帝目不敢正視，三呼跪拜，納粹黨徒見了希特勒要舉手併足，兩目平視！此禮如用在中國皇帝面前，定被問斬，在希魔却是效忠的表示。諸如此類，有何標準？它所表現的，是各民族特有的，心靈生活活動的方式，就好像吃飯用刀叉或筷子一般，兩者是不同的文化背景，但不可拿來和他人比高低，評優劣；同樣的中西音樂決不適合被放在同一天平的兩端！

也有些自命專家的人，看了些書頭報尾，撿到些東鱗西爪，於是便大喊：中國自秦漢而後，便沒有了中國自己的音樂，充滿了唐、宋、元、明的社會的是胡樂，君不見胡琴、胡笳，千載琵琶作胡語，都帶有胡字嗎？國樂久已亡了，替代的是邊疆胡樂，地方民謠，因此今日提倡國樂，除了研究民謠方是正途外，其餘都不是辦法，這個論調眞有點似是而非！

中國自秦火而後，音樂是殘缺了，張騫通西域，帶回了摩訶兜勒曲，李延年因之改編新聲二十八解，成了漢樂府主流，其後五胡亂華，隋唐是龜茲烏孫燕樂天下，這些都是事實，但這些邊疆民族，在當時雖曰異族，然而若干年來，中國人久已將他們同化；合爲一家；就如同佛教本是印度產物，但來至中國後，已經將他消化後又再生了！所以雖然產自異族，但千百年來，已經爲中原文化的滋養再生，絕非原封不動的老樣子，同時那些民族音樂，也決不像今日臺灣山地同胞，經過日本人五十年日化的音樂教育再生的日式民謠，或一些尚未與中原文化起交融的半原始民謠，所能相提並論的！當然，這些較遲同化地區的音樂，實難代表眞正的中國悠久文化的大漢天聲！

由於上述迷醉國際派，或假充內行派的專家們，站在中國樂壇上，都抱着正統的招牌，走着有欠公允的路子，中國音樂是無可奈何了！前日和一位熱愛中國音樂文化的美國朋友，談到今日中國音樂的方向問題，美國朋友很感慨地說：「中國人不研習自己的東西，把它們拋棄，掉轉頭去學外國的，由於先天條件上的差異，總是學不像樣的，我要來學中國音樂，回去敎我們美國青年，讓他們認識東方中國文化的優美的一面，可是今天在中國向誰去請敎呢？你們誰能把中國音樂，作有系統地向我介紹呢？山中人先生，你不是一位中國音樂的熱愛者嗎？但願你登高一呼，喚醒你們中國音樂的靈魂吧！勸勸你們國內的音樂工作者們，多化點時間在你們自己音樂的研究上吧！」山中人無辭以對，愧對遠來朋友入寶山空手而歸。王光祈先生的話，言猶在耳，國內有志君子，盍興乎立刻動手，爲國樂做點工作吧！

——五十六年七月九日

（民國五十六年八月陽明雜誌二十期）

# 不要離譜太遠

## ——山中人語之五

寫了幾段有關國樂文字之後，頗引起若干志同道合的人士對山中人的村見，大爲喝采，竟有人以爲山中人是「國樂」專家了。實際上，對音樂，尤其是國樂，山中人自認是粗識皮毛，自認中西音樂的程度，差不多少。然而之所以敢大膽侈言國樂者，蓋老王賣瓜，甜不甜心裏有數，自家說自家的，既無效顰之譏，而且也離譜不會太遠，不怕別人打嘴，是以敢於大放厥辭；但也有一幫子人，視山中人爲頑固的冬烘，盲目衞道：「中國音樂本是一片沙漠，空談甚麼」？其實派山中人頑固落伍的人，才是不折不扣的眞正頑固落伍的哩！人們常說，藝術是無價的，當然也不能賦與一定的尺度，孰長孰短，同時藝術表現的方法，各因其不同的文化背景而有差異，因此它們的不同表現，各有其獨立價値，不可輕易否認與忽視的。如談文化的復興，理所當然的本位文化是不可拋棄的，但侈言吸取歐美文化的長處，創造代表這一時代的新文化的人們，也不能拋棄固有的於不顧，吸收別人的，化爲自己的，畢竟得先有個自己的在！不管胖瘦妍媸，總還是自己的眞皮骨，假若自己的一分也不存，全盤照借，則未免有變態之嫌。如今就有若干音樂工作者，略識西樂ABC，不懂國樂的之無，但爲了適應文化復興的存，不得不強作解人，掛個堂皇進步的幌子，侈談代表這個時代的「大國樂」，搬弄洋把戲騙老土，在學術昌明的今天，是個可悲的遺憾。山中人不得不賣瓜一番，予豈好辯哉？

前回說過中國音律本質上的特點，證明全音階五聲音樂，既不是代表中國音樂的落伍，也不是中國音樂的罪過，天生的條件如此；其與黑頭髮，矮鼻樑不是醜陋之理一也。如今我們再查看一下，中國音樂旋律組合的天生條件：

## 一、雅俗問題

要想瞭解中國音樂，首先得瞭解中國音樂史，可是到目前爲止，尚沒有一本合乎理想而且持平的中國音樂史，因此近代人談中國音樂，老是抄襲別人不完整的陳說，因訛傳訛，始終沒有發掘出中國音樂的全貌，文・阿爾斯特（Van Aalst）一八八四年在上海寫了一本中國音樂（Chinese Music），很粗率地把中國音樂分爲兩大類型：一是宗教音樂（即宮廷音樂），一是戲劇音樂（民間音樂），這種分法，雖具有權威性，但總嫌不夠正確，因爲他受了一般人把中國音樂分爲雅、俗對舉的說法而下的結論，其實雅俗問題，是秦漢以前的現象，漢魏以還，中國音樂實已雅俗早不可分了。這個事實，可由漢魏六朝樂府上得到證明，漢的房中樂，本秦代的俗樂，而漢代却用爲宗廟祭祀之歌：

宋書卷十九樂志：

「周又有房中之樂，秦改曰壽人，其聲楚聲也！漢高好之，改曰安世」。

漢書禮樂志：

「房中祠樂，高祖唐山夫人所作也，周有房中樂，至秦名曰壽人……」

這種把「古俗」變爲「今雅」的例子，在中國音樂史上，可說是個常例，當然雅俗的標準，便很難說了。所以宋元明以來的曲牌子，那本是當時傖夫构欄的口頭小調，但到清朝却用爲朝庭燕享之樂，因此唐荊川的稗篇便說：「樂之邪正，在辭（文詞）不在律（音律）。」而王灼的碧雞漫志更進一步說：「或問雅鄭所分，曰：中正則雅，多哇則鄭，至論也。」所以有人專在雅俗兩派上，大做文章，尤其把那一字一音，一年只奏一次的祭典樂章，作爲中國音樂的代表，這也是沒讀通中國典籍的扣槃捫燭專家，因此，今日我們來觀察中國的音樂，必須面面顧到，不能拘泥於那幾本應付皇帝老爺的樂志就夠了！既要肯定樂志的資料可靠，又要憑它的斷股殘肢，五官不全，來批評中國音樂的落伍，這些都不是研究問題正當方法，還必須廣羅前代的類書筆札，詩文傳記，多方覓得佐證，方能揣摩出中國音樂的眞面目來，當然讀那麼多如汗牛充棟的書籍，沒有一定的範疇，披沙瀝金，是需相當功力的，決不能再謄錄一些輾轉傳鈔的樂志樂典，敷衍了事，便是深入「研究」，大功告成。這一點不但山中人要自勵，也寄望有心整理國樂發揚國樂，創造新國樂者，動手動脚找材料。

舉個例子來說，從漢魏六朝樂府的繁多體製上看，那個時代的中國音樂，一定也是多采多姿美不勝收的。可是樂譜失傳的今天，那些相和曲如何唱法？長歌行，短歌行同屬平調曲（以宮爲主音），又有何不同？人都說北歌慷慨，南音柔曼，流行甚廣的相和江南弄，是否就如後代的曉風殘月，淺斟低唱？我們不必再作吳聲子夜歌，但學繪畫要先臨摹，寫字要先描紅，兒童的語言動作，必先藉重模仿，這是自然不易之理，要產生我們的新音樂，多多揣摩一些祖先的成品，總可使我們的新產品，不會離譜太遠，不要維妙維肖，但總得保存點味道、樣兒，語云：「良工之子，必學為箕，良冶之子，必學為裘」！這個道理是推不翻的。

所以，當我們讀了：

魏武帝的燕歌行：「短歌微吟不能長」；

古辭：「長歌正激烈」；

謝康樂長歌行：「幸賒道念戚，且取長歌懽」；

鮑參軍代堂上行：「四坐且莫諠，聽我堂上歌……箏笛共彈吹，高唱相追和」；

鮑參軍擬行路難：「願君裁悲且減思，聽我抵節行路吟，不見柏果銅雀上，寧聞古時清吹音」；

謝康樂會吟行：「六引緩清唱，三調佇繁音，列筵皆靜寂，咸共聆會吟」；

又如謝氏道路憶山中：「采菱調易急，江南歌不緩，殷勤訴危柱，慷慨命促管」；

曹子建雜詩：「絃急悲風發」；

這類的例子，不勝枚舉，我們從這些吉光片羽中，可以模擬出短歌的低廻，長歌的高亢歡躍，江南弄的高急聲悲，堂上行，江南曲的用箏、笛，行路難的抵節清吹，三調的模樣，正周秦以來淫哇鄭聲的繁音房中樂。

## 二、初期旋律組合型態

誰都知道：原始音樂，必起於人們表現喜怒哀樂的聲音，由單一意念而至表現複雜有系統的情感，轉而爲成句成章的歌謠，正如詩經魏風園有桃說：「心之憂矣，我歌且謠」！陳風東門之池說：「彼美淑姬，可與晤歌」，陳風墓門說：「歌以訊之，訊予不顧，顚倒思予」！鄭風蘀兮說：「叔兮伯兮，倡予和女」！所以早期的音樂，是以人聲爲主，漸次有了樂器，而早期的樂器，或爲信號用，或以輔歌，等到樂器可以單獨奏樂，表現一有主題的聲響概念，在音樂文化上，是跨了一大步，所以周代伯牙、子期的「巍巍乎志在高山，蕩蕩乎志在流水」的故事，它不僅美化了俞鍾二人的友情，而且證實周代音樂，早已從原始聲歌進入聲樂器樂極爲系統化的階段了。

詩經三百篇，一千一百四十四章中，四字整齊的章句佔了大部份，但它多變化的章法、篇法、句法，均足以使我們聯想到周代詩歌旋律組織變化的豐富，而且應用題材和範圍，也擴大到人事種種。

（民國五十六年九月陽明雜誌二十一期）

# 續談國樂的旋律型態：請勿白菜蘿蔔一擔挑

## ——山中人語之六

一般說來，很多人都以一字一音，四字一句的樂章，爲中國傳統雅樂的標準型，而且也是造成中國音樂落伍的主要罪狀，所以三百篇成了文學史上的功臣，音樂史上的罪人。往好處說，它給我們留下了豐富的典型詩歌文學，無論律、絕、詞、曲，幾乎都脫不了它已有的型態；往壞處說，孔老夫子當年週遊列國，也雅好「山歌」，沿途雖然沒有錄音機，也無五線譜，但是他的心靈耳明，聽一兩遍就能領會、熟記，所以他的學生說：「子與人歌而善，必使返之，而後和之。」他有個音樂上的基本觀念，那就是：音樂雖是無界域的語言，最易收敎化之功的工具，但由於用場的不同，地域的不同，它們是不容相混的，所以祭祀有頌，官式集會有雅，一般娛樂性有風，不管經學家對刪詩之說，如何考定，孔老夫子深通音樂的事實，是不可抹殺的，縱然有人說老夫子的雅樂觀念，是阻撓藝術音樂生命發展的障礙，大罵雅樂爲僵屍型的噪音，這些都無損於孔老夫子對音樂歌謠所作的貢獻。而他所說的「吾自衞返魯，然後樂正，雅頌各得其所！」幾句自負的話，也是非常正確的，他不但「正」了早期地域性的民謠，宴享祭祀的樂章，而且都予以「絃歌」之。但是我們檢查一下詩經的字句篇章：有一字一句、兩字一句、三、四、五、六、七、八字一句的都有，老夫子才高八斗，既然癖好四字一句的雅樂，何必不把那些參差不齊的樂句，截長補短，統一規定，四字一句，不也省事多了？然而聖人愛其自然，其勢有不可爾，有不可不爾者，人情之常，固不是匹夫之力可以左右得了的。

至於一字一音的問題，生在花腔百出的今天，回顧那單調呆板的有腔無調的老古董，自然覺得有如老和尚唸經，不成「音樂」了，可是若加上音樂史的眼光去看它，便覺得無可厚非。它們之間是有先天性的影響的，這一點不可不知：古代先民，穴居野處，榛莽處處，焚山驅獸，烈澤逐蛇，夜以火保，晝以弓矢，或以鼓譟鉦鳴，驅圍百獸，所以先民時代，聲音也是防身法寶，故而鼓鐘之物極爲流行，既可賴以保命，何不可以祭享祖妣，娛樂自身呢？因此商周時代鐘鼓琴瑟，至爲發達，而自夏商周以來，中原語言，已經脫離複合音而單一化了。一個字、一個音、一個情結、單純腦細胞裏，恐怕還長不出而今那些惡形惡狀的淫聲浪調。所以元朝的熊朋來在他的瑟譜卷六，後錄中說：「至於一字一聲，則郊廟樂章皆然，以鐘磬之譜，必如是也！」在一個竭力脫離複合音使用單一音的文化潮流中，在一個樂器停留在一擊一聲，一彈一聲的景況下，如何不一字一音呢？又如何能浪聲淫哇，花腔女高音，像老殘描寫出入神化的王小玉說書呢？所以那一字一聲的歌法，也不是老夫子自我作古，這是該辨清的。

至於四字一句，造成許多刻板整齊，無變化的句子，當然也影響了旋律的變化美，但這一點，語言學家還沒有給我們一個深入研究後的圓滿答覆之前，我們也不妨先定他「四字」爲一句的形式，是中國單音節語的一個標準句型，不僅詩歌類語句四字為一組的占多數，甚至最好的辭賦、散文，其中最美的部份，有力生動部份，多為四字一句，這一點常讀古文的人，必有同感。然而就因為整整齊齊四個字即成一句，累積起來，當然失之呆板而無變化，因此詩人們創造了新的變化，前面已經說過，句子不限四字一句，可用三四一五，四四二六，求其變化，但在章法上，又可使用迴旋式的反覆、對偶，使一個呆板的旋律，變成低迴往復，一唱三歎的優美樂章，迴旋式的卡農式的旋律型態，從詩篇的結構上，可以看得很清楚，朱孟實先生在「中國詩何以走上律的路」一文中會說：「中國詩的轉變，祇有兩個大關鍵，一個是樂府五言的興盛，從十九首起到陶潛止。它的最大特徵，是把詩經的變化多端的章法、句法和韻法，變成整齊一律；把詩經低迴往復，一唱三歎的音節，變成直率平坦！」這幾句話，是可證明詩經的章句型態，是變化多端，生動活潑的。也許有人要駁道：「君不聞西方學者谷羅司（Grosse）在藝術源始裏說：「原始的抒情詩，最重要的成分就是音樂，至於意義還在其次。」可知語言和音樂本是兩回事。你在這裏談音樂拉上詩經，豈不是南轅北轍？」可是我們也要知道西方的哲人，一部份也主張語言背後，本已有一種潛在的音樂，正式的音樂，不過就語言所已有的音樂加以鋪張潤色，像法國的格累特（Gretry）、英國的斯賓塞爾（Spencer）都持此說，甚至斯賓塞爾還說：「音樂是一種光彩化的語言！」以上的兩種說法，均有是處，當然有些音樂是超語言文字的，但也有些音樂是語言文字的渲染。我們從清代周濟的介存齋論詞雜著裏：「北宋有無謂之詞以應歌，南宋有無謂之詞以應社。」的兩句話，可以使我們想到一個現象，那便是在詩歌發達的中國早期社會裏，歌唱音樂是音樂的一大主流，無怪乎十幾部正史的樂志裏，累篇累牘地都是討論著聲歌之事，甚少發揮純器樂的問題。所以唐宋以後，若干美聽之樂，因詞曲而流傳廣佈，但也因文詞之道太甚，則音樂之道便式微了。同樣的，老夫子整理了三百篇，三代之樂賴以流傳，但曾幾何時詩歌由「琴瑟友之」「鐘鼓樂之」的怡情悅性，轉而用於政事外交，春秋時代的大夫作使的賦詩述志，已忽略了音樂價值，等到秦始皇一把火，燒了樂譜，漢儒變本加厲地把活生生可歌可舞的詩經，硬套上后妃之德、刺君、刺不時也之類的敎條文章，老夫子的整理與提倡之功，以及詩在音樂上的價値，從此便明珠蒙塵，今日要探討我們傳統音樂的旋律型態，在沒有譜字留下的今天，作古樂旋律型態分析比較是不可能了。但從古樂的老伴——詩歌型態來推演，也未嘗不是一個法子。再說古詩裏的複詞、重句、對偶、疊字，以及齊梁而後的平仄高低長短，雖然說秦漢以後，可歌的是長短句的樂府、詞、曲，但不歌的整齊的五七言詩，它們之所以講對仗，調平仄，未嘗不與音樂性無關連，甚至在唐代的五、七絕，除本句字音外，加上泛聲，不就是多聲少字的詞樂嗎？因此我們如果仔細分析詩詞曲之類的歌詞型式，縱使沒有樂譜，也不難瞭解古樂在曲式上、旋律上，是變化多端而不單調的，這一點還是中國音樂的長處哩！

關於上述的原因，在朱孟實先生「中國詩何以走上律的路」一文中，分析的甚爲明白，可以說早已是不刊之論，然而還有一點待補充的，那就是前面所述的，均偏重於旋律的組合型態，也可說是樂句的組配，是横的一方面。但在主調音樂沒有和聲潤飾美化之下，除了在樂句之間，横的上求變化而外，一句之間，旋律縱的進行之間，也因中國單音節字的影響，而產生獨特的，不同於拼音文字粘着性的結構型態，這一點在分析比較中國音樂旋律問題上，也是個不容忽視的要素。拼音文字，一般講來，每個字都在兩個音節以上，多的到二三十個字母拼成，通常一個字也在三個音節左右的占多數，它們在讀音上，先天的就有高低、抑揚、長短、輕重，當然比起單音的中國字，（早先恐怕祇有長讀、短讀，至於有四聲的現象，而爲一般人所重視，那巳是南北朝齊梁以後的事了！）字字發音的音等相同，總不能故作姿態，強低爲高，強高爲低，發出怪腔怪調，矯揉做作，來發抒自然性情吧！中國字實是具備了單音節少抑揚的缺點，然而中國字的可塑性，造成它組合形態美，却遠超過任何文字。中國字的文法性很小，字的結構是自由的，句子的意義不是由文法來決定，而是由字的排列來決定，沒有性別，沒有時性，沒有字尾變化，只有字序是它唯一肯定意義的條件，每一個字自成一整體，這些現象，我們每個中國人都知道，正因它是單音節，所以易於造成整齊的句型；每字獨立，容易造成對偶。聲可相對，意亦相對，紅花對綠葉，自自然然！意義不由文法固定，譬如「你來」一詞，昨日你來，今日你來，明日你來，十年後你來的來字，並不因時間不同而要加字尾，以示區別；同一中字，中國是名詞，國中則是國家裏面；男的他，女的他同一他字（現在歐化式的她字是新造字），不用分 her - he, il, elle. 這些種種，不僅造成我們特有的種種文學上的形式。更直接的影響了我們的思想方式與表達方式，所以在中國民族性研究一書裏，說到中國的特有語言文字，影響了中國人的思維方式：中國人重整體，不重分析，重具象，不重抽象，有精細的精神，但不是幾何式的精細，喜歡自我控制，含蓄和間接表現，鬆弛而不關連，重傳統，愛面子；瑣碎而不邏輯，體貼而不入微。正因爲如此，所以就「天圓地方」；「天地之道，博也、厚也、高也、明也、悠也、久也」地籠統了。多談孝悌忠信的具體行爲，不講什麼一元、二元、多元；或者什麼存在、新潮！中國人生病也會吃草藥，藥到病也會除，但決不進一步研究除病藥的精密成份和愈病原理，籠統地肝火，腎水一番；花木蘭女扮男裝，在外打了十二年仗，一朝回家，不向媽媽親吻，爸爸流淚，姊姊擁抱，弟弟拉手，却不過相扶出郭；當戶理妝；殺猪宰羊；莊子談逍遙，不直接歌頌逍遙樂，却在那裏南溟、北溟；老百姓窮得當褲子，人情不得不做，典田賣地，紅白事兒不能不鋪張；雖然未必請人吃飯，但午時見面，總得來句惠而不實的：「吃過飯沒有？」向父母請安，不捧起老人家的手來看個瘦胖，量個冷熱，却老遠打個躬，諸如此類，不必枚擧，正因如此，所以表現於音樂上的，便也就很特殊了。

我們分析中國音樂，第一個給予人們的感覺便是：旋律瑣碎，猝然跳躍，波浪式地進行，情感表現不明顯，當然也就不強烈了！所以有人聽崑曲，祇覺他哼哼唧唧，自鳴得意似地在唸經，難得零星的提到一兩段旋律起伏明顯情感強烈的樂句來。甚至有人批評京戲裏的曲牌子和劇情不相配合，同一調門兒，可喜可怒，宜老宜少。簡直就是無調性！同時不大喜歡利用過份誇張的變化，樂調主題，可以在一兩句中完全用完，然後不厭其煩地反覆，稍作變化。遇到了強烈情緒，則予突然提高，像四郎探母裏四郎的「叫小番」，六郎的「忙鬆綑」，把「番」、「綑」提起高八度，以示劇情高潮。一般講來，無論聲器樂，大都受了傳統思維的固定型態，平和而保守，禮記樂記中的一段話，足可爲代表：

凡音之起，由人心生也。人心之動，物使之然也，感於物而動，故形於聲，聲相應，故生變，變成方謂之音，比音而樂之，及干戚羽旄謂之樂！樂者，音之所由生也！其本在人心之感於物也，是故其哀心感者，其聲發以散；其怒心感者，其聲粗以厲；其敬心感者，其聲直以廉；其愛心感者，其聲和以柔……

在這種感物生情的樂敎理論之下，在聲音的大不過宮細不逾羽的中聲音域條件之下，在瑣細而欠文法，整體而極自由的言語習慣之下；在自娛成份居多，表現成份較少的情況之下，在思維不十分邏輯化，而感情又相當地含蓄的特性之下，中國音樂之所以造成特殊旋律和樂句形式，而不可與有文法限制，邏輯分析，拼音文字系統的人們的音樂相提並論，是必然的，這不是閉門造車，而是自己該照鏡子，免遺婢學夫人之譏，也不必為了我們的音樂缺少和聲對位，而自形慚穢！同時也希望研究中國音樂，或批評中國音樂的「專家」們，別白菜蘿蔔一擔挑，要放開眼界，從我們傳統文化的各方面去平心考察，仔細推敲，才不致讓我們這一代的中國青年，以作中國人為恥！

總括說來，中國特有的詩歌句法，造成了樂句組合橫的多變化的輝煌；而單音節字的基礎，却迫使中國音樂走向縱的單調的乏味旋律。然而，這一點在漢魏而後梵文及邊域語大量灌入中國語言中，已產生了新的變化。這從詞曲除了講平仄四聲而外，又特別注意語言學上發音清濁，可以影響字音的高低和旋律組合上，得到新的證明，中國音樂家早已走上旋律縱的變化的研究了。

（民國五十六年十月陽明雜誌二十二期）

# 西崽子論樂忘祖

## ——山中人語之七

正當山中人埋頭苦修，坐困書城的當兒，老友林肯同志，突然惠寄了一份「中國民歌比賽辦法」；想想我這雖然中學六年都參加了合唱團掛名「男高音」部，而且還指揮過母校合唱團，得了校際比賽全市冠軍，但算不上音樂工作者或音樂家，原因有一位敝女同學曾經在電台唱過一首「燕雙飛」，給全省千萬聽衆欣賞過，夠資格稱「家」——可以算是「音樂家」，也可以算「歌唱家」，所以有資格可以批評別人的音樂——因此山中人曾被封爲七音不全，荒腔走板，而且是當衆公開批評，因此山中人發誓不開口唱改良調的所謂純藝術歌曲，免糟塌了它們，洪誓大願，於今已十有餘年矣，加上終年誤人子弟，此七音不全之「金嗓子」，已破沙不堪，總以爲今生不再作四兩重的「公雞」叫了，却不料老友忽發「雅」興，堅邀我這冒牌貨國樂家——正統洋樂招牌俺掛不了，只得走本位路線！——去參加中國民歌比賽，躬逢其盛一下，不也爲發揚國樂盡了一分力啦嗎？說得我六神無主，躍躍欲試，不亦「樂」（音樂之樂）乎？但爲愼重起見，不得不先研究一下比賽辦法，看看有利於山中人的七音不全破鑼式的中國人缺乏維他命的嗓門兒，有無在同情「落伍」的音樂條件下，予以優待？可是那辦法越研究越迷糊，想不到臺北市政府，以及所謂中國民族音樂研究中心等，四大新升格的單位——根據水漲船高學的舊理論——代表中國正統音樂界，爲「響應中華文化復興運動，發掘並整理民族文化遺產，倡導我國民間音樂活動」而舉辦的，主旨不可謂不正確！但比賽的內容及辦法，卻使人感到驢唇馬嘴，虎豹龍蛇四不像。再研讀辦法後面附錄的兩篇文章，——可能是代表四大主辦單位，對民族音樂看法的宣言。——山中人禁不住要發村氣了！偌大的四大機關，難道沒有人才了嗎？能容這種半吊子式的比賽，及破壞超過建設的半吊子宣言堂堂出籠？是爲了要交推行中華文化復興運動的卷子，荒不擇路？抑是碰上了掛羊頭的音樂郎中籍官府金字大招牌，遂其官辦合法大賣野人頭的目的？那種七扯八拉的東西，在新生報當作報屁文章登登，聊備一格，可有可無，到也無傷大雅，了不起讓讀者覺得身爲社教導師的新生報編者，採稿太缺乏責任感和學術眼以及常識頭腦罷了。但在一件爲民保姆的官府舉辦的活動辦法中，竟然公開旣搭房子又拆屋地印出這樣文章，山中人倒有點不中聽的補充話和疑問。要就正於那些「自認」金字招牌的專家們，爲了使讀者們能明瞭眞象，下面引一段「宣言」原文，山中人說一段話，讓我們全民族的同胞們來共同研究：

在「我們爲什麼要搜集民謠」一文的第一段裏說：

很久以來，我們常常自問，也常被人問起「中國音樂的情形是怎麼一回事？」「中國的古樂與今樂，藝術音樂和民間音樂，代表音樂家，代表作品……等，是怎麼一回事？」對於這些問題，我們常常是啞口無言，無法回答。

這些話，一看就知道是出諸數典忘祖洋琴鬼子之口，他怕爬不上「中國音樂家」的寶座，所以掩耳盜鈴式地推翻在音樂上曾經有過輝煌成就的老祖宗們，像魏良輔，朱載堉，黃自，劉天華等，橫說豎說，都可算是中國的音樂家。記得有位陳同學曾著文告訴山中人說，我們可以稱朱載堉爲中國律聖，魏良輔爲崑曲之父，……此話倒也不虛。提到中國音樂家，及中國音樂作品……等，「啞口無言」！這種說法代表假洋琴鬼子的無知是可以的：他還沒有被人公認爲合格的「中國音樂家」，他也沒有像樣子的作品可以代表中國純正音樂，但在代表中國人的中國的政府機關，發表出這樣論調，就令人匪夷所思了！推行中華文化復興活動，顧名思義，既談復興，必已有可寶的文化擺在那兒，而那些可寶的文化，當然創自於我們光榮的祖先們，除非臺北市政府等機關承認中華民族本無文化，當然沒有「可以拿到國際上稱霸比美」的音樂，及音樂家，當然可以「啞口無言」！否則既然在談復興，何以提到祖先，要「啞口無言」呢？既然一無可言，那麼要我們響應什麼？復興什麼？推行什麼？這種洋奴教育，一廂情願主義，西崽思想，如此赤裸裸地放在中國民歌比賽堂皇宣言開宗明義的第一段，眞叫人莫名其土地堂了！身爲當代中國納稅的國民，焉能不向我們的父母官剴切請命呢？焉能不叫我們大歎「府」中無人哪！

文中又說：

難道我們要抬出古人的「樂記」，或「史記」以下的二十四史中的歷代「音樂志」或朱載堉的「樂律全書」來替自己辯護麼？

蔣總統昭示我們中華文化復興運動，就是對抗毛匪在大陸焚書坑儒，摧殘傳統文化的一項積極任務，匪徒們唾棄舊有的，破壞一切倫理制度，要中國人忘却自己是「中國人」，以便於它消滅國種，赤化世界。我們今天喊復興，固然該建設新的，但舊的無罪，何必把他們拖出來實行鞭屍？是不是要我們在復興「中華文化運動中，對於音樂齊腰斬斷，侈言充滿洋血的無根的中國「新音樂」？不倫不類，造成中國青年不知有舊音樂，也不許他們研究樂律志，樂記，樂律全書？免遭落伍、頑固、抱殘守缺之譏？推行中華文化復興運動是力行、實踐，不是辯論會，何辯護之有？是建設不是破壞，是尊重傳統不是反傳統，何須說得如此嚴重？樂記也好，樂志也好，樂律全書也好，它們是中華文化結晶的一部份，並無毒素，不要信口開河，說得使人怕兮兮的；好像摸一下樂記，便是抬殭屍鬼遊街，這與學辦民族音樂比賽，風馬牛不相及！

文中又說：

難道我們要抬出連自己都不能解讀的古代琴譜、琵琶譜、工尺譜，或者請所謂國樂演奏「將軍令」，「梅花三弄」，「十面埋伏」來欺騙洋人麼？

難道我們要抬出「詩經」至「元曲」的文學作品，或者可以說是無聲的音樂作品，來讓人家心領麼？

凡做一件事，就怕失了立場，孔老夫子說：「名不正則言不順，言不順，則事不成」。臺北市政府等單位，主辦此一活動，不知要化去幾多民脂民膏，不知要勞動多少響應此一比賽的男女老幼，結果却由一些對中國古樂一竅不通的人，在張牙舞爪，在胡說八道，在文不對題的自我矛盾，不知是何道理？古琴譜也好，琵琶譜也好，工尺譜也好，自己讀不懂，應該怪自己才疎識淺，學問不夠，早該自己買塊豆腐來碰頭；支牙裂嘴地在這裏哭給誰聽呀？既然自己什麼都不懂，還主辦個什麼比賽？那不是糟塌人嗎？古琴是中國古樂器，我想是人人皆知的，古琴演奏的曲子，當然也是道地的中國貨、是中國民族音樂當然無可置疑的；比賽辦法中既然有器樂曲一項，而且規定要富鄉土性，古琴無論在那方面，均有資格來參加此項比賽，山中人頗想遮遮破鑼嗓子的醜，想去弄一曲「漁樵問答」，得塊「鐵牌」也好，可是一讀到主辦單位如此一篇宣言，令人頓時涼了半截！如果去彈一曲古琴，他們專家既不識琴譜，也不知工尺，豈不是對牛彈琴嗎？還比個什麼賽呢？這些古文化遺產，官聘的專家學者都不識，不知究竟專那一家，學那一門？如果官府是由夷地發表如此白皮書，那我們這些籍籍小民，不得不爲做洋琴鬼汚辱中華文化而浩歎了！

同時這篇宣言還把國樂隊加上所謂兩字，其中不無輕蔑鄙視的意味，辦法中說：可以合奏器樂來參加比賽，那麼一般被官府「所謂」了的××，××……等名稱的國樂社或××，××南管樂府等，都可來報名參加，而他們可能奏的便是「梅花三弄」，或者「將軍令」，這些曲子，以及它的原作者，既未遠遊維也納，也不曾負笈巴黎。可以說，並未沾上「夷」味，十足國貨，何以不算民族音樂？何以奏來便是欺騙洋人？「欺騙」兩字，用得十分蹊蹺！我們不知道官辦的比賽，究竟要我們賽什麼？復興文化的目的，是研究！發揚！創新！不是揚棄，不是唾責，不是替祖宗代作認罪的供狀！非過是作子孫的我們，沒有盡到承先啓後的責任，中國籍的音樂家，不識本國古譜，比之於西方音樂學者，該自慚形穢，該閉門思過，該面壁讀書，不此之圖，反而向觀光飯店的「海佬」（山中人杜撰：下海伴奏的三流國樂手。）們要一招，怪他們欺騙洋人麼？是不也想插一脚充當個佔碼頭保鑣的樂棍乎？

詩經在商周時代如何唱法，而今是不可考了。可是元朝熊朋來却慧心獨創，編了詩新譜兩卷，有人如拿來參加歌謠比賽，試問有何不合格之處？元曲有可唱之譜，去夏有專家曾翻過數首演唱過，如果拿來比賽，又有何不合格之處？音樂固是仰仗耳朶來聽，但難道不須要心領神會嗎？這些話出諸自命專家之口，眞令人爲他的膚淺無知作深呼吸！而且詩經、元曲，在它們產生的當時，都是中國道地的民謠，可歌可舞，活生生的藝術品，等到不爭氣的音樂家們失傳了歌譜、舞譜，才被文學家搜來欣賞，想當初他們不都是生活在人們的口耳之間嗎？而今落得半身不遂，其過在誰？如果看他不順眼，僅可選好的譜上新譜再唱，値得提出來揶揄一番麼？今天有一幫半吊子，新的沒搞通，也比不上西洋人十分之一，舊的也見所未見，於是標新立異，創個第三者路線，做個亦鼠亦鳥的蝙蝠，自己建起一道大法纛，自作道場，來愚昧無知的青年，中國音樂靠這批人能開拓新的生命與前途，那才怪哩！

該段最後又說：

我們必須知道，音樂首先是給人聽的藝術。我們能學出一部五線譜，唱片、或錄音的具體的中國音樂選集麼？我們能學出幾名古今中國代表音樂家，連同他們的作品一起交卷麼？……不能！不能！不能！

這幾句話不僅喊得愚昧無知，令人毛骨悚然，而且也喪心病狂得無藥可救了！前幾個月，臺北青年音樂圖書館的負責人，曾經托由「陽明」編者轉告山中人，說音樂圖書館中外音樂，地方民謠，典籍書刊，唱片錄音帶，應有盡有，有關中國的音樂編目，已有五六百種。舉辦單位應該去那兒查查清楚，看那兒對中國音樂空洞也不？我相信中國青年音樂圖書館的牆壁上，一定掛滿了名揚中外的中國音樂家，唱片架上，錄音帶裏，一定有完整的系統的中國名家音樂選集，這種工夫，據說他們早就做了，而且頗有成效，如果此話可靠性不大，那麼就難怪擁有專家頭銜的「中國民族音樂研究中心」的研而不究的人士，要大喊「不能！不能！不能！」了。試想各國民族音樂就有它特出的民族性，何苦非用五線寫出來的才能算音樂？試問西洋人吃麪包，而我們沒有烤麪包機就不算「人」了？一個談文化復興的自命音樂家，能如此數典忘祖的強中國人與外國人同，其稱爲「民族」之本意也安在哉？山中人並不頑固，總覺懂得兩個黃豆芽的西崽子樂人，動不動開口便用五線譜來代表偉大的音樂，好像世界上沒有五線譜的時候，就沒有音樂之可言，其短識如此，還配談什麼民族音樂？言外之意，中國民族音樂，必須藉五線譜以起飛！試問鄉下來參加比賽的老公公，老婆婆，又有幾人可以用五線譜來配洋式伴奏譜？最荒唐可笑的，純正鄉土氣的中國民謠，竟然比賽大會上準備了舶來品的「鋼琴」作伴奏，不知道如此不中不西，還談個什麼民族音樂？比賽項目裏有民謠戲曲等，如川劇，崑曲等，唱片行到處有成套的唱片，遊園、刺虎、羅成叫關，那不是我們祖先民族心聲的紀錄嗎？爲什麼交不了卷？這種不承認自己的東西，非要拉上別人家來比較，這便是沒有自己立場的西崽子，非洋奴音樂而何？再說古樂譜，懂黃豆芽的既不識它，當然它不會自己變成五線譜，而晚近音樂家如劉天華氏，他的南胡十大名曲，不但有五線譜，而且也有一套唱片專集，那兒不可算是中國民族音樂？劉天華而后，後繼無人，中國籍的音樂工作者該反省！喊什麼「不能！不能！」的低調，於中華文化復興呼「純正」民歌比賽，究有何裨益？往遠處不說，劉氏不可當中國音樂家嗎？只要有，就不能說是白卷！如此自貶自卑，把我們的民族自信心、自尊心置於何地？從事社教工作的「音樂家」，試問如何解釋？這種不謙虛的假謙虛，否定了前輩、同輩的價値與地位，一口否定一切，其司馬昭之心，眞是路人皆知了！

此文共有四段，僅此寥寥數語的第一段，便是毒瘤叢生，希望主辦單位的先生們，自己不內行但要小心，碰到個郎中，便好事翻成害了！「陽明」篇幅有限，山中人在此先行打住，關於下文，及比賽實況，要分幾次談完，也算山中人對民歌方面的一些芻見，方家君子，望恕狂言！

（民國五十六年十二月陽明雜誌二十四期）

# 音樂家該反省

## ——山中人語之八

軍中將選擇適當的國樂，用於各種典禮，這是個可喝采的決定。

中國音樂，在周秦以前相當發達的事實，是人人皆知；而中國文化的厄運，首種因於秦始皇的一把火，也是人人皆知。周公制禮作樂，周代的廟堂雅樂帶有濃厚的政治色彩，不適於秦朝的政風，是必然的，所以秦始皇三十四年（西元前二一三年）的一把火，除了醫藥卜筮種樹書外，詩書百家語是燒光了，與詩並行的樂，也是難逃刼數，所以列入詩、書、禮、樂、春秋五經的樂經，便成爲歷史名詞，而散在百家語中的一鱗半爪的音樂記載，如管子、荀子、甚至呂氏春秋等，也都語焉不詳，徒增紛紜。有人說：中國音樂史，早期祇是一些傳說資料，眞正可靠，可供研究的，是在文物典章有完整記載的漢武帝立樂府後，這不是錯的。然而，也許因爲中國的紙發明得太早了，漢以來的典籍，幾經兵燹，而今也落得個骸骨不全，歷代雖經官私各方集結整理，但在清代的四庫全書，都在百年來屢遭浩刼，可資考察的書，又不多見。現在紅小鬼在大陸澈底燒書，將來可徵考的資料將更付缺如了。一般學院派音樂學者，死抱着非聖人之言不言的硬梆梆的治學態度，不是大炒冷飯，便是避重就輕，動輒周公孔孟，把人嚇；一般國際派音樂人士，也死抱着舶來品的五線譜當萬靈丹。（盤尼西林的俏和衰已是鐵的事實，不必費辭！）有的醉心於貝多芬、修伯特，認定中國人是不爭氣，沒有七孔玲瓏的開竅心，當然也沒有夠資格參加人類音響比賽的音樂，縱有也是不堪入耳的噪音！於是引用一段推理，——中國根本不夠資格加入地球樂壇，也配不上稱禮樂之邦！吾人要「制禮作樂」一番，向誰引渡呢？——西方！西方！因此他們只好說：「中國！可憐的心盲耳盲的民族！」

也有一些國際派，大概在他邦領略過所謂各國的民謠風，民族音樂派等，各國樂手都能搬出一套，唯獨中國的民謠、舊樂，沒有寫成五線譜，當然也不會上中國的學校之堂，（新式教育下的國產品，對於本國音樂是陌生的，不屑一顧的。）所以如何會搬演呢？被洋大人奚落了之後，只好回來大造洋車，漆上國漆，到了大風「洋洋」，金壁輝煌！於是乎，叫化子的數來寶，長三堂子裏的板書，不倫不類的和什麼宋代詞樂，明代的崑腔，西太后着迷的皮黃，沒有粗細，沒有賢愚不肖，談不上風格卑高，說不到來龍去脈，掛上個「民族」大羊頭，暴發戶似的，玉帶當作腰帶，一古腦兒和盤「拖」出！於是整而理之，批而判之，終於專而家之地，輕而易舉地，攀登了「中國音樂家」的寶座了。眞乃要叫人短歎三百句，長吁一萬聲！中國音樂，勢到如今，大膽地往好處說，是大融合新生的開始；往壞處說，從今而後代表東方的中國音樂，做了歐樂的贅婿，永不歸宗了！

所以若是眞有心於中國音樂復興，不能不著眼於史料搜求，樂譜的考定，樂器的整理與演奏技巧的研究！前幾天報載軍中將要選擇適當的中國音樂，用於適當的各種典禮的配奏，這是個可喝采的決定，我們要復興國族，先要恢復民族自信心，喚起國魂！一支馬賽曲，可使垂危的法蘭西得救，試聽我們今天，上自高等黌宮的音樂系，低到幼稚園；雅自音樂演奏會，黃到茶樓酒館；莊重如各項國家大典，歡樂如賓朋宴會場面；播傳之廣如電視廣播，範圍小到一個知識份子的家庭；專到可以稱爲家的音樂家，普通的如一般中小學生，口中唱的，手上奏的，耳邊聽的，有幾多民族音樂成份？發聾振聵，端在音樂，縉紳之士不之爲顧，草莽介夫又力有不逮，那麼只有籍洋朋友的愛護，保存和提倡之後，才會權威，才會熱門嗎？中國音樂家們，也該反省的：幾十年來，怒潮澎湃，血肉橫飛的情景，莫知凡幾，那一位把它們譜成震人心弦的樂章？來振奮我民族獨立自強的奮鬥心？除了磨幾段李斯特，斬幾首柴可夫斯基唱兩句蝴蝶夫人而外。對這一指令，恐怕除了罵罵將軍令不是東西，指指國樂社不成玩藝兒外，也只好恬不爲羞地交白卷了！如有，一定又是莫辨東西的「洋腔」！山中人洗耳以待。

（民國五十七年一月陽明雜誌二十五期）

# 國樂的雅俗論

一提到中國音樂，便會使人連想起「雅」、「鄭」問題，而且孔夫子說了一個「雅」字之後，可就害苦了幾千年來許多衛道思想的音樂家。實則「雅」祇是確定一種「大家通行」的普通名詞，所以方言的相對是「雅言」，那是中國古代統一語言文字的大理想，如解釋字義的則有爾（近義）雅、駢雅、廣雅，無非要人們在紛歧語文使用情形下，有一種共同約定的通行文字，使秦、楚、趙、越之人，皆能打破地域障礙，於所書記可讀可識，所以老夫子教徒弟是用的「雅」言，希圖能使當時齊、楚、秦、趙之人，藉語文趨一之功而一王天下；故論語說：「子所雅言，詩、書、執禮皆雅言也」。而三百篇之大小雅，所以別於各國風者，同樣的，它是可以通行秦、陳、檜、豳。不受方言所限，樂器所限，所以其中有燕享之樂，廟堂之歌，但也有俚巷之曲，諷諭之作；經學家困於衛道，於是在這大雜燴上整而理之，造出個「變雅」來，說是「王道衰而變風變雅作」，實則老夫子祇說過：「吾自衛返魯，然後樂正，雅、頌各得其所」，如果「頌」釋爲舞容之歌曲，則「雅」釋爲有樂器伴奏之歌曲，便可以了。國風便是徒謌曰謠的民謠，不也順理成章？何須大做「正」、「變」文章？

我們再看好古的魏文侯，跟懂詩詞的子夏討論音樂的話說：「吾端冕而聽古樂。則惟恐臥；聽鄭衛之音，則不知倦，敢問古樂之如彼何也？新樂之如此何也？」他祇說「新樂」、「古樂」，並沒有說「雅樂」，而呂氏春秋述「古樂」，祇說治世之樂，亂國之樂，鄭衛桑間，並沒有提「雅」樂是專門名詞：「雅樂」一詞，祇在論語裏出現一次，是　：「惡鄭聲之亂雅樂也」。是把雅樂和鄭聲對待並擧的，「鄭聲」是說桑間濮上淫哇之聲，並非什麼音樂專門名詞，當然「雅樂」也祇是代表不淫蕩較正經可薦之廟堂的音樂罷了，並沒有什麼特殊，正如今天我們把類似鄭聲的歌臺舞榭所唱的郎、妹、愛、恨，叫作流行歌曲，而把「正宗」音樂會所唱的，經音樂「專」家核可，放在音樂教科書裏，在課堂上、禮堂裏唱的，諸如相思血淚、沙里紅巴、你是天空裏的一片雲、我住長江頭、淡淡三月之類的，叫作上流的藝術歌曲——大概可以稱它爲「雅樂」，是不會錯的。但他們之間有多大的區別與不同呢？揚子法言吾子篇說：「或問同五聲十二律也，或雅或鄭何也？曰：『中正則雅，多哇則鄭：』」注：中正者宮商溫雅也，多哇者淫聲繁越也！」因此王晦叔的碧雞漫志便贊成了這句話來解釋雅鄭，所以唐荊川的稗篇裏便直接了當的說：「樂之邪正，在辭不在律」。同理流行歌曲的調子也有好聽感人的，而「新」（姑如是稱）雅樂裏的詞藻，則未必一點兒也不「黃」。因此要談中國音樂，必須先破除「雅」的禁錮，才能顧此而不失彼。

有也許人要說，雅樂一詞，早經確立，何用今日來做翻案文章？是的，早在班孟堅的漢書禮樂志就說過：「漢興，樂家有制氏，以雅樂聲律，世在大樂官，但能紀其鏗鏘鼓舞，而不能言其義？高祖時叔孫通因秦樂人製宗廟樂，內有掖庭材人，外有上林樂府，皆以鄭聲施於朝庭……」其中正式說出「雅樂」一詞，而且世在大樂官。然而細讀其他傳記，便可知道，此處雅樂，乃指周秦所遺的鹿鳴、騶虞等詩三百篇用爲廟享之「雅」也，而非專有「雅樂」，所以在禮崩樂壞之後的漢初，能唱幾句周秦歌謠，未嘗不足以發人深省；追往尊宗。在宋書樂志裏，關於雅之殘留諸曲的傳唱，說的很詳細，不必贅言。而當時就在只知其鏗鏘不知其義；及郊廟樂歌，要通經者數人合解之方得其義的迷濛情況下，才能使皇帝陛下，充滿了杳不可測，高不可攀的意味，才會使漢高祖大叫做皇帝眞過癮了；其實那是舉行儀式時用的，祇要有板有眼，何須賞心悅耳？可是一般人還忽略了幾句話，那便是掖庭材人及上林樂府，皆以「鄭」聲施於朝庭，所以漢代的宗廟樂是秦世的房中樂，就好像明代仁壽宮落成的宴饗樂章，都是宋元以來的市俚小曲（流行歌也），如朝天子、殿前歡、沽美酒、太平令、醉太平、清江引、碧玉簫、水龍吟、太清歌等。這本不足爲奇，翻開正史樂志，答案明明白白，何苦再在雅字上啃骨頭？碧雞漫志有段記載說：「古人初不定聲律，因所感發爲歌，而聲律從之，唐虞禪代以來是也！餘波至西漢末始絕，西漢時今之所謂古樂府者漸興，晉魏爲盛，隋氏取漢以來樂器歌章古調，併入清樂，餘波至李唐始絕，唐中葉雖有古樂府，而播在聲律則尠矣……蓋隋以來今之所謂曲子者漸興，至唐稍盛，今則繁聲淫奏，殆不可數。古歌變爲古樂府，古樂府變爲今曲子，其本一也」。這裏對於各代音樂陵替之大勢，說得非常清楚，清代梁廷枏的曲話裏也說「樂府興而古樂廢，唐絕興而樂府廢，宋人歌詞興而唐之歌詩又廢，元人曲調興而宋人歌詞之法，又漸積於廢！」這正是王灼漫志的補充，

而梁氏又說：「詞曲本俚巷之樂，初無正聲」。而從上面明代宴饗歌章所用曲調，實在已明證了雅鄭問題的因果關係，前朝之鄭，便是後朝之雅，我們知道音律的進化，是由簡至繁的，古歌舒緩，不及今世繁聲淫奏之賞心，這種進化的現象，與那衛道尚古的道統家思想相背馳，於是便有「雅」「鄭」之分了！

所以沈括夢溪筆談裏也說：「外國之聲，前世自別爲四夷樂，自唐天寶十三載（西元七五四年）始詔法曲（隋之清樂）與胡部合奏，自此樂奏全失古法，以先王之樂爲雅樂，前世新聲爲清樂，合胡部者爲宴樂。」我們也可以看出這幾段文字的互相註解：而這種遞爲雅鄭的事實，自從兩漢以來即已如此，雖然各朝都曾製訂「雅樂」，但都在率由舊章的好古心理下，讓皇帝老爺及奴才臣子，在一種類似魔術呪語的鏗鏘下，在渺不可測的茫然下，人們會肅然起敬，會無名地飄飄然。這便是我們的列祖列宗，在叔孫通老先生爲不會鬥的儒生作一番表現，訂了那個山呼舞蹈的朝儀之後，奏了幾首先秦的流行歌，讓當鄉長出身的劉邦聽了飄飄然之後；於是捧出製禮作樂老祖宗——周公旦，讓每朝皇帝都以爲德配文武，功蓋三皇，於是就自我作古一番，訂個代表皇皇天聲的宗廟宴享之樂，拉出孔老夫子作考試委員，通過那一堆堆裝新酒的「舊」瓶，便叫做「雅」樂，如此罷了！而且這些樂章，祇是換個詞兒、名兒，却是前朝的某首流行歌曲的老調兒，同時祇在大家衣冠楚楚，必恭必敬，道貌岸然時奏上一次兩次，至於人們燕居私享，甚至皇帝老爺愛聽的，都是當時世俗流行的新聲，像李師師、周邦彥的「並刀、吳鹽」，不是鐵證？君不見今天的名影星、歌星，他們何曾畢業於那個音樂院，但他們不是像英國的四披頭被封爵士一樣地榮耀嗎？說不定百來年後，我們會在學院音樂會上，比賽「遠山含笑」呢！老奶奶們曾經不准小妞兒們看西廂紅樓，怕被教壞了！今天大教授還不也儼然有其事地滴不盡、或教我如何不想他一番？何「雅」何「鄭」？我們將今比古，沒有什麽兩樣，心都肉做的，孔夫子、周公旦，都是人。

何以要讓我們今天研究中國音樂的人，先掉進雅樂的迷魂陣裏，在找不到蓁首蛾盾的身份證明之時，便破口大罵中國的音樂生命，先是害在周公旦，孔子丘的手上，提出皇家制禮作樂的謬論，使它先患上半身不遂；再就壞在歷代不懂音樂而制定雅樂的儒生，弄得那樣硬梆梆、死沉沉，中國音樂於是乎破產！殊不知「雅樂、雅樂」，它本身衹是一個發音不全的代名詞，對中國帝王，是個重要項目，但對從事有生命的中國音樂工作者，並無特別影響，用不著費太多力氣來大罵「雅」樂，實際上雅俗之分是個道德觀與政教問題，文辭的條件重於音樂的條件，因此一個研究中國音樂問題的人，不能打破這一重迷障，而在雅字上大做文章，不啻「王顧左右」，終必致導入迷途，捉不到邊際。

在中國存於世的音樂資料中，固然大部份都是叔孫通的同志們的傑作紀錄，但我們在文獻不足徵的現代，要切膚抽髓地溯源中國舊樂形貌，正史書志衹能作部份參考，而稗官野史，筆錄札記之類，才是求證中國音樂的寶藏，可惜披沙瀝金的工作，不是升斗小民之可爲的，眼看著我們支系文化的鄰邦，他們近年來在大力整頓固有舊樂，並且一呼百喏，頗著成效，而我們除了秀才「人情紙」（通令一張）而外，不知道要等誰來動手？而一般握著專家「寶符」的知名之士，又似乎挾「絕」學而待沽，據寶座而「當人不讓」（借用），眞眞在那裏抱殘守缺，或借鍋造飯，不肯虛心廣求，禮賢下士，負起一個現代音樂工作的責任，而我們這些山野村夫，除了野人獻曝，沾沾「自憐」而外，又能在何處着力呢？

（民國五十七年三月陽明雜誌二十七期）

# 關漢卿及其劇作簡述

## 一、重要之研究著作

關漢卿不僅是我國文學史上偉大的劇作家，可能也是世界上偉大的劇作家。據說他創作的劇本是莎士比亞的兩倍。一九四九後，中共曾經想利用他，造成世界對中國文學的波瀾。可是，好像沒什麼效果。這主要乃是因爲在我國，不論多偉大的劇作家，他們的作品，都沒有人將之翻譯成其他國家的文字，加以介紹，因此外國人都不知道。

一九五八年五月，中共爲了紀念這位世界偉大的劇作家七百週年，他們特地在該年出版的第二集〈戲劇論叢〉中，刋出「紀念偉大的文化名人關漢卿戲劇創作七百年」。從此，幾十篇關於關漢卿研究的文章。爲了配合七百週年，大陸的中國戲劇出版社又出版了一本〈關漢卿戲曲集〉，這是由四位學者，領導一批人，把現存的關漢卿十八本雜劇，統統搜集在這本書中，臺灣的紅葉書局在民國六十二年曾加以翻印。一九六九年，也就是十年後，香港中文大學的學生——梁佩錦把這本書及日本其他地區的學者所寫的有關論文共蒐集了三十九篇，編輯成〈關漢卿研究論文集成〉，在民國五十八年印行。

後來，日本橫濱大學中文研究所的一位教授——波多野太郎很欣賞這位香港中文大學的學生，便給他獎學金，把他請到日本去，到日本後，他又寫了一本「關漢卿現存雜劇研究」，將十八本雜劇中，除去存疑的那本，就十七本雜劇，做綜合研究。一九七一年十月，在沒有書局出版的情況下，以手抄本的形式出版了。一九八〇年，香港中文大學研究生劉靜芝，就關漢卿現存十八本雜劇中，兩本與三國時代有關的故事，寫成「關漢卿三國故事戲劇研究」。以上這些書，是目前研究漢卿及其劇作的重要書籍。這些書，前後相差約三十年，其中「關漢卿戲曲集」，臺灣曾加翻印，但沒有注解。

## 二、現存雜劇的情況

關漢卿現存雜劇，據「關漢卿戲曲集」的說法是，關漢卿一共寫了六十七個劇本，現存的只有十八本，另外有五十九首小令，十三首套曲。十八本雜劇，分別是

關大王單刀會

感天動地竇娥寃

趙盼兒風月救風塵

錢大尹智寵謝天香

杜蘂娘智賞金線池

包待制三勘蝴蝶夢

望江亭中秋切鱠旦
溫太眞玉鏡臺
閨怨佳人拜月亭
詐妮子調風月
關張雙赴西蜀夢
劉夫人慶賞五侯宴
鄧夫人苦痛哭存笑
山神廟裴度還帶
狀元堂陳母教子
錢大尹智勘緋衣夢
包待制智斬魯齋郎
西廂記第五本（有人承認，有人不承認）

中共在蒐集〔關漢卿戲曲集〕以後，曾從其中選出六個劇本，作詳細的注解，編成〔關漢卿戲曲選注〕，但這本書注好後，便遇上文化大革命。因此，還沒看到出版。我們觀察關漢卿這十八本雜劇及四十九種不能看到的雜劇名稱，大致說來，他寫婦女劇寫得相當多，這可能是因爲當時演戲的多爲婦女的關係。在十八本現存的雜劇中，大致可分爲六類，而這六類，幾乎都與婦女有關——

1. 寫大家閨秀的有：「拜月亭」。

2. 寫小家碧玉的有：「竇娥冤」。

3. 寫妓女的有：「救風塵」、「謝天香」。

4. 寫賢妻的有：「切鱠旦」、「五侯宴」。

5. 寫慈母的有：「蝴蝶夢」、「陳母教子」。

6. 寫貧婦的有：「五侯宴」。

在六十七個劇本中，有歷史劇、社會劇、公案劇，及反映當時社會的劇。

由於關漢卿有十八個劇本被集中，中共爲了鼓勵大家讀古典文學，便找人將十八個劇本中的語詞收集出來，作成「關漢卿戲曲詞彙史」一百多頁，這是研究元雜劇的一個標準。

## 三、編寫雜劇的手法

(一)不喜多頭（即不喜人多）

人多，故事就不集中，關漢卿的雜劇，多集中在三、兩個人的身上，一個主角，其他兩個配角的搭配，使舞臺上沒有多餘的人，例如「關張雙赴西蜀夢」，由於關公是聖人，不能多出現，作者便將戲份集中在張飛的身上，利用張飛來强調他們兄弟結義、共同打天下，及如何被陷害，甚至向劉備託夢等，都透過張飛來進行。又如「單刀會」，第一、二折，寫的是魯肅、喬國老、司馬徽，關公要到到第三折才出來。但是，作者却在前兩折中，利用他們的話，來烘托關公，使主題更加明顯。再如他寫「魯齋郎」，主角是包公，但戲中，包公的戲却很少，作者極力描述魯齋郎這個壞蛋，如何包攬訟詞、强占良家婦女、魚肉鄉民等的惡行，幾乎都是他的戲，作者不斷的加深觀衆對他的壞印象，才能造成最後包公出來斬他的威風和厲害。人物不多，故事、劇情較集中，更能烘托出主題。

㈡用對比的手法

我國傳統戲劇中，「琵琶記」是這種劇作手法最好的說明：這折寫趙五娘在家中含辛茹苦，下折便寫伯喈與相府千金在家中賞月的情景；這折寫五娘剪髮換錢給公婆買米，下折便寫相府千金指揮僕人做好菜給伯喈吃，造成强烈的冷熱對比，使觀衆感受到社會的變化大。這樣容易感染觀衆，達成效果，關漢卿的戲曲中，也喜歡用這樣的手法。例如「趙盼兒」戲中，他一面寫周舍人的市儈氣，凡事都講利害、目的；另外則安排一個老實人作對比。同一齣戲中，他寫趙盼兒，悲歡離合、生張熟魏、人情冷暖、嬉笑怒罵，都見過嘗過，因此刁鑽、苛刻；另外，他又寫一個乖得不得了的女孩與趙盼兒做對比，這個女孩既無主見，又無警覺性，人家叫她幹什麼，她就幹什麼。還有在「竇娥寃」這齣戲中，作者寫蔡婆婆的懦弱、沒性格、沒警覺性、無主見，在在與竇娥的剛烈形成强烈的對比。要知道，戲劇必須要有對比，有對比才有衝突，有衝突才有高潮。關漢卿可以算是元代雜劇作家中，第一位利用這種寫作技巧的人。

㈢層次漸進（卽累積）

關漢卿懂得如何把一個結果（不論是好的結果或壞的結果），利用劇情的累積，慢慢引出來，讓觀衆在最後，也認定那個壞人眞的是很壞。如〔魯齋郎〕這齣戲，在整個劇情中，都是魯齋郎的戲，他一會兒敲詐，一會兒調戲良家婦，一會兒作案。總之，作者把他塑造成一個一出場就讓觀衆恨得咬牙切齒的壞人。作者不斷的寫他的惡行，這就是一種累積，到最後，惡貫滿盈，被包公問斬，咔嚓一聲，大快人心，另外在〔竇娥寃〕裏的「張驢兒」也是一樣：只是偶然的機會裏，觸動他發現蔡婆婆的可欺，便强跟著蔡婆婆回來，發現竇娥年輕貌美，便想强占，更不惜陰錯陽差的毒死自己的父親，造成一樁寃獄，兩條人命；活活害死一個孝順、乖巧、節烈又美麗的女子。因此，到最後一折，張驢兒被判凌遲，剮一百二十刀處死，竇娥寃屈平反，觀衆莫不大呼：「天理昭彰，法網難逃。」

㈣利用延宕的結果（亦卽好戲在後頭）

一齣戲，若一開臺就是好戲，就沒人看了。關漢卿寫劇時，通常儘量把高潮安排在第三折或第四折的地方，前面一、二折都只是埋伏，故意吸引觀衆：「不要離開哦！後面馬上就有好戲囉！」說唱藝術稱此爲「咬人」，卽抓住你不放，看你要不要知道結果如何。

## 四、生平

我國偉大的文學家，其生平多半模糊，如李白、曹雪芹。關漢卿也一樣，有關他的生、卒年，就有十幾種不同的說法。另外，有關他的職業，在〔錄鬼簿〕中說他是太醫院尹（可以幫皇帝看病的醫生）。但元代的制度中，沒有這個官銜，於是有人說是太醫院戶（卽太醫之眷屬），或太醫，我們從他的曲作中可以發現，他至少是懂得醫道的。至於他的作品，也沒有絕對的說法，有人說是六十七種，也有人說是六十六種，或六十五種。不過有一點可以肯定的是，關漢卿現存的劇本，是我國目前戲曲史上，保存得最多，也是元人中保留得最好的。在戲劇史上，關漢卿稱得上是一顆閃亮的鑽石。

## 五、劇本選讀

㈠〔竇娥寃〕（是社會的、柔美的，是寫小百姓的）

一八三五年，約在我國清朝時，法國文學家安東尼比亞、路易士拜塞把〔竇娥寃〕翻成法文。一九二五年，日人公元明平，也將〔竇娥寃〕翻成日文，後來且被收在〔東洋文庫〕小說戲劇類中。這是「竇劇」在國外的情形。在國內，也被改編成很多的地方戲：如徽劇、秦腔、山西梆子、福州同州梆子、河北梆子、漢劇、湘劇、桂劇、滇劇、粤劇等，平劇中有〔金鎖記〕、〔六月雪〕；崑曲中則有〔斬娥探監〕。由此可見，此劇深受民間劇團的喜愛。另外，在皮影戲、說唱鼓兒詞、子弟書、牌子曲、福州評話，也演出此劇。甚至，後來還有人將它拍成電影。

〔竇娥寃〕此齣戲的內容，作者主要是利用古代的故事，來諷刺元代官吏對百姓草菅人命，不負責任的情形。故事的淵源，據學者的考證，是從〔漢書〕卷七十一、劉向的〔說苑〕中「東海孝婦」的故事而來。大意是說：于定國有個好父親，當于定國升任太守，一天，家中改建房子，僕人建議，加大廳堂，于父則認爲「廳前夠旋馬卽可，絕不宜隨便浪費公帑，或侵占民地。」正因于定國有此賢父，因此在他到東海郡任太守時，得以平反一件寃獄——東海孝婦周青，婚後不久，丈夫去世，周婦侍奉婆婆極孝順，婆婆心疼媳婦年輕守寡，極力勸嫁，媳婦具有貞烈觀念，又恐改嫁後，婆婆無法爲生，便拒絕改嫁，婆婆爲使媳婦不以自己爲念，便懸樑自盡，然周婦之姑，卻告周婦謀殺婆婆。古代，謀殺直系親屬，罪加一等，且不須問明原由，直接問斬。周婦因此含寃被斬，行刑前，周婦發下三條誓願：(1)鮮血直噴白練，(2)六月下雪，(3)當地大旱三年。後來均一一應驗。于定國到任後，問明原由，立卽建造孝婦祠，平反寃獄。另外，干寶「搜神記」中，也有類似故事；戰國時，也是鄒陽六月下雪的故事。顯然的，「竇娥寃」是由以上幾個故事所引發來的。此外，還有一個原因是，元代社會環境很差，據稱有一天，元朝官吏所辦的寃獄有一萬五千件，貪汚的錢超過三十萬兩，政治相當黑暗，於是關漢卿寫下這齣在我國戲劇史上兩大悲劇之一的——「竇娥寃」（另一爲「趙氏孤兒」。）

楔　子

卜兒蔡婆上，詩云：

（說明）：卜兒是指老鴇，另外也指娘兒的簡寫，這裏指老媽子。詩，是指定場詩，用來表現身分、角色、前因後果或當時情況，說完後，再由演員自我介紹。

花有重開日，人無再少年，不須長富貴，安樂是神仙。

（說明）：這四句，多半是古代員外或安人這類身分的人，出場時，所說的。

老身蔡婆婆是也，楚州人氏。

（說明）：楚州，今江蘇懷安縣，也是東海郡。

嫡親三口兒家屬。不幸夫主亡逝已過，止有一個孩兒，年長八歲，俺娘兒兩個，過其日月。家中頗有些錢財。

（說明）：這裏都在介紹自己的身世。

這裏一個竇秀才，從去年問我借了二十兩銀子，如今本利該銀四十兩。

（說明）：這裏說明她是個放高利貸，經營地下錢莊的老闆娘。

我數次索取，那竇秀才只說貧難，沒得還我。他有一個女兒，今年七歲，生得可喜，長得可愛。

（說明）：前面說自己兒子八歲，這裏竇娥七歲，又長得可愛，蔡婆婆喜歡她，這便導引了後面戲劇的發展——收爲童養媳。同時也說明，後面所發生的事，並不是蔡婆婆的本意，她是善良的，對竇娥沒有惡意，也不是個見錢眼開的人。

我有心看上她，與我家做個媳婦，就「准」了這四十兩銀子，豈不兩得其便。

（說明）：准，就是兩下抵銷。

他說今日好日辰，親送女兒到我家來。老身且不索錢去，專在家中等候，這早晚，竇秀才敢待來也。

（說明）：早晚，指時候。中國人常把兩個相反的字連在一起，變成另一個意思。

冲末扮竇天章引正旦扮端云上，詩云：

（說明）：末是指劇中的男角，正末是男主角，沖末是二等角色。正旦，是劇中的女主角。這裏，竇天章出場時，應該帶一個七歲的女孩兒上場，但在元雜劇中，演戲的人往往不超過五個人，所以叫五色班。竇娥從頭到尾均由正旦扮演，因此，沒讓小孩出場，而是正旦竇娥。

讀盡縹緗萬卷書，可憐貧殺馬相如；漢廷一日承恩召，不說當壚說子虛。

（說明）：縹，青白色的綢子；緗，淺黃色的綢子。古人用它包書，或作書囊，因此成爲珍貴書籍的代稱。馬相如，即司馬相如。這首詩是說他讀盡各類珍貴的書，可是依舊很窮，希望有一天，蒙朝廷恩召，獲得重用，我就不再和卓文君在那兒商量買賣之事，我要和我的朋友們談子虛賦。這首詩，說明了竇天章當時的情況、內心的希望，及他將來可能到的一個環境。

小生姓竇，名天章，祖貫長安京兆人也。幼習儒業，飽有文章；爭奈時運不通，功名未遂。不幸渾家亡化已過，撇下這個女孩兒，小字端云，從三歲上亡了他母親，如今孩兒七歲了也。小生一貧如洗，流落在這楚州居住。此間一個蔡婆婆，他家廣有錢物；小生因無盤纏。

（說明）：盤纏，不一定是旅費，這裏指生活費。

曾借了他二十兩銀子，到今本利該對還她四十兩，他數次問小生索取，教我把什麼還他；誰想蔡婆婆常常著人來說，要小生女孩兒做他兒媳婦，況如今春榜初動，選場開，正待上朝取應，又苦盤纏缺少。小生出於無奈，只得將女孩兒端云送與蔡婆婆做兒媳婦去。

（說明）：唐宋兩朝，進士考試和發榜，多在春季，故古人常說：「春風得意馬蹄急」，即爲此故。這裏榜動，選場開，是說春季將要舉行考試了。上朝取應，即到京城去應考。

做嘆科，云：

（說明）：科，劇中人的動作或情態。

嗨！這個哪裏是做媳婦？分明是賣與他一般。

（說明）：這兩句是題外話，也是窮苦人家令人辛酸的遭遇。

就准了他那先借的四十兩銀子，分外但得些少東西，夠小生應舉之費，便也過望了。說話之間，早來到他家門首。婆婆在家嗎？

（說明）：眞可憐，四十兩銀子，把女兒賣了，還希望人家再給他一點錢，好上京趕考。此外，因中國的舞臺是空的，爲了向觀衆說明其所在的位置，於是便須在臺詞中，加上一些客觀環境、事物的話。

卜兒上，云：

秀才，請家裏坐，老身等候多時也。

做相見科，竇天章云：

小生今日一逕的將女孩兒送來與婆婆，怎敢說做媳婦，只與婆婆早晚使用。

（說明）：一逕的，表示竇天章急於解決問題，且得些錢，以便上京趕考，因此說話時表現出卑恭屈節。

小生目下就要上朝進取功名去，留下女孩兒在此，只望婆婆看覷則個，

（說明）：則個，無意義，只是加重語氣，表示希望。

卜兒云：

這等，你是我親家了。你本利少我四十兩銀子，兀的是借錢的文書，還了你；再送與你十兩銀子做盤纏，親家，你休嫌輕少。

（說明）：兀的，這個、那個。有時也兼表驚異或鄭重的口氣，如「哪！」「吔！」這是元雜劇中常有的口頭語，表語氣的。這是一般人常看不慣的地方，也是我們現在所用的口頭語，無意義。

竇天章做謝科，云：

多謝了婆婆。先少你許多銀子，都不要我還了，今又送我盤纏，此恩異日必當重報。婆婆，女孩兒早晚呆痴，看小生薄面，看覷女孩兒咱。

（說明）：咱，或作「者」，用在句尾，表示應當，命令或希望；有時也無意義，是江蘇地方的土話。

卜兒云：

親家，這不消你囑咐，令愛到我家就做親女兒一般看承他，你只管放心的去。

（說明）：這「親女兒」三字，用得最好，不但孩子不怕，竇天章也放心了。

竇天章云：

婆婆，端云孩兒該打呵，看小生面則罵幾句；當罵呵，則處分幾句。孩兒，你也不比在我跟前，我是你親爺，將就的你；你如今在這裏，早晚若頑劣呵，你只討那打罵吃。兒啊！我也是出於無奈。

做悲科，唱：

（說明）：這段話說得很好，充分表現出父親賣女的無奈、不捨，所以一一的囑咐、請託。請蔡婆婆看在孩子從小沒娘，缺乏管教的情形下，若犯了錯，該打，就罵她幾句；該罵的話，就說她幾句，從輕處分。又轉向孩子，要孩子聽話，免得挨罵挨打。這確實是悲劇。

我也只爲無計營生四壁貧，因此尙割捨得親兒在兩處分。從今日遠踐洛陽塵，又不知歸期定准，則落的無語闇消魂。（下）

（說明）：洛陽，指當時的首都。闇消魂，黯然銷魂，指分別時心裏難過心神沮喪狀。

卜兒云：

竇秀才留下他這女孩兒與我做媳婦兒，他一逕上朝應舉去了。

正旦做悲科，云：

爹爹，你直下的撇了我孩兒去也。

（說明）：直下的，眞捨得，眞狠得下心。

卜兒云：

媳婦兒，你在我家，我是親婆，你是親媳婦，只當自家骨肉一般，你不要啼哭，跟著老身前後執料去來。（同下）

（說明）：執料，照料。去來，就是去、來，語尾助詞，無意義。全句指「教端云學做家事」。

第一折

淨扮賽盧醫上，詩云：

行醫有斟酌，下藥依本草；死的醫不活，活的醫死了。

（說明）：淨，類平劇中的花臉。賽，趕得上、比得過。盧醫，指古代名醫。元劇中常稱庸醫為賽盧醫，這是反語打轉，譏笑醫生的醫術不行。下藥依本草，「本草」是我國研究藥物最古的一部書。全句的意思是，我看病是有訣竅的，病人一來，說明病情後，我就照著「本草」上的記載來替人開藥方。

自家姓盧，人道我一手好醫，都叫做賽盧醫，在這山陽縣南門開著生藥局。在城有個蔡婆婆，我問他借了十兩銀子，本利該還他二十兩，數次來討這銀子，我又無的還他。若不來便罷，若來呵，我自有個主意。我且在這藥舖中坐下，看有什麼人來？

（說明）：主意，就是辦法、決定。在此是一伏筆，指賽盧醫此時已心存歹念。

卜兒上，云：

老身蔡婆婆。我一向搬在山陽縣居住，儘也靜辦。

（說明）：靜辦，清靜、安靜的高級住宅區。

自十三年前竇天章秀才留下端云孩兒與我做媳婦，改了她小名，喚做竇娥。

（說明）：竇秀才是個讀書人，替女兒取名端云，多好聽又雅，蔡婆婆沒唸過書，取的名字就俗氣多了。

自成親之後，不上二年，不想我這孩兒害弱症死了。

（說明）：弱症卽指肺癆病。

媳婦兒守寡，又早三個年頭，服孝將除了也。

（說明）：竇娥七歲到蔡家，十七歲結婚，婚後夫死，經過三年除服，現已二十歲。

我和媳婦兒說知，我往城外賽盧醫家索錢去也。

做行科，云：

驀過隅頭，轉過屋角，早來到他家門首。賽盧醫在家麼？

盧醫云：

婆婆，家裏來。

卜兒云：

我這兩個銀子長遠了，你還了我吧！

（說明）：驀，跨過。長遠，指借的時間很久了。

盧醫云：

婆婆，我家裏無銀子，你跟我莊上去取銀子還你。

卜兒云：

我跟你去。（做行科）

（說明）：中國古代，人在城裏開店，住在城裏，叫家裏；眞正大戶人家，在城外往往還有村莊，還在宅院，那叫莊子，相當現今人們所稱的老家或老屋。這裏賽盧醫要騙蔡婆婆到城外鄉下去拿錢，老太太欠思慮，沒警覺性，竟然要跟他走荒郊野外，自然要遭殃了。

盧醫云：

來到此處，東也無人，西也無人，這裏不下手等甚麼？我隨身帶的有繩子。兀那婆婆，誰喚你哩？

卜兒云：

在哪裏？（做勃卜兒科。孛老同副淨張驢兒衝上，賽盧醫慌走下，孛老救卜兒科）

（說明）：這段寫賽盧醫在舞臺上，東看看，西望望，四下無人，便拿出繩子，騙蔡婆婆說有人叫她，趁機上前勒她，蔡婆婆呼救，恰好孛老——即劇中演老頭的人，和張驢兒衝上搭救，賽盧醫見狀，慌忙丟下繩子逃走，蔡婆婆才沒被勒死。

張驢兒云：

爹，是個婆婆，爭些勒殺了。

（說明）：爭些，險些兒、差一點兒。

孛老云：

兀那婆婆，你是哪裏人氏？姓甚名誰？因甚著這個人將你勒死？

卜兒云：

老身姓蔡，在城人氏，止有個寡媳婦兒，相守過日。因爲賽盧醫少我二十兩銀子，今日與他取討，誰想他賺我到無人去處，要勒死我，賴這銀子。若不是遇著老的和哥哥呵，哪得老身性命來？

（說明）：蔡婆婆剛逃過一刼，還沒警覺性，逢人便將身世全盤托出，全部的故事發展，也就因著她這段話，逐漸步入高潮，也鑄成悲劇的產生。如果蔡婆婆能「逢人只說三分話」，就一切沒事了。倒在他這段話上，尤其是那句「止有個寡媳婦兒」。

張驢兒云：

爹，你聽的她說麼？她家還有個媳婦哩。救了她性命，她少不得要謝我；不若你要這婆子，我要她媳婦兒，何等兩便，你和她說去。

（說明）：張驢兒什麼沒聽到，就聽到那句「寡媳婦兒」，這小子，想到周到—老的配老的，少的配少的。人壞，就是這樣的想當然耳，也不問人家答不答應。而那個老頭兒，也是個強揀便宜沒教養的壞東西，後來不得好死，也是伏因在此。

孛老云：

兀那婆婆，你無丈夫，我無渾家，你肯與我做個老婆，意下如何？

卜兒云：

是何言語！待我回家，多備些錢鈔相謝。

張驢兒云：

你敢是不肯，故意將錢鈔哄我？賽盧醫的繩子還在，我仍舊勒死了你吧！（做拿繩科）

（說明）：你看！剛才一個，蔡婆婆就沒法兒應付，現在一來兩個，蔡婆婆不是栽了嗎？這樣一來，老太太就更無可奈何，戲的可看性也就更高了，這戲安排得好，作者編劇技巧高妙，這些都需讀者去細加體會的。

卜兒云：

哥哥，待我慢慢尋思咱。

（說明）：尋思卽考慮。這裏蔡婆婆已軟下求饒了。

張驢兒云：

你尋思些甚麼？你隨我老子，我便要你媳婦兒。

卜兒背云：

（說明）：背云，戲劇術語。在舞臺上背著別的角色，假定人家聽不見，自己講自己心裏的話，現在叫做「打背躬」，或「旁白」。

我不依他，他又勒殺我。罷罷罷，你爺兒兩個隨我到家中去來。（同下）

（說明）：蔡婆婆在臺上轉了半天，不知要怎麼辦才好？最後萬般無奈的說：「好吧！你們跟我回家去吧！」這段是個新的起伏高潮。下面冷靜下來，介紹成人後的竇娥。

正旦上，云：

妾身姓竇，小字端云，祖居楚州人氏。我三歲上亡了母親，七歲了離了父親，俺父親將我嫁與蔡婆婆爲兒媳婦，改名竇娥。至十七歲與夫成親，不幸丈夫亡化，可早三年光景，我今二十歲也。這南門外有個賽盧醫，他少俺婆婆銀子，本利該二十兩，數次索取不還，今日俺婆婆親自索取去了。竇娥也（˙ㄚ），你這命好苦也呵！

唱：

滿腹閒愁，數年禁受，天知否？天若是知我情由，怕不待和天瘦。

（說明）：禁受，承當、忍受、讀元曲。須要有很好的唐詩宋詞基礎，例如宋詞中有「天若有情天亦老」，及「知否知否應是綠肥紅瘦」的句子，這裏，關漢卿把這兩句加以融和變化，改成「天若是知我情由，怕不待和天瘦」——老天爺要是知道我竇娥是這樣苦命的話，老天爺都會消瘦。

則問那黃昏白晝，兩般兒忘餐廢寢幾時休？

（說明）：整天的，茶飯無思，生命還沒開始，就遍嘗苦難——母亡復父夫死，人生還有什麼意義？什麼希望？正因爲沒希望，所以常作惡夢。

大都來昨宵夢裏，和著這今日心頭。

（說明）：大都來，大抵、不過算來。

催人淚的是錦爛漫花枝橫繡闥，斷人腸的是剔團圞月色掛妝樓。

（說明）：剔團圞，剔形容極圓的副詞；剔團圞是指非常圓的意思。竇娥眼中看到的是自己新婚時房裏的擺飾——綉著錦團的花和闈帳——而今自己成了寡婦，一切是那樣的諷刺，因此看到圓月高掛妝樓，更是斷腸。

長則是急煎煎按不住意中焦，悶沈沈展不徹眉尖皺，越覺的情懷冗冗，心緒悠悠。

（說明）：急煎煎，是焦急的樣子。冗冗，是形容雜亂、煩多。這裏寫竇娥成天東轉轉西晃晃，生活得毫無目標，心情亂糟糟，整顆心一直往下沈。這幾句，作者把一個新寡的少婦，沒有再婚希望的人，那種心情的憂悶、絕望寫得非常深刻。一個文學家，不是讀了很多書便會寫作，因書唸多了，或許會成書呆子；不讀書也不能寫作；不讀書的人對人生無理想、無中心，寫的都是抱怨的話也不行。作者必須學養兼備，創作的修養要從生活的經驗，人性的分析、觀察，多方面蒐集資料。在創作中，觀察是很重要的，關漢卿描寫一個二十歲的年輕寡婦，在什麼樣的環境背景下長大，可能會具有什麼樣的人格，在她遇到困難時，她心裏想什麼？像這些，劇作家都必須細加揣摩。在這裏，竇娥絕不能像李清照一樣說：「只恐雙溪蚱蜢舟，載不動許多愁，愁！愁！愁！」

云：

似這等憂愁，不知幾時是了也呵！

唱：

莫不是八字兒該載著一世憂，誰似我無盡頭！須知道人心不似水長流。我從三歲母親身亡後，到七歲與父分離久，嫁的個同住人，他可又拔著短籌，撇的俺婆婦每都把空房守，端的個有誰問，有誰偢（ㄐㄧㄡ）？

（說明）：拔短籌：短命的意思。每，元代語言中，人稱代詞下的「每」字，用法同「們」，表示多數。端的，眞的，這段是竇娥自問：「是不是我生下來就命中註定要愁苦過日，永無盡頭。」同時感嘆他與婆婆守著空房，無人過問，無人幫忙。

莫不是前世裏燒香不到頭，今也波生招禍尤，勸今人早將來世修。我將這婆侍養，我將這服孝守，我言辭須應口。

（說明）：前世裏燒香不到頭，迷信的說法，前世燒了斷頭香，今世就得折斷、分離的果報，夫妻不能一齊到老。也波，語中助詞，無意義，猶如現代歌曲中的「呀呼嘿」一類的詞。這段是竇娥假想是不是自己前世燒香不到頭，得罪了菩薩，所以這一生，要遭受很多禍害。因此勸人早修來世，並且決心侍奉婆婆一輩子，說的都應該做到。

云：

婆婆索錢去了，怎生這早晚不見回來？（卜兒同孛老、張驢兒上）

卜兒云：

你爺兒兩個且在門首等，我先進去。

張驢兒云：

妳（ㄋㄞˇ）妳（ㄋㄞ），你先進去，就說女婿在門首哩！（卜兒見正旦科）

正旦云：

妳妳回來了，你吃飯麼？（卜兒做哭科）

云：

孩兒也，你教我怎生說波！

（說明）：波，無意義、相當咱。

正旦唱：

爲什麼淚漫漫不住點兒流？莫不是爲索債與人家惹爭鬥？我這裏連忙迎接慌問候，他那裏要說緣由。

（說明）：寫竇娥見婆婆淚流滿面，不知何故，忙來問候，又揣測婆婆是否因討債結怨，而挨揍。婆婆吞吞吐吐，說不出來，只是一個勁兒的掉淚。

卜兒云：

羞人答答的，教我怎生說波！

正旦唱：

則見他一半兒徘徊一半兒醜（ㄒㄧㄡ）。

云：

婆婆，你爲甚麼煩惱啼哭那？

卜兒云：

我問賽盧醫討銀子去，他賺我到無人去處，行起凶來，要勒死我。虧了一個張老並他兒子張驢兒，救得我性命。那張老就要我招他做丈夫，因爲這等煩惱。

正旦云：

婆婆，這個怕不中麼？

（說明）：不中，不行、使不得。

你再尋思咱：俺家裏又不是沒有飯吃，沒有衣穿，又不是少欠錢債，被人催逼不過；況你年紀高大，六十以外的人，怎生又招丈夫那？

（說明）：竇娥要婆婆想一想，我們什麼都不缺，你年紀又那麼大，招贅，像話嗎？

卜兒云：

孩兒也，你說的豈不是？但是我的性命全虧他這爺兒兩個救的，我也曾說道，待我到家，多將些錢物，酬謝你救命之恩。不知他怎生知道我家裏有個媳婦兒。

（說明）：金聖嘆批曰：「胡塗老太婆！」明明是自己說的，爲了推卸責任，却說是「不知他怎生知道」。

道我婆媳婦又沒老公，他爺兒兩個又沒老婆，正是天緣天對。若不隨順，他依舊要勒死我。那時節我就慌張了，莫說自己許了他，連你也許了他。兒啊！這也是出於無奈。

正旦云：

婆婆，你聽我說波。

唱：

避凶神要擇好日頭，拜家堂要將香火修，梳著個霜雪般白鬏髻，怎將這雲霞般錦帕兜。

（說明）：鬏髻，古時婦女頭上套網的假髮，帶有裝飾性的一種假髻。這是竇娥責備婆婆：要避凶神，也得挑個好時辰，想結婚拜堂也得準備香燭擺上香案，想你滿頭的白髮，如何將雲霞錦帕兜在頭上。

怪不得女大不中留，你如今六旬左右，可不道到中年萬事休，舊恩愛一筆勾，新夫妻兩意投，枉教人笑破口。

（說明）：到中年萬事休，子曰：「四十、五十人而無聞焉，斯亦不足爲言矣。」一個人在二、二十歲時不努力，到四、五十歲還默默無聞，沒人知道他，也就差不多了。這段話仍舊是竇娥在責備婆婆再嫁的不是：「怪不得人家說女大不中留」（這句話很挖苦），想你現在已六十多歲了，你沒聽人說嗎？人到中年萬事休，你若再嫁，不但從前跟公公的恩愛一筆勾消，而且當你們新夫妻兩意相投時，也正是別人指指點點，笑你守不住節老而再婚的時候。

卜兒云：

我的性命都是他爺兒兩個救的，事到如今，也顧不得別人笑話了。

正旦唱：

你雖然是得他得他營救，

（說明）：兩個得他，一定是在舞臺上有動作，指著張老和張驢兒。

須不是筍條筍條年幼，

（說明）：筍條，以竹所生的幼芽比喻人的年輕。這裏連用兩個筍條，是竇娥指著婆婆的頭和腳，告訴婆婆，你可不像嫩竹那樣的年輕。

剗的便巧畫蛾眉成配偶。

（說明）：剗的，無緣無故地、平白地、一味地。巧畫蛾眉，比喻夫妻感情好。意指無緣無故的便與人成婚。

想當初你夫主遺留，替你圖謀，置下田疇，蚤晚羹粥，寒暑衣裘，滿望你鰥寡孤獨，無捱無靠，母子每（ㄇㄣ）到白頭。公公也，則落得乾生受。

（說明）：想當初，我公公在世的時候，不但替你們置下田產，使你們衣食無缺，孤兒寡婦不受飢餓，也不須依靠人家，便能活到老，一切都替你們安排計劃好了，現在，你却把公公當年辛勞掙來的家產，雙手奉送給別人，公公啊！你是白辛苦了一場，現在都要送給別人去享受了。乾生受，生受用於自己方面，是受苦、受罪；對人家而言，則是難爲、辛苦、有勞之意。乾生受是白辛苦的意思。

卜兒云：

孩兒也，他如今只待過門，喜事匆匆的，教我怎生回得他去？

正旦唱：

你道他匆匆喜，我替你倒細細愁；愁則愁興闌珊嚥不下交歡酒。

（說明）：你說他喜匆匆的，我倒是替你發愁；你想想看，這一旦結婚，可能就沒得完了，這種沒感情，又像强盜似的婚姻，我在愁，愁你要如何能打起精神來喝那杯交歡酒。

愁則愁眼昏騰扭不上同心釦，愁則愁意朦朧睡不穩芙蓉褥。你待要笙歌引至畫堂前，我道這姻緣敢落在他人後。

（說明）：愁你這麼大的年紀，都已老眼昏花，如何可能扣上新娘裝上的同心釦；愁你卽使睡在新娘床上，也會因想念公公，內心羞愧，而睡不安穩。你說你要跟他結婚，雙雙拜堂，我可不願再婚。

卜兒云：

孩兒也，再不要說我了，他爺兒兩個都在門首等候，事已至此，不若連你也招了女婿吧！

正旦云：

婆婆，你要招你自招，我並然不要女婿。

卜兒云：

哪個是要女婿的。爭奈他爺兒兩個自家捱過門來，教我如何是好？

張驢兒云：

我們今日招過門去也。帽兒光光，今日做個新郎；袖兒窄窄，今日做個嬌客。好女婿，好女婿，不枉了，不枉了。（同孛老入拜科）

（說明）：帽兒光光四句，是形容結婚時，新郎衣帽整潔，是贊賀新郎的話。好女婿，是向別人自我吹噓。

正旦做不禮科，云：

兀那廝，靠後！

（說明）：廝，元劇中有兩種用法，一是對男子的賤稱，如這廝、那廝，就是這（那）個傢伙的意思；二是作相互的相字解，如廝似、廝見，就是相似、相見。

唱：

我想這婦人每休信那男兒口，婆婆也，怕沒的貞心兒自守，到今日招著個村老子，領著個半死四。

（說明）：我想女人家最好不要隨便相信男人的話，婆婆啊！婦女唯恐沒有貞潔的心，我今天這樣的守，你也守了那麼多年，我們都是有貞潔之心的人，怎能在今天招個粗鄙的老頭兒，還帶著個醜八怪來。村老子，是指粗鄙的老頭。

張驢兒做嘴臉科：云：

你看我爺兒兩個這等身段，儘也選得女婿過，你不要錯過了好時辰，我和你早些兒拜堂吧！

正旦不禮科，唱：

則被你坑殺人燕侶鶯儔。婆婆也，你豈不知羞！俺公公撞府沖州，

（說明）：撞府沖州，到各地去做生意賺錢。

闞圈的銅斗兒家緣百事有，

（說明）：闞，用力謀取。銅斗兒家緣，比喻家產殷實、牢固。全句意指公公辛勤工作，謀取家產，今家中物件齊全。

想著俺公公置就，怎忍教張驢兒情受？

（說明）：情受，承受。

張驢兒做扯正旦拜科，正旦推跌科，唱：

兀的不是俺沒丈夫的婦女下場頭。（下）

（說明）：這段是寫張驢兒逼婚，竇娥不肯，蔡婆婆左右爲難。

※　　※　　※

下面跳著講第二折後面：張驢兒陰錯陽差的毒死老子後，逼迫竇娥的情形

張驢兒云：

竇娥，你藥殺了咱老子，你要官休？要私休？

正旦云：

怎生是官休？怎生是私休？

張驢兒云：

你要官休呵！拖你到官司，把你三推六問。

（說明）：三推六問，多次審訊。推，推求。問，審訊。

你這等瘦身子，當不過拷打，怕你不招認藥死我老子的罪犯！你要私休呵！你早些與我做了老婆，倒也便宜了你。

正旦云：

我又不曾藥死你老子，情願和你見官去來。（張驢兒拖正旦卜兒下）

淨扮孤引祇候上，詩云：

（說明）：孤，劇中扮演官員的人，此指縣太爺。祇候，本宋代武官名。元代，各縣、路都設有

祇候若干名，是較高級的衙役，後來，富貴人家的僕役頭，也稱此。

我做官人勝別人，告狀來的要金銀；若是上司當刷卷，在家推病不出門。

（說明）：刷卷，由肅政廉訪使稽查所屬各衙門處理獄訟案件的情形，不使拖延、枉屈。

祇候吆喝科：

下官楚州太守桃杌是也。今早升廳坐衙，左右，喝攛相。

（說明）：喝攛相，古代官員開庭審案的時候，衙役分列兩廂，大聲吆喝壯威。一說，一面喝攛，一面把投在箱中的狀詞取出，叫做「吆喝箱」。

張驢兒拖正旦卜兒上，云：

告狀告狀。

祇候云：

拿過來。

（說明）：此處拿過來是雙關語，指狀子和銀票。

做跪見，孤亦跪科，云：

請起。

（說明）：孤亦跪科，是挖苦元惡吏。

祇候云：

相公，他是告狀的，怎生跪著他？

孤云：

你不知道，但來告狀的，就是我衣食父母。

（說明）：就這幾句話，把一個貪官汙吏的醜惡嘴臉，完全刻劃盡致。想想看：一個天生要錢的縣太爺，一見生意上門，自然要禮貌、要下跪。

祇候吆喝科，孤云：

哪個是原告？哪個是被告？從實說來。

張驢兒云：

小人是原告張驢兒，告這媳婦兒，喚做竇娥，合毒藥下在羊肚湯兒裏，藥死了俺的老子。這個喚做蔡婆婆，就是俺的後母。望大人與小人做主咱。

孤云：

是哪一個下的毒藥？

正旦云。

不干小婦人事。

卜兒云：

也不干老婦人事。

張驢兒云：

也不干我事。

孤云：

都不是，敢是我下的毒藥來？

正旦云：

我婆婆也不是他後母，他自姓張，我家姓蔡。我婆婆因為與賽盧醫索錢，被他賺到郊外勒死；我婆婆却得他爺兒兩個救了性命，因此我婆婆收留他爺兒兩個在家，養膳終身，報他的恩德。誰知他兩個倒起不良之心，冒認婆婆做了接脚，要逼勒小婦人做他媳婦。小婦人原是有丈夫的，服孝未滿，堅執不從。適值我婆婆患病，著小婦人安排羊肚湯兒吃。不知張驢兒哪裏討得毒藥在身，接過湯來，只說少些鹽醋，支轉小婦人，闇地傾下毒藥。也是天幸，我婆婆忽然嘔吐，不要湯吃，讓與他老子吃，才吃的幾口，便死了。與小婦人並無關係，只望大人高抬明鏡，替小婦人做主咱。

唱：

大人你明如鏡，清似水，照妾身肝膽虛實，那羹本五味俱全，除了外百事不知，他推道嘗滋味，吃下去便昏迷，不是妾訟庭上胡支對，大人也，却教我平白地說甚的。

（說明）：這段是竇娥提醒縣老爺，全部事情的經過，唯一的過節是：他說湯不對味，叫我去拿鹽，結果就出紕漏了，但縣官不從這方面去追究。這個縣官，作者已在前面很清楚的說明了是個貪官，且很差勁，作者在此安排竇娥說了兩次明鏡，是很諷刺的。

張驢兒云：

大人詳情，他自姓蔡，我自姓張，他婆婆不招俺父親接腳；他養我父子兩個在家做甚麼？這媳婦年紀兒雖小，却是個賴骨頭皮，不怕打的。

孤云：

人是賤蟲，不打不招。左右，與我選大棍子打著。（祗候打正旦，三次噴水科）

正旦唱：

這無情棍棒教我捱不得，婆婆也，須是你自做下的，怨他誰！勸普天下前婚後嫁婆娘每（ㄇㄣ），都看取我這般傍州例。

（說明）：這段寫縣官打竇娥，要她招供。自古以來，縣官問案的法寶，便是文中說的：「人是賤蟲，不打不招。」只要有人不招，縣官便認為他是刁民，於是動刑施打。這裏竇娥被打，已三次被打昏，每次噴水叫她醒來，再打，所以說：這無情棍棒教我捱不得。同時她勸婦女們要小心，婚姻之事，絕不能隨便答應，你看我婆婆，就是因此而惹上人命官司，讓我平白的受盡冤屈。傍州例，例子，榜樣也。

呀！是誰人唱叫揚疾，不由我不魄飛魂散。恰消停，才甦醒，又昏迷。捱千般打拷，萬種凌逼，一杖下，一道血，一層皮。

（說明）：古時行刑，須用錢行賄，有錢。則高高擧起，輕輕落下；無錢，則將棍子泡在鹽水中，打時，平著打下去，揉一揉，抽一抽，再拿起來。這時，肉馬上腫起來。像這種打法，只要兩、三下，皮就開了；皮開後，鹽水滲進去，再打、再開、再滲，那種滋味，可想而知。此時，張驢兒已奪得蔡婆婆家的財產，且已送錢賄賂了縣官，竇娥沒錢，自然是要被刑逼。

打的我肉都飛，血淋漓，腹中寃枉有誰知！則我這小婦人毒藥來從何處也，天哪！怎麼的覆盆不照太陽暉！

（說明）：竇娥提醒縣官，你不要一個勁兒的打我，你應該去問去查毒藥從那裏來？這種問刑實在太昏暗了，把我們百姓像青蛙一樣，覆蓋在盆子底下，永遠不見天日。覆盆不照太陽暉，是指翻蓋著的盆，太陽光照射不進去；就是黑暗，見不著光明的意思；用以比喻官吏和衙門的暗無天日。

※ ※ ※

時間的關係，「竇娥寃」就介紹到此。「竇娥寃」是「旦本」，是寫給旦角唱的。下面介紹寫給末角唱的末本戲——「單刀會」。「單刀會」是以正末關公和冲末魯肅爲主，因此叫末本。元代雜劇，在表演時，由於音樂訓練不如現今普遍，所以必須集中統一，由四到五個人物，輪番上臺，來唱這本戲，戲由誰挑大樑，整個的音樂旋律便跟著主角走。這樣，伴奏的人才好控制。

(二)「單刀會」（是剛的、是講英雄的歷史劇）

冲末魯肅上，云：

三尺龍泉萬卷書。皇天生我意何如。山東宰相山西將。彼丈夫兮我丈夫。

（說明）：這四句詩，充分的把魯肅的才能表現出來，說他能文能武，不管是山東宰相山西將，他是個丈夫，我也是個丈夫，老天爺安排我降世，就是要我有一番作爲的。山東的「山」，是指太行山。山東是指河南、河北、山東一帶，這裏文物鼎盛。山西，因接近胡地，常受騷擾，故此地多出「將領」之才。

小官姓魯名肅。字子敬。現在吳王麾下爲中大夫之職。想當日俺主公孫仲謀占了江東。魏王曹操占了中原。蜀主劉備占了西川。有我荆州乃四衝用武之地，保守無虞。分天下爲鼎足之形。想當日周瑜死於江陵。小官爲保。勸主公以荆州借與劉備。共拒曹操。主公又以妹妻劉備。不料此人外親內疏。挾詐而取益州。遂併漢中。有霸業興隆之志。我今欲取索荆州。料關公在那裏鎮守。必不肯還我。今差守將黃文。先設下三計，啟過主公，說關公韜略過人，有兼併之心，且居國之上游。不如索取荆州，今據長江形勢，第一計稱今日孫劉結親，已爲唇齒，就江下排宴設樂，修一書以賀進退曹兵，玄德稱主於漢中，讚其功美，邀請關公江下赴會爲慶，此人必無所疑，若渡江赴宴，就於飲酒席中間，以禮取索荆州，如還，此爲萬全之計，倘若不還，第二計將江上應有戰舡，盡行拘收，不放關公渡江回去，淹留日久，自知中計，默然有悔，誠心獻還。更不與呵，第三計壁衣內暗藏甲士，酒酣之際，擊金鐘爲號，伏兵盡擒，擒住關公，囚於江下，此人是劉備股肱之臣。若將荆州復還江東，則放關公還益州，如其不然，主將旣失，孤兵必亂，乘勢大擧，覷荆州一鼓而下，有何難哉。

（說明）：中國戲劇最大的特點是利用演員的口來介紹舞臺上所沒有的東西，而這些東西又是故事中所具備，且是觀衆一定看過、接觸過的東西。換言之，中國的戲劇經常是超時空的。例如戲劇中，演員時常在出場時自我介紹，或者說明自己的身份、所處的環境。而這些話，實際上都是講給臺下觀衆聽的。魯肅的這段話，也是在向觀衆說明和交待一些事情的緣由。

雖則三計已定，先交黃文請的喬公來商議則箇。

正末喬公上，云：

老夫喬公是也，想三分鼎足已定，曹操占了中原，孫仲謀占了江東，劉玄德占了西蜀，想玄德未濟時，曾問俺東吳家借荆州爲本，至今未還，魯子敬常有索取之心，沈疑未發，今日令人來請老夫，不知有甚事，須索走一遭去，我想漢家天下，請想變亂到此也呵。

唱：

俺本是漢國臣僚，漢皇軟弱，興心鬧，惹起那五處兵刀，併董卓，誅袁紹。止留下孫劉曹操，平分一國作三朝，不付能河清海晏，雨順風調，兵器改爲農器用，征旗不動酒旗搖，平罷戰，馬添肥，殺氣散，陣云高，爲將帥，作臣僚，脫金甲，著羅袍，則他這帳前旗捲虎潛竿，腰間劍揷龍歸鞘，人强馬壯，將老兵驕。

（說明）：這是寫喬國老希望天下太平，兵部都能改爲農器，脫下盔甲換上平常衣。

云：

可早來到了，左右報伏去，道喬公來了也。

卒子報云：

報的大夫得知。有喬公來到了也。

魯云：

道有請。

卒云：

老相公有。

末見魯云：

大夫，今日請老夫來，有何事幹？

魯云：

今日請老相公，別無甚事，商量取索荊州之事。

末云：

這荊州斷然不可取，相關雲長好生勇猛，你索荊州呵！他弟兄怎肯和你甘罷。

魯云：

他弟兄雖多，兵微將寡。

末唱：

你道他弟兄雖多兵將少。

云：

大夫，你知博望燒屯那一事麼？

魯云：

小官不知，老相公試說則。

末唱：

赤緊的將夏侯惇先困了。

云：

這隔江鬪智你知麼？

魯云：

隔江鬪智，小官知便知道，不得詳細，老相公試說則。

末唱：

則他那周瑜蔣幹是布衣交，那一個股肱臣諸葛施韜略，虧殺那苦肉計黃蓋添糧草。

云：

赤壁鏖兵，那場好廝殺也。

魯云：

小官知道，老相公再說一遍則。

末云：

燒折弓弩如殘葦，燎盡旗旛似亂柴，半明半暗花腔鼓，橫著撲著伏獸牌，帶鞍帶轡燒死馬，有袍有鎧死屍骸，哀哉百萬曹軍敗，個個難逃水火災。

唱：

那軍多半向火內燒，三停在水上漂，若不是天交有道伐無道，這其間吳國盡屬曹。

魯云：

曹操英雄智略高，剗平僭竊簒劉朝，永安宮裏擒劉備，銅雀宮中鎖二喬。

末唱：

你道是銅雀春深鎖二喬，這三朝恰定交，不爭咱一日錯便是一世錯。

魯云：

俺這裏有雄兵百萬，戰將千員。量他到的那裏。

末唱：

你則待要行霸道，你待要起戰討。

魯云：

我料關雲長年邁，雖勇無能。

末唱：

你休欺負關雲長年紀老。

云：

收西川一事，我說與你聽。

魯云：

收西川一事，我不得知，你試說一遍。

末唱：

收西川白帝城，將周瑜來送了，漢江邊張翼德將屍骸來當著，船頭上魯大夫幾乎間諕倒。你待將荆州地面來爭，關雲長聽的鬧，他可便亂下風雹。

（說明）：這一段是喬國老勸魯肅，不要去找關公，關公是不好惹的，尤其在此時風雨飄搖，不要自找麻煩，惹怒關公，結局是很難收拾的。

魯云：

他便有甚本事。

末唱：

他誅文醜逞粗暴，刺顏良顯英豪，他去那百萬軍中，他將那首級輕梟。

魯云：

想赤壁之戰，我與劉備有恩來。

末唱：

那時間相看的是好，他可便喜孜孜笑裏藏刀。

（說明）：這裏寫關公的神勇，並責備劉備不報恩。

魯云：

他若與我荊州，萬事罷論，若不與荊州呵，我將他一鼓而下。

末云：

不爭你舉兵呵。

唱：

幸然是天無禍，是嗜這人自招，全不肯施恩布德行王道，怎比那多謀足智雄曹操，你須知南陽諸葛應難料。

（說明）：這裏是喬國老指出：「本來是天無禍，禍都是人類自己招惹的，你在東吳活得好好的，幹嘛要去討荊州呢？不討不打緊，一討就要惹禍了，你實在還不如足智多謀的曹操，曹操還招撫關公，你却偏去惹關公，你要知道，南陽的諸葛亮更是個難應付的角色。

魯云：

他若不與呵，我大勢軍馬好歹奪了荊州。

末唱：

你則待千軍萬馬惡相持，全不想生靈百萬遭殘暴。

（說明）：最後兩句寫得極好！你們爲了達到私人的目的，不惜輕啟戰端，完全不顧百萬民生因此而塗炭，充分寫出作者對戰爭的厭惡感。

魯云：

小官不曾與此人相會，老相公，你細說關公威猛如何？

末云：

想關雲長但上陣處，憑著他坐下馬，手中刀，鞍上將，有萬夫不當之勇。

唱：

他上陣處赤力力三綹美髯飄，雄赳赳一丈虎軀搖，恰便似六丁神簇捧定一個活神道，那敵軍若是見了，諕的他七魄散，五魂消。

云：

你若和他廝殺呵！

唱：

你則索多披上幾副甲，賸穿上幾層袍，便有百萬軍，當不住他不剌剌千里追風騎，你便有千員將，閃不過明明偃月三停刀。

（說明）：這段形容關公不僅勇猛，還長得漂亮，他一出來，小兵圍著他，就像活菩薩，不要說是打他了，哪怕你是大將，他只要睜開眼，大刀一揮，你的頭就不見了。現在的戲劇中，演關公的人，通常不睜眼，關公一睜眼就要殺人了。另外，關公打仗時，從不與人正面接觸，他經常在對方通名報姓後，撥馬便走，他的赤兔寶馬，能進能退，能行能止，當後面的人猛追關公，關公看距離差不多時，兩腿一夾，馬立即停步，刷的一刀過去，後面的人頭還沒來得及抬，頭就不見了，這就是有名的拖刀計。

※　　※　　※

下面是魯肅定三計要取回荆州。跳過去，看尾聲

末唱：

曹丞相將送路酒手中擎，餞行禮盤中托，沒亂殺姪兒和嫂嫂，曹孟德心多能做小，關雲長善與人交，早來到灞陵橋，嶮諕殺許褚張遼。他勒著追風騎，輕輪動偃月刀，曹操有千般計較，則落的一場談笑。

云：

關雲長道，丞相勿罪，某不下馬了也。

唱：

他把那刀尖兒斜挑錦征袍。（下）

（說明）：這段在平劇中叫「賜酒挑袍」。講關公過五關斬六將，喬國老指出：你魯肅差遠了，曹操是最多心的人，關雲長却善與人交，使曹操對他佩服得不得了，曹操用美人計、用銀彈攻勢、笑臉攻勢、高官厚爵、五子登科，以得到關公爲終身職願，都不能打動關公的心，拿關公莫可奈何，你比曹操差遠了，你能把他怎麼樣？

正末扮司馬徽領道童上，末云：

貧道複姓司馬，名徽，字德操，道號水鑑先生，想漢家天下鼎足三分，貧道自劉皇叔相別之後，又是數載，貧道在此江下結一草庵，修行辦道，是好悠哉也呵！

唱：

本是個釣鰲人，到做了扶犁叟，笑英布、彭越、韓侯，我如今緊抄定兩隻拿雲手，再不出麻袍袖。

（說明）：東漢嚴子陵與漢光武同是太學學生，光武即帝位後，子陵便隱居在富春江的七里灘，做個釣鰲人，後來做了農夫。司馬徽的言下之意，即指高祖時的大將，均不得善終，他從今起，束手不問俗事，要做個隱者，自由自在的過日子。

我則待要聚村叟，會詩友，受用的活魚新酒，問甚麼瓦鉢磁甌，推台不換盞，高歌自摑手，任從他陰晴昏晝，醉時節衲被蒙頭。我向這矮窗睡徹三竿日，端的是傲殺人間萬戶侯，自在優游。

（說明）：這段寫隱居者的生活，自己唱歌，自己拍手，流水席不停的開，醉了就蒙頭大睡，睡到日上三竿再起來，這種優閒的生活，足可傲殺萬戶侯。

末唱：

我又不曾垂釣在磻溪岸口，大夫也，我可也無福吃你那堂食玉酒，我則待溪山學許由。

云：

大夫請我呵，再有何人。

魯云：

別無他客，止有先生故友壽亭侯關雲長一人，

末唱：

你道是舊相識壽亭侯，和咱是故友。

云：

若有關公，貧道風疾舉發，去不得，去不得。

（說明）：風疾是指痛風，這段是魯肅請司馬徽做陪客，邀宴關公，司馬徽以常患痛風爲由，加以推辭。

魯云：

先生初聞魯肅相邀，慨然許諾，今知有關公，力辭不往，是何故也，想先生與關公有一面之交，則是筵間勸幾杯酒。

末唱：
大夫，你著我筵前勸幾甌，那漢劣性怎肯道折了半籌。
魯云：
將酒央人，終無惡意。
末唱：
你更休提安排著酒肉，他怒時節目前見鮮血流。你爲漢上九座州，我爲筵前一醉酒。大夫，你和貧道，咱兩個都落不得完全屍首。

（說明）：魯肅告訴司馬徽，我只是要你在筵席上多勸關公喝幾杯，讓我有個說話的機會。司馬徽說：「你要我多勸他喝幾杯，你要知道，關公那個人是不肯吃虧的。」魯肅說：「不管怎麼說，敬酒總不是壞事。」司馬徽說：「你不要提安排酒肉宴請關公之事，你要知道，關公不生氣則已，他一生氣，便人頭落地。你爲了收回荊州，我爲了貪吃好飲，惹怒了關老爺，咱兩個都無法全屍而終。」

魯云：
先生是客，怕做甚麼？
末唱：
我做伴客的少不得和你同病同憂。
魯云：

我有三條計取索荆州。

末唱：

只爲你千年勳業三條計，我可甚一醉能消萬古愁，題起來魂魄悠悠。

（說明）：魯肅說：「你是客人，怕他做什麼？」司馬徽說：「我是陪著你去的，你倒楣，我還不是一樣跟著倒楣。」魯肅說：「我有三條計謀，可以取回荆州。」司馬徽說：「我是下三計要拿荆州，我幹嘛呢？爲了喝酒，丢了荆州，還一輩子落個罵名。」

魯云：

既是先生故友，同席飲酒何妨。

末云：

大夫既堅意要請雲長，若依得貧道兩三樁兒，你便請他，若依不得，便休請他。

魯云：

你說來，小官聽者。

末云：

依著貧道說，雲長下的馬時節。

唱：

你與我躬著身將他來問候。

云：

你依的麼？

魯云：

關雲長下的馬來，我躬著身問候。不打緊，也依的。

末唱：

大夫，你與我跪著膝連忙的勸酒，飲則飲，吃則吃，受則受。道東呵隨著東去，說西去隨著西流，這一樁兒最要緊也。

唱：

他醉了呵你索與我便走。

（說明）：司馬徽向魯肅提出三個要求：1關公來了，你我要彎著身子迎接他。2跪著敬酒。3.喝酒時，他說東就東，說西就西，不許談索荆州之事。他如果喝醉了，你就跟我一道走。你能答應這三個條件，我就跟你去。

魯云：

先生，關公酒後德行如何？

末唱：

他甯前有一句言，筵前帶二分酒，他酒性躁不中撩鬥，你則綻口兒休題著索取荆州。

魯云：

我便索荆州有何妨？

末云：

他聽的你索荆州呵！

唱：

他圓睜開丹鳳眸，輕舒出捉將手，他將那臥蠶眉緊皺，五雲山烈火難收，他若是玉山低趄，你安排著走，他若是寶劍離匣，準備著頭，枉送了你那八十一座軍州。

魯云：

先生，不須多慮，魯肅料關公勇有餘而智不足，到來日我壁間暗藏甲士擒住，關公便插翅也飛不過大江去，我待要先下手爲强。

末云：

大夫，量你怎生近的那關雲長。

唱：

比及你東吳國魯大夫仁兄下手，則消得西蜀國諸葛亮先生舉口，奏與那有德行仁慈漢皇叔，那先生撫琴霜雪降，彈劍鬼神愁，則怕你急難措手。

（說明）：這段寫魯肅的刁蠻，諸葛亮的厲害。

魯云：

我觀諸葛亮也小可，除他一人也再無用武之人。

末云：

關雲長他弟兄五個，他若是知道呵，怎肯和你甘罷！

魯云：

可是那五個。

末唱：

有一個黃漢升猛似彪，有一個趙子龍膽大如斗，有一個馬孟起他是個殺人的領袖，有一個莽張飛，虎牢關力戰了十八路諸侯，騎一匹閉月烏，使一條丈八矛，他在那當陽坂有如雷吼，喝退了曹丞相一百萬鐵甲貔貅，他瞅一瞅漫天塵土橋先斷，喝一聲拍岸驚濤水逆流，那一夥怎肯干休。

（說明）：這段說關雲長的五個兄弟，個個神猛，你若是動關公一根毫毛，他們也不會與你善罷干休。

魯云：

先生若肯赴席呵，就與關公一會何妨。

末云：

大夫，不中不中，休說貧道不曾勸你。

唱：

我則怕刀尖兒觸抹著輕釐了你手，樹葉兒提防打破我頭，關雲長千里獨行覓二友，匹馬單刀鎮九州，人似巴山越嶺彪，馬跨翻江混海獸，輕舉龍泉殺車冑，怒扯昆吾壞文醜，麾蓋下顏良劍標了首，蔡陽英雄立取頭，這一個躲是非的先生決應了口，那一個殺人的雲長。（稽首）我更怕他下不得手。

（說明）：這段簡直把關公給寫活了，說關公只要刀尖一揮，就可以削掉對方的鬍子，舞刀時，被刀帶下來的東西，哪怕是樹葉，都會打死人的。從第一折到第二折完，作者藉兩個不同人物（喬國老及司馬徽）的口，來寫關公的神猛，這種烘托手筆，運用得極巧妙，而關公到現在還沒出現。

## 第三折

正末扮關公領關平、關興、周倉上，云：

某姓關，名羽，字雲長，蒲州解良人也。

（說明）：一般戲劇中，出場人多自稱本官、下官、在下、小生，只有關公出來時稱某，這是表示尊敬。現在，我們所看到的供桌上關公的照片，多是關公坐中間，捋著鬍子看〔春秋〕，旁邊關平捧印，周倉拿刀。

見隨劉玄德爲其上將，自天下三分，形如鼎足，曹操占了中原，孫策占了江東，我哥哥玄德公占了西蜀，著某鎮守荊州，久鎮無虞，我想當初楚漢爭鋒，我漢皇仁義用三傑，霸主英雄憑一勇，三傑者乃蕭何、韓信、張良，一勇者暗嗚叱吒，舉鼎拔山，大小七十餘戰，逼霸主自刎烏江，後來高祖登基，傳到如今，國步艱難一至於此。

唱：

那時節天下荒荒，恰周秦早屬了劉項，分君臣先到咸陽，一個力拔山，一個量容海，他兩個一時開創，想當日黃閣烏江，一個用了三傑，一個誅了八將。

（說明）：這段寫關公保漢室之態度，及對漢朝天下的感嘆：想當初楚漢相爭，漢皇劉備任用三傑，項羽則憑一己之勇。他二人，一個有量，一個有勇。但成大事業光有智慧是不夠的，因爲任何一件事，都必須要靠衆人的力量才能完成。一位領導者，若光有過人的才能，而無容人的雅量，便無法完成大事業。項羽就是一個沒有「量」的人，據〔史記〕上說，項羽封官，印都刻好了，却抓在手上，把字都磨光了，還捨不得給人家，這就是小氣。你要人家賣命。小氣怎麼行呢？這就是爲什麼劉邦得天下，項羽自刎身亡。

一個短劍下一身亡，一個靜鞭三下響，祖宗傳授與兒孫，到今日享，享獻帝又無靠無依，董卓又不仁不義，呂布又一冲一撞。

（說明）：靜鞭三下響，是指宮庭中皇帝出來時，侍衛用棍子在地上敲三下「咚！咚！咚！」一邊嘴呼：「萬歲駕到！」這裏是指「做了皇席」。這段是寫關公對漢家江山的同情、關心，也表現了他的忠義態度，最後三句是形容當時混亂的局勢。

（略）

云：

孩兒門首覷著，看什麼人來？

關平云：

理會的。

黃文上，云：

某乃黃文是也。將著這一封請書，來到荊州，請關公赴會，早來到也，左右報伏去，有江下魯子敬差上將拖地膽黃文持請書在此。

平云：

你則在這裏者，等我報伏去。

平見正末云：

報的父親得知，今有江東魯子敬差一員首將持請書來見。

正云：

著他過來。

平云：

著你過去哩！（黃文見科）

正末：

兀那廝甚麼人？

黃慌云：

小將黃文，江東魯子敬差我下請書在此。

正云：

你先回去，我隨後便來也。

黃文云：

我出的這門來，看了關公英雄，一相個神道。魯子敬，我替你愁哩！

（說明）：拖地膽，是綽號，趙子龍是渾身膽，他把膽子放在地下拖著，表示關公不好惹，要找個膽大的去下請書，不能隨便找個無名小卒去。這是作者用襯托的筆法，不直書其名而用綽號，以表云有三分膽的人才敢去見關公。從這裏可以看出作者用心之細，連這種小地方，他都不放棄，甚至他還透過一個下屬，在見過關公後，明白道出：這次見面，魯肅撈不到便宜。這些都是在烘托主角。

小將是黃文，特來請關公，鬚長一尺八，面如掙棗紅，青龍偃月刀，九九八十斤，脖子裏著一下，那裏尋黃文，來便吃筵席，不來豆腐酒吃三鍾。（下）

正末云：

孩兒，魯子敬請我赴單刀會，走一遭去。

平云：

父親，他那裏筵無好會，則怕不中麼！

正云：

不妨事。

唱：

兩朝相隔漢陽江，上寫著道魯肅請雲長，安排筵宴不尋常，休想道是畫堂別是風光，那里有鳳凰盃滿捧瓊花釀，他安排著巴豆砒霜，玳筵前擺列著英雄將，休想肯開宴出紅妝。

（說明）：關公云：「我知道他是會無好會，宴無好宴，就像鴻門宴，但我不怕，就算他擺下毒藥，我也去。」

安排下打鳳牢龍，準備著天羅地網，也不是待客筵席，則是個殺人的戰場，若說那重意誠心更休想，全不怕後人講，既然謹謹相邀，我則索親身便往。

（說明）：這段是寫關公批評魯肅，他沒想到今天幹這種缺德事，會被留下來。不過，沒關係，我關某是英雄，不在乎這點，刀山油鍋照樣去。

平云：

那魯子敬是個足智多謀的人，他又兵多將廣，人強馬壯，則怕父親去呵，落在他彀中。

正唱：

你道他兵多將廣，人强馬壯，大丈夫敢勇當先，一人拚命萬夫難當。

平云：

許來大江面，俺接應的人可怎生接應。

正唱：

你道是隔著江，起戰場，急難親傍，我著那廝鞠躬，鞠躬送我到船上。

（說明）：關平說：「江那麼寬，你過了江之後，要是有什麼差錯，咱們怎麼辦呢？」關公則誇海口，說他要叫魯肅鞠著躬把他送上船。

云：

你孩兒到那江東，旱路裏擺著馬軍，水路裏擺著戰船，直殺一個血衚衕，我想來先下手的爲强。

正唱：

你道是先下手强，後下手殃，我一隻手揪（ㄐㄧㄡ）住寶帶，臂展猿猱，劍掣秋霜。

平云：

父親，則怕他那裏有埋伏。

正唱：

他那裏暗暗的藏，我須索緊緊的防，都是些狐朋狗黨。

云：

單刀會不去呵！

唱：

小可如千里獨行五關斬將。

（說明）：這段寫關公安慰關平，要他不必擔心不必怕，千里獨行、五關斬將的事都幹過，單刀會算什麼。

云：

孩兒，量他到的那裏。

平云：

想父親私出許昌一事，您孩兒不知，父親慢慢說一遍。

正唱：

小可如我携親姪訪冀王，引阿嫂覓劉皇，灞陵橋上氣昂昂，側坐在雕鞍上。俺也曾撾鼓三鼕斬蔡陽，血濺在殺場上，刀挑征袍出許昌，嶮諕殺曹丞相，向單刀會上，對兩班文武，小可如三月襄陽。

平云：

父親，他那裏雄赳赳排著戰場。

正唱：

折莫他雄赳赳排著戰場，威凜凜兵屯虎帳，大將軍智在孫吳上，馬如龍人似金剛，不是我十分强，硬主張，但顧起厮殺呵磨拳擦掌，排戈甲，列旗鎗，各分戰場，我是三國英雄漢雲長，端的是豪氣有三千丈。

（說明）：據說戲裏的關公是模仿釋迦牟尼旁邊的迦葉尊者，他就是滿臉紅色，表情堅定。這段是關公的兒子一直在提醒他，對方設有機關，準備要他踏入陷阱，關公則說：「什麼大場面我沒見過，這種小玩意兒，不在關某眼下。」這第三折還在家裏說話，到第四折才眞正赴會。而第四折才是主題所在，也是最重要的。

第四折

魯肅上云：

歡來不似今朝，喜來那逢今日，小官魯子敬是也，我使黃文持書去請關公，欣喜許今日赴會，荆襄地合歸還俺江東，英雄甲士已暗藏壁衣之後，令江上相候，見船到便來報我知道。

正末關公引周倉上云：

周倉，將到那裏也。

周云：

來到大江中流也。

正云：

看了這大江，是一派好水也呵！

唱：

大江東去浪千疊，引著這數十人駕著這小舟一葉，又不比九重龍鳳闕，可正是千丈虎狼穴，大丈夫心別，我覷這單刀會似賽村社。

云：

好一派江景也呵！

（說明）：據說，魯肅埋伏三千人，而關公只帶了四十多個人，關公還把這次單刀會，看做是去吃拜拜，豪情萬丈。

唱：

水湧山疊，年少周郎何處也，不覺得灰飛煙滅，可憐黃蓋轉傷嗟，破曹的檣櫓一時絕，鏖兵的江水由然熱，好教我情慘切，這也不是江水，二十年流不盡的英雄血。

（說明）：作者在這段中一直描述關公看江面景色，而實際上，關公是藉觀賞風景來掩飾內心的緊張，同時在思量對策，以便應付。而這段乃是將東坡的「念奴嬌」詞，加以錯綜，寫關公回想當初與曹操在此發生戰事，二十年來，羣雄併爭，流的都是英雄的血，而不是江水。

云：

却早來到也，報伏去。卒報科

做相見科，魯云：

江下小會，酒非洞裏之長春，樂乃塵中之非藝，猥勞君侯屈高就下，降尊臨卑，實乃魯肅之萬

幸也。

正云：

量某有何德能，著大夫置酒張筵，既請必至。

（說明）：兩人彼此客套一番，關公說：「既然你要請我，我當然要到，咱們是好朋友，怎麼可

以不給你面子。」

魯云：

黃文將酒來，二公子滿飲一盃。

（說明）：先把身旁的人灌倒，再對付老的。

正云：

大夫飲此盃。（把盞科）

正云：

想古今咱這人過日月好疾也呵！

魯云：

過日月是好疾也，光陰似駿馬加鞭，浮世似落花流水。

（說明）：二人敘舊，感嘆歲月飛逝。

正唱：

想古今立勳業，那里也舜五人漢三傑。兩朝相隔數年別，不付能見者，卻又早老也。開懷的飲數盃。

云：

將酒來！

唱：

盡心兒待醉一夜。

（說明）：自古至今，都有一羣人，爲了政治理想組織政府。在這土地上，舜有五人，漢有三人，而到現在，我跟你喝酒時，他們五人、三人，今可存在？前面的朝代，我們看的時候還很感慨，不想到，幾年後，我們很快的也要被別人看了，想著想著，唉！喝酒吧！這段是懷古。

（略）

正唱：

你把我眞心兒待將筵宴設，你這般攀今覽古，分甚枝葉，我根前使不著你之乎者也，詩云子曰，早該豁口截舌，有意說孫劉，你休目下番成吳越。

（說明）：魯肅拐彎抹角的想提荊州事，關公則說：「你設宴款待我，又像打啞謎似的提著事情，告訴你，你少跟我之乎者也，你要講孫劉，我們是朋友，你不要挑撥我們兩家的感情。」這是關公在警告魯肅。

（略）

唱：

則爲你三寸不爛之舌，惱犯我三尺無情鐵，這劍飢餐上將頭，渴飲仇人血。

（說明）：關公火了說：「你不要惹我了，惹惱了我，我這把刀已經餓了，它餓了就要吃上將的頭，喝仇人的血。」

則是條龍向鞘中蟄，虎在坐間哲（ㄓㄜ），今日故友每才相見，休著俺弟兄每相間別，魯子敬聽著，你心內休喬怯，暢好是隨邪，吾當酒醉也。

（說明）：今天我們好朋友才剛見面，你不要弄得我們彼此生疏了。子敬，你少玩花樣，剛才你說的話，我只當是你喝醉了，我也差不多了，咱們酒言酒語，都不當眞都不算數。

魯云：

臧宮動樂。（臧宮上）

云：

天有五星，地攢五嶽，人有五德，樂按五音。五星者，金木水火土。五嶽者，常恒泰華嵩。五

德者，溫良恭儉讓。五音者，宮商角徵羽。（甲士擁上科）
魯云：
埋伏了者。
正擊案忍云：
有埋伏也無埋伏。
魯云：
並無埋伏。
正云：
若有埋伏，一劍揮之兩斷。（做擊案科）
魯云：
你碎菱花。
正云：
我特來破鏡。
唱：
卻怎生鬧吵吵軍兵列，休把我當攔者。
云：

當著我的呵呵！

唱：

我著他劍下身亡，目前流血，便有那張儀口、蒯通舌，休那里躲閃藏遮，好生的送我到船上者，

我和你慢慢的相別。

（說明）：這段寫二人鬥智，魯肅一直用言語來打動他，希望關公能明白過來，還他荊州。關公則說：「你休要攔著我，擋著我的人，我就叫他劍下身亡，就算有張儀、蒯通這種能言善道的人，我言教他無處躲藏，你趕快送我上船，咱們是好朋友，酒也喝夠了，哥兒們好好走吧！再見了。」關公言不及義，根本不讓魯肅談到主題上去。

魯云：

你去了到是一場伶俐。

黃文云：

將軍，有埋伏哩！

魯云：

遲了我的也。

關平領衆將上，云：

請父親上船，孩兒每（ㄇㄣ）來迎[illegible]回荊州。

# 元雜劇的趙氏孤兒與水滸傳戲

## 前　言

戲曲、音樂的研究，與詩詞的研究是不太一樣的：一首詩，也許幾分鐘就可以講完了；而音樂，如果不把整首曲子如「命運交響曲」聽完，就沒辦法批評這首音樂到底好不好。同樣的，全本〔玉堂春〕，從王金龍上京趕考，在南京逛窰子，到最後當了山西巡按大人，玉堂春被沈雁林買回，沈雁林吃下了放了毒藥的麵。然後，在山西太原府三堂會審。如果不把整齣戲看完，也沒辦法來批評〔玉堂春〕的好壞。因此，有些藝術品，例如字、畫，一眼看過去，就能定出好壞；但是，戲劇和音樂，如果沒有「時間」來做完整的觀賞，便無法深入了解。在此，我想跟各位談談元雜劇中的〔趙氏孤兒〕及〔水滸〕。

## 一、趙氏孤兒

元雜劇中的〔趙氏孤兒〕，是中國戲劇史上，非常了不起的作品。一般來說，當我們研究文學問題時，必須要注意到作品的社會背景及文化背景。而「趙氏孤兒」這齣戲的產生，究竟是爲了報仇，還是其他的原由，便是值得我們考慮、注意的。現在我們即來談談有關這齣戲的一些問題。

「趙氏孤兒」在西元一七三五年，也就是十八世紀前期，就被法人R.P. Premare，把它翻成法文。然後，英國人根據法文本，又把它翻成英文。換句話說：十八世紀前期，我國的戲劇被西方人翻成外文，「趙氏孤兒」是第一部。到了十八世紀末，法人伏爾泰（Voltair）（目前凡講文學史的理論，均以法國文學家爲最重要，其中的代表人物是Time及Voltair ）作了一本翻案的戲劇。另外，補充說明一點，即歐洲第一位研究蒙古、西藏歷史的漢學家—法蘭西學院第一位東方學的講座，也是研究蒙古最專門的學者盧連（S. Julien），他發現Premare 翻的法文本不太純眞，於是他在西元一七六二年，也就是十七世紀中期，再把「趙氏孤兒」第二次翻成法文。

「趙氏孤兒」的故事，若按戲劇分類來講，在朱權「太和正音譜」裏是所謂雜劇十二科內的歷史劇，叫「叱奸罵讒」。故事的來源分別是：

在漢朝文獻上，我們所能看到的關於「趙氏孤兒」的故事背景是劉向「新序」中卷七「節士篇」、「說苑」卷六「復恩篇」。「新序」、「說苑」這兩本書的特點，是將我國古代傳聞的小說故事搜集在一起，而這些小說故事，就是班固所說的小說家者流，道聽塗說。不過，其中往往也有可觀之處。如這兩本書的「節士篇」、「復恩篇」，便對「趙氏孤兒」的故事，說得很詳細。

「趙氏孤兒」是借歷史故事，說另一個問題的。這個歷史故事，最早出現在春秋中後期，「左傳」

宣公十五年上記載說：「晉靈公不君。」其中便講到靈公與大臣趙盾之間有很多問題，現尙存在。〔公羊傳〕卷十五、〔穀梁傳〕卷十二，及春秋外傳的〔國語〕第十一卷，均提到趙家和晉國的故事，但都很簡略。直到太史公〔史記〕卷四十三「趙世家」、卷三十九「晉世家」、卷四十五「韓世家」，這三篇世家中，關於晉靈公與趙家之間的爭執，便有了比較詳細的記載。然在〔史記〕的「趙世家」中，說這故事並不是發生在晉靈公，而是在晉景公時，且結果是：趙家被滿門抄斬後，韓厥撫養趙家孤兒長大，十五年後，韓厥要求晉悼公恢復趙家的官爵，然後，表現老朋友間的念舊之情。至於〔史記〕晉世家中，則提出奸臣屠岸賈的名字；在「韓世家」中則描寫了平劇中所見的〔搜孤救孤〕的故事大綱。所以，如果要了解〔趙氏孤兒〕的背景，一定要從〔春秋〕三傳、〔國語〕、〔史記〕的趙、晉、韓三世家中去尋求。

以上是〔趙氏孤兒〕遠的歷史大概的情形。往近一點講，〔趙氏孤兒〕故事的發生，我想，大概與宋朝歷史有很大的關係。宋朝的皇帝姓趙，宋朝的宮廷也有很多問題，據說在宋神宗時，不知因何緣故，要刻十七史，第一部歷史便是〔史記〕。當〔史記〕開雕時，有人讀到了「趙世家」、「晉世家」、「韓世家」中有關趙家的故事，就特別宣傳，說我們現在的皇帝，他們的祖先就是趙盾，當今皇上就是趙氏孤兒的後代。皇帝一聽很高興，因爲皇帝本來就是稱孤道寡，稱「孤家」，稱「寡人」，而今我既然又是趙家的孤兒，那麼，大家就該對我好才是。據說，自北宋神宗便開始傳說宋的祖先是春秋時代的趙氏孤兒。正因如此，程嬰、公孫杵臼、韓厥等三人，便成爲趙宋時代感恩圖報的古人。

神宗時，追封程嬰爲信侯、公孫杵臼爲忠智侯，且在山西絳州特別立廟祭祀他們。然到北宋被金人打敗，宋高宗趙構逃到杭州，當時有許多大臣認爲二聖既蒙塵於北，國中不可無人，因此上表請趙構就皇帝位，而代表大臣上此奏表的汪藻，在他所上的奏表裏便有兩句是這樣寫的：「輒慕周勃安劉之計，庶幾程嬰存趙之忠。」其中「程嬰存趙」就是〈趙氏孤兒〉的故事。各位想想：南宋第一位皇帝即位時，「勸進表」上就把程嬰放在很重要的地位，顯然這與「趙」字有關。由此可見，兩宋時代〈趙氏孤兒〉是人人口中常說的故事。高宗紹興十六年，又加封程嬰爲忠節成信侯，封公孫杵臼爲通勇忠智侯，封韓厥爲忠定義成侯。此時這三人，不但封侯，且加了尊號。甚至到了紹興二十二年，高宗心血來潮，又改封程嬰爲疆濟公、公孫杵臼爲英略公、韓厥爲啟佑公——由侯爵往上封爲公爵。這事見於〈宋史〉高宗本紀卷七及禮志八。到了光宗、理宗時，皇帝還特別降旨，在杭州修「八義圖」中幾個重要人物的廟，稱「著德廟」，然後給三人封王：封程嬰爲忠濟王，公孫杵臼爲忠祐王，韓厥爲忠利王。這些記載，見於〈東京夢華錄〉。這是南宋末年，我們從史書上所能看到大宋朝廷對〈趙氏孤兒〉中幾個重要人物推崇備至的情形。

兩宋除了牽强附會的稱趙氏孤兒是趙宋的祖先外，一方面也因爲趙宋是極弱的朝代，走的是揚文抑武的政策，造成了社會雖理智，民族却不夠强悍，易被外族侵略，於是朝廷特別提出〈趙氏孤兒〉的故事，以提倡忠義的思想，期望社會大衆將「趙」家當孤兒看，忠心耿耿的保護「大宋江山」。不僅如此，從南宋初期到末期，一些大文學家的作品中，也經常談到〈趙氏孤兒〉的故事，如愛國詞人辛棄疾，在他「六州歌頭」的作品中，就提到：「君不見韓獻子，晉將軍，趙孤存，千載存忠信。」另外，南宋末年，文天祥有兩首詩也談到「趙氏孤兒」的故事對他的影響。有一次，文天祥到「無錫」，他由文人手無寸鐵的情形就像「無錫」，而聯想到南宋江山的危急，於是作了一首「過無錫」詩，詩云：

英雄未死心爲碎，父老相逢鼻亦腥。
夜讀程嬰存趙氏，一回惆悵一沾襟。

文天祥後來所寫的「正氣歌」中，有幾句話說：「風簷展書讀，古道照顏色。」文天祥舉出不少的古人，來說明「古道照顏色」，其中他提到「嵇侍中血」、「顏常山舌」、「嚴將軍頭」、「太史簡」、「董狐筆」，在此，我認爲應該再加上「程嬰存趙」。這是文天祥對國家盡忠的一種最直接的表示。此外，文天祥在奉命出使到蒙古軍中去時，寫了一首「使北詩」，其中有兩句是這樣寫的：

程嬰存趙增功治，賴有忠良壯此行。

文天祥寫此詩時，已當了宰相。此詩的意思是說：我希望我們趙宋永遠不會被敵人消滅，這是我唯一的志願，也是我終生應守的志節，今天我只是一介書生，憑什麼有這樣大的膽量，敢到百萬大軍的元人陣營中去？我憑靠的就是「程嬰存趙」這種中國人所擁有的忠良氣節。

從辛稼軒、文天祥的作品，三番兩次的提到程嬰、韓厥，就可以知道「趙氏孤兒」的故事，在兩宋時代相當的流行。也正因爲兩宋的流行，才會在元朝時，產生了這個劇本。

南宋滅亡後，南宋遺民中的陶宗儀，寫了一本〔輟耕錄〕。書中寫元朝社會無秩序、無法律的情形，甚至有人挖宋帝陵寢，偷墓中的東西，偷完了東西，還將人骨到處亂丟，看的人，無不感到辛酸、痛心。此時，一位叫唐珏的百姓，不忍見屍骨暴露在外，便將那些屍骨收起來，並且造了一個漂亮的墳，把它埋了。陶宗儀十分感動，便在「盜伐宋陵寢」中，特別贊揚唐珏。他說：唐珏這種國雖亡，家雖破，祖宗不能受辱的精神、行為，就像古代的程嬰和公孫杵臼。從南宋亡後到元朝初年，中國知識分子的心中，仍舊有這種觀念。元朝中期，大都人紀君祥在他的作品中曾寫道：「憑看趙家之業千年永，要扶立晉氏三侯百二雄。」這其中的趙，便是指歷史上的趙宋時代，也就是暗示：要反元復宋，一如「反清復明」。

〔趙氏孤兒〕這個劇本形成的原因，一方面固然是愛國的思想，但一方面則强調的是在兩宋極弱的時代，不是僅靠武力去打敗敵人，而是要靠忠義精神來保存正統。此正如今天一樣，以力量跟共匪比，我們的人少，當然沒辦法比，但是我們的精神却勝過他們，我們是正統，我們有正義，這是他們所沒有的。〔詩經〕云：「刑於寡妻，以保于家邦。」老毛子當年叱咤風雲，不可一世，而今一攤平之後，不保妻子。這正足以證明，暴力政權是絕對得不到全體民衆擁戴的。而〔趙氏孤兒〕千年以來，宋人便是採用其忠義精神來對付元人，對付異族的統治。這是我們中國第一個對異族表示抗議的劇本。以這樣的觀念來看〔趙氏孤兒〕，它就不是單純的報仇戲了。

紀君祥曾寫過六個劇本，其中唯一存在的便是〔趙氏孤兒〕和另一殘本。〔趙氏孤兒〕在戲劇史上有兩個版本，一個是〈元刋雜劇三十種本〉，另一個是〈元曲選本〉。前者有四折，後者有五折。其不同點是：〈元刋雜劇三十種本〉在說到韓厥告訴趙氏孤兒他們家的歷史，孤兒下決心報仇就止住了。而〈元曲選本〉則特別强調韓厥向晉悼公要求頒請大將軍魏絳幫程嬰、趙氏孤兒報仇，及報仇的細節，因無多大趣味，所以〈元曲選本〉不如〈元刋雜劇三十種本〉來得含蓄、有意義與主題明顯。

另外，〈趙氏孤兒〉的故事，與歷史上的記載，有著相當的距離，歷史上有關〈趙氏孤兒〉的記載，一共牽涉到三個皇帝——晉靈公、晉景公及晉悼公。而我們今天所看到的〈趙氏孤兒〉，則只提到晉靈公。還有就是劇本內的韓厥是屠岸賈派他去守住莊姬的後宮，搜索孤兒；但〈史記〉的記載却是韓厥在趙家三百餘口滿門抄斬後，便隱居起來，然後想盡辦法保護孤兒，十五年後，才把故事的眞相，告訴孤兒，而後孤兒立志報仇。所以，史書上的關鍵人物是韓厥。不過，在〈國語〉、〈說苑〉、〈新序〉中，關鍵人物就轉到郎中程嬰的身上，韓厥被安排成爲因守密、守信而自殺的人物，這是兩者間一種不同的安排。〈趙氏孤兒〉，後來有人將跟該故事有關忠心保趙的幾個人稱爲「八義圖」，即鉏麑、靈輒、提彌明、程嬰、公孫杵臼，程嬰的兒子，韓厥和製造出來的一個人周堅，湊成「八義圖」，故事的曲折在於製造程嬰捨子救孤。其中有些情節史書上沒有，而是紀君祥編出來的。例如，編程嬰到宮中爲公主看病，偸孤兒出來，在宮門口遇到韓厥，然後表現韓厥爲守信而劍自刎的情節。

我談了這許多，所要告訴各位的是，一齣戲劇的形成，絕不是劇作家，坐在家裏，抽抽煙，想一想就可以編出來的；要想使一齣戲流傳千古，劇作家得耗費相當大的心血。〈搜孤救孤〉，是平劇中老生行裏最有名的戲，前有譚鑫培；後有余叔岩、馬連良，這些人的成名作就是這齣戲。他們爲什麼唱這齣戲？他們的心情如何？各位是否可以想像？據說，大陸淪陷後，馬連良特別愛唱這齣，就是因爲他看到共產政權太不像話，他希望藉著戲劇中的民族正義去感動看戲的人，他希望大家都來看這齣戲，然後造成形勢，大家起義。今天，我們也希望，劇藝活動，能產生這種鼓舞的作用。

## 二、水滸

戲劇中的歷史劇如〈趙氏孤兒〉、〈單刀會〉，都還好處理，最難處理的是社會劇，社會劇之難就難在人物的塑造。很多人會編謊話寫劇本，但成功的却不多，原因就在於他們的作品裏缺少有血、有肉、有生命、有靈魂的人物。〈水滸傳〉這部小說，它成功的原因就在一百零八個好漢，個個有特殊點，這是非常了不起的。今天，我講的第二本元雜劇是〈水滸〉。〈水滸〉的故事從那裏來？這是我們首先要了解的。

我國小說不論是歷史小說、社會小說、公案小說或宋代說話人，其形成多是長期的累積，其中凡是大家所熟悉的故事，起初都是戲劇，後來都成爲了小說，如〈西廂記〉、〈水滸傳〉都是先有劇本，才有小說。根據今天所能看到的資料，跟〈水滸〉故事及〈水滸〉人物有關的戲劇，在元雜劇裏，大概有三十幾種。元雜劇一共有四百幾十種，而其中〈水滸〉的故事，幾乎占十分之一。可見元朝時，〈水滸〉的故事在社會上已經很流行了。

其次，我要談的是「水滸」的故事，爲何在元朝會流行？探究其中的原因是：元朝的政治腐敗，元人對知識分子相當歧視；更主要是是元政府積極的迫害中國的忠義思想。這些都引起知識分子極端的痛恨，因此寫「水滸」以反政府。有人曾說「水滸」讀多了，會產生「無政府的思想」。其實這是錯的，這句話應該是「沒有異族統治的政府的思想」。對我們自己的政府而言，「水滸」的故事實際應該是替天行道，除暴安良。這齣戲，是對北方的金元人所統治的政府表示反對，這觀念是很重要的。同時，中國富庶的社會中，常發生的問題是：人吃飽喝足後，往往飽暖思淫欲；也就是在經濟富足後，往往接著產生社會問題，這時便須「除暴安良」。這裏的「暴」，就是「掃黑」、「掃黃」，「黃」和「黑」，都是吃飽了的人幹的。宋朝是文人政治，社會平和、百姓富庶，從「東京夢華錄」中，一位八十六歲的老先生看花燈時說的一句話：「我這一輩子沒看到過兵。」作者便說到：「八十多年，沒見過兵，沒發生過兵事，國家沒有國防，北宋怎麼能不亡？」南宋雖偏安一隅，却也是承平的局面。因此，當時的社會，大部分的人都在追逐聲色犬馬；當時色情氾濫的情形，從「水滸」一書中，處處都可看到。例如「水滸傳」裏被逼上梁山的三十幾個人中，有一半是家裏發生綠帽子問題，有名的林冲，就是他的太太被高俅看中，而產生「野猪林」的故事；武大郎討了潘金蓮，便有一段「飛雲浦」的故事；石秀的「翠屏山」等，在在說明這個問題在當時所造成的嚴重性。

另外，一般人在精神自由、生活安逸、情慾滿足後，再來便是要求權勢的掌握。但是，皇帝，宰相都只有一個，大家都想當的話，怎麼辦？於是，「水滸傳」裏想出一套與今天的道教思想很相近的方法，那就是在玉皇大帝之下設天兵天將，有「宮曹」；有各省主席；各府各道；有所謂的祭酒、司業，最後是紅頭道士。讓每個人都有官爵，以滿足其虛榮心。尤其是到了元朝，在異族統治、政治不開明的情況下，中國文人便把這種觀念輸入到小說戲劇裏，而產生〔水滸〕戲劇故事。〔水滸傳〕裏大概創造了兩種人物：一種是英雄人物，此種人物多半是忠義者，在他們心中只有一個概念，那就是只要別人曾對我好，從此便爲那人賣命；另一方面，他們把官府的官員當膿包、窩囊廢看待，且從來沒提到官員有什麼了不起，只有「宋江」算是比較特殊。

〔水滸〕故事中，有許多特殊人物，其中以黑旋風李逵的戲劇性最强，以下就來談談有關李逵的戲——

在元朝，以〔水滸〕故事寫戲劇的，差不多有幾十種，雖然確切的數目，還沒完全統計出來，但初步統計是三十六種劇本——元初有二十二種、元末有十四種。劇作家高文秀是較特殊的一位，他一共寫了九個劇本，其中有八個劇本與李逵有關。

1.〔黑旋風雙獻功〕　故事有點像武松殺嫂，寫李逵殺了兩個姦夫淫婦，將他們的頭割下來去獻功。

2.〔黑旋風詩酒麗春園〕　寫黑旋風喬裝大鬧老。

3.〔黑旋風大鬧牡丹園〕　寫黑旋風到妓女戶江山樓去。

4.〔黑旋風敷演劉安和〕　劉安和是當時的名演員，這個劇本是寫黑旋風演戲。

5.〔黑旋風鬪雞會〕　我國自古以來就有鬪雞，〔莊子〕裏也談到鬪雞；到了唐朝，鬪鷄風氣最盛；宋時，鬪鷄甚至成爲賭博，這個劇是寫黑旋風去鬪鷄。

6.〔黑旋風窮風月〕　寫黑旋風拉皮條，做娛樂場中的掮客。

7.〔黑旋風喬教學〕

8.〔黑旋風借屍還魂〕　寫黑旋風鬧玄虛，裝鬼裝瘋。

我們看高文秀所寫的這八個「黑旋風」劇本，會發現黑旋風這個人絕不是今天我們在〔水滸傳〕裏所看到的那個粗獷、不講理、好喝酒、到處闖禍的粗人。元代時的李逵，是個粗中有細，細中有粗，有點類似三國時的張飛，文武兼修，能做莽漢，也能扮嬌小女人；既是滿口髒話的粗人，也能裝大學教授。可見得黑旋風在當時宋元社會裏，是個好人，不是壞人。

元代戲劇中，除了講到黑旋風之外，其他的粱山壯士的遭遇都不一樣，劇本也相當多，據不完全的統計，大概今天的〔水滸傳〕中，有三分之一以上的故事，是由元雜劇形成的，後人再添油加醬便成了今天的〔水滸傳〕。所以，如果我們要想知道〔水滸傳〕中「三打祝家莊」，爲什麼要打祝家莊？宋公明鬧江州，爲何他要鬧江州？這些故事的原委始末，都可以從元雜劇中看出端倪。此也就是說看過元人的雜劇，再回頭看明代以後的〔水滸傳〕，就會更有心得。

〔水滸傳〕談的是社會公共道德的問題，所以是部社會小說，而非武俠小說或政治小說，同時它又是部心理小說。它告訴我們，當政者若在政治上有不當的處置，便會產生小說中各類形態的人。這部小說可謂是眞正最好的社會教育小說，它的價値超過〈三國演義〉。〈三國演義〉是內修的，是個人修養用的；〈水滸傳〉是外修的，是要讀者了解社會問題，從而思考如何去解決問題。

以下再談談〈李逵負荆〉這齣〈水滸傳〉中很有名的戲。根據學術上的統計，這齣戲大概是〈水滸傳〉中的第二本。作者康靖之是山東惠明縣人，這個地方的人多具有「粗中有細，細中有粗」的個性，康先生表面粗魯，內心善良，他一生只寫了兩個劇本：一個是〈黑旋風老收心〉，寫黑旋風年輕時很花，老了才收心；一個是〈黑旋風負荆請罪〉。目前這兩個劇本只有兩個版本，一個是〈元曲選本〉，另一個是〈杜江集〉是明選本。這個故事是發生在〈水滸傳〉的第七十三回，描寫黑旋風投奔梁山之後，非常仰慕梁山泊的好漢替天行道，有一天他請假下山，突遇一名叫王林的老翁在哭，李逵問他爲什麼哭，老翁回答說：「梁山泊大王宋江要霸占他的女兒爲妻。」李逵問他怎麼知道要霸占他女兒的人叫宋江。老翁答道：「他身旁有個幫凶叫魯智深。」李逵聽到大爲光火，回到梁山寨第一件事便是用兩把大斧把兩根旗桿砍倒，然後對宋江說：「宋大哥，我們追隨你，是要替天行道，沒想到你是以暴易暴，官府中的敗類强占民女，你怎麼也幹出此事？」宋江說：「沒那回事，我根本沒下過山。」解釋了又解釋，李逵就是不聽，後來他把魯智深找來，問他此事，魯智深也說他沒下山。此時，李逵左右走來走去，心中狐疑不決，雖說宋江和魯智深都對他發誓，並且說明當天的行踪，然李逵就是不信。李逵是個直爽沒有機心的人，平常三句話就能把他騙倒，但是偏偏在這場戲裏，他連宋江的話都不信，宋江沒辦法，只好與魯智深來個現場表演，於是宋、魯、李三人下山，來到王林家，王林一看，怎麼人都不一樣，才知道錯了，李逵也才知道上當了。可是，怎麼辦呢？替天行道的大旗已經被他砍了，梁山泊被他弄得上下不安，宋江名譽掃地，這都是他一個人惹出來的禍。最後，他只好負荆請罪。

這齣戲對我國的民族性有相當深刻的諷刺，也有相當深刻的描寫。李逵請罪，宋江完全原諒他，且依舊以兄弟相看待，這點很重要，一個人或者一個國家，必須有容人之量，如果別人罵我們一句，我們就還他十倍，那麼這個人或這個國家永遠無法成爲第一流的人或第一流的國家。

另外，我們來談談這齣戲的特點：其中最爲重要的一個特點是，作者不論塑造什麼樣的角色，都能從頭到尾忠心的保持其個性、特色，就像今天平劇中有幾個塑造得很成功的角色，他們一出場，就是那種神態，永遠不變，如孫悟空永遠直不起腰，眼睛猛眨，嘴猛動，右手放在額頭；「三國」裏的張飛，出場時，眼直眨；關公出來時皺眉閉眼；而「水滸」中的李逵則被塑造成坦白、天眞、魯莽、富有正義，絕非光幹壞事或光捆摟子的莽漢笨夫。人物是戲劇故事的靈魂，人物塑造成功，戲劇便成功。小說也一樣，我們今天看一本小說，小說的故事內容我們可能完全不記得，但是突出的人物性格，我們就會記得。如看過「紅樓夢」的人一定記得林黛玉，而林黛玉所寫的詩、詞或其他與黛玉相干的細枝末節則不一定記得。「李逵負荆」這齣戲，作者對李逵性格的掌握非常謹愼，是什麼樣的性格，該說什麼樣的話，對事情做什麼樣的觀察，這都是直覺的，作者必須有深入的了解，才能拿捏得準，像「李逵負荆」這齣戲，戲中錯誤的產生，完全是因爲李逵本人性格上的缺失而造成悲劇性的認定，是由人物造成故事與戲劇，這在我國戲劇中是非常特殊的。跟〈趙氏孤兒〉完全不一樣，〈趙〉劇是歷史的正面教育，而〈李逵負荊〉則是社會上人物性格教育的喜劇。

## 結論

所有戲劇的形成，都是由若干因素凝聚成的，以〈趙氏孤兒〉而言，它是由趙宋之前的幾百年逐漸累積而成，又與趙宋的國家命脈有關，又都姓「趙」，於是就被神化，也被道德化了，再加上帝王將其中關鍵性人物封侯、封王、立廟、建祠堂，於是這齣戲便形成了大氣候，要用大氣派的筆法來寫，大家才能接受。所以，儘管〈趙氏孤兒〉只是個小國的故事，而今看來，它實在已成整個中國的大故事。從這裏我們知道，一個歷史故事或歷史劇，必得有歷史作背景。另外，社會劇最重要的是人物，人物可以說是社會劇的靈魂，而人物性格的形成與社會背景往往有相當大的關係，像〈水滸傳〉，便是受到政治不清明、人性的缺點、整個社會的風氣等社會因素的影響，造成人性上對某些價值觀念上的猜忌、懷疑、反常等情況，於是產生了戲劇中所謂的誤會、衝突和悲劇。這兩齣很男性化的戲劇是非常剛性的。但給我們的啟示則是悠遠綿長的，尤其是〈李逵負荊〉，在現代的人死不認錯的情況下，無疑是最好的社會教育。

# 南戲綜說

今天我們要講一個很新鮮的題目——宋代的戲文。以目前一般研究中國戲劇者，大都是談元代的雜劇，或是明代的傳奇，幾乎很少有人論及戲文。

是在我們所有的中國文學當中，除了「詩經」、「楚辭」、唐詩以外，大概從民國以來，研究出的，而且收穫也最大的，應該是戲曲。當然這都要歸功於民國初年的一位有名教授——吳梅先生。他不但繼承了中國傳統戲劇的很多理論，並且他自己也寫了專門的著作，而最重要的是他得天下英才而教之。當時吳先生是在北大、南高，講授戲劇，儼然已成了一位戲劇專家，但吳先生本人却並沒同意他是戲劇專家。

我們都曉得民國初年眞正以戲劇爲名的是王國維。王先生的一本最有影響力的著作「宋元戲曲考」，事後改了一個名字叫「宋元戲曲史」。吳先生則作了一本「顧曲麈談」，及一本「元曲概論」此二本書曾爲北京大學的講義，在內容上比較著重於戲曲的演唱。此外，他又有一本「南北小令」，大概也類似於此。另外，他的一位弟子任二北先生在中華書局著有一套書——「散曲叢刊」，裏面除了有任先生的著作之外，也收錄了許多前人的散曲集。而在大陸淪陷之後，任先生亦花了大概有六、七年的功夫，寫了一本約有一千多頁的書——〔唐戲弄〕，就是希望把中國戲曲往前推。可是當這本書寫完之後，由於自古以來我們就有所謂的「文人相輕」，在如此的情況之下，不免贊成的人，批評的多，甚而有很多人還認爲任先生對戲曲的觀念不夠清楚，當然也有人說他是爲了讓王國維的〔宋元戲曲史〕往前推，故而把唐代的許許多多滑稽活動統統歸入戲曲表演內。但不管如何，〔唐戲弄〕在我們戲曲史的研究上是有它的存在價値的，因爲它終究是聚集了許多的材料。

在民國三十年代，吳先生的另一位弟子盧冀野先生也寫過一本〔中國戲曲概論〕。其後大部份的人寫來寫去只能寫元以後的事情，很少寫到唐宋。在這期間有一位錢南揚先生，由於研究曲譜，於是發現了曲譜裏常常提到戲文兩字；同時在周德淸的〔中原音韻〕裏也提了所謂扮演戲文，以及南方巧舌之音等。因此，在三十年代錢先生等就專門討論「南戲」。起初作了二本書，一本爲〔宋元南戲百一錄〕。什麼叫百一錄？卽今有一百本，我們只找到了一本便稱爲百一錄。這樣的劇集多半要在南曲譜裏找資料，因爲曲譜裏，大都是在戲曲裏選一段放在曲譜中作爲曲意，證明是如此使用的。後來到了抗戰期間，他又寫了一本〔宋元戲文集佚〕，在這本書裏，可謂把戲文能夠搜集起來的，或是已經失傳的，都全部集合在一起了，這樣的蒐集，結果又發現戲文有很多種。所以，他又寫了一本〔宋元南戲本事考〕。由於有錢先生這幾本書的鍥而不捨的追求，因此，使得我們一般研究戲曲史的人，注意到戲文在我們中國戲曲史上所佔有的一個很重要的項目。

另外，在民國十九年的抗戰前夕，當時幾乎每個人都很注意中國古物的外流，而八國聯軍即把清宮的許多東西搶走了，譬如像〔永樂大典〕……以及其他古物等，都失去了。有位葉恭綽先生到歐洲留學，有一天閒逛古董店，無意間發現一本〔永樂大典〕，而這本〔永樂大典〕，正是戲典。其中就有三本戲文。葉先生很高興的把這本書買回來，交給商務印書館，以排印的方式在古書流通處印了一本〔永樂大典戲文三種〕。由於這三本戲文是出自於〔永樂大典〕，當然它最早也應該算是元末明初的版本，根本扯不到宋朝去，可是正因爲有了這三本戲文，倒讓我們對於在戲劇史上戲文究竟是爲如何的面貌，大致上有了一個著落。因爲在曲譜裏找戲文，通常至多只能找到一段一段，一首一首的，就好像宋詞、元曲那樣的一首一首。但是現在在〔永樂大典〕裏却是一整本的戲。如此整本戲的出現，無疑的對於何謂「南戲」？何謂「元雜劇」？何謂「明代的傳奇」？至少有了一個不同的概觀。可惜的是，當這本書印出來之後，對我們中國的學術界，似乎並沒有引起太多的反應。什麼道理呢？我想或許是因，我們研究古典文學的，對戲曲一向不很重視，於是乎，這三本南戲雖然被印出來，但中國竟很少有人去研究它。日本人很注意，做了很多的研究；可是也沒有結論。一直到了抗戰勝利，大陸淪陷之後，這位錢南揚先生很可惜的沒能逃出來，留在大陸，曾被迫害，蹲在牛棚裏，還繼續做他的研究。因此，他在大陸淪陷之後，根據他所寫的〔宋元百一錄〕、〔南戲拾遺〕、〔宋元戲曲本事考〕等，又作了二本比較完整而且更有價值的書，一本是〔永樂大典戲文三種校注〕，完全以最新式的標點，排成像我們現在所用的比較科學的書一樣，他花了前後將近三十幾年的功夫，才將這本書注完。

之後，他又作了一本〈戲文概論〉。這二本書在目前來講，大概是我們戲曲史研究戲文最重要的二本著作。在此以前，談戲文用的資料，多半是徐文長的〈南詞叙錄〉。〈南詞叙錄〉這本書並不大，在〈古典戲曲論著集成〉裏也曾經收了這本書。目前我們一般在文學史裏談到南戲的一些問題，或者討論到南戲的一些消息時，大都是引用徐文長〈南詞叙錄〉這本書。但有了錢南揚先生的〈戲文概論〉和〈永樂大典三種校注〉出來之後，無疑使得我們今天來討論戲文就相當具體，而且也相當的系統化。換句話說，什麼叫做戲文？它的前後關係如何？都可以從錢先生這兩本書得到一個比較明確的概念。

下面我將講到戲文的名稱來由，及戲文在中國戲曲史上究竟佔有著什麼樣的地位？

首先要說的是中國戲曲史的發展，到了唐代和宋代是個什麼樣的情況。王國維先生寫的〈中國戲曲史〉，斷定中國戲曲起源於元代，事實上，元代以前已聽說有些戲曲的東西，而他也蠻欣賞的，其中一個是雜劇，一個是院本，並且這兩種戲曲他也都承認。此亦卽我們今天所稱的「宋雜劇」和「金院本」。至於什麼是「宋雜劇」？什麼是「金院本」？一直很少有人討論，只曉得它們是滑稽的、逗著玩的。然怎樣逗著玩呢！至今只可從書上找到一些資料。但若眞正的要講到戲劇史的話呢！唐明皇將是個很重要的人物。大家都知道，唐明皇雅好音律，所以搞了個梨園子弟（現在的地方戲裏有一種戲就叫做福州梨園戲，還頗有名的），可是唐明皇的梨園子弟在安史之亂時，卽全部散掉了。諸位曉得，安史之亂是從河北發生的，一直打到陝西長安，就當時而言，長安有了亂事，人當然都往東南逃，因此，安史之亂時，宮裏的梨園子弟自然逃到福建、廣東一帶，因而把這種戲也帶了過來。這對戲曲的發展來說，是很重要的一個問題。

此外，在宋朝有人寫了一部「南部新書」，專講南方的事情，尤其特別强調這麼一句話，即長安演戲，戲場多半在慈恩寺，慈恩寺是唐代長安戲場最大、最重要的地方，其次是青龍寺、永壽寺……。並且又提到「變文」，傳說變文裏有個彌勒講經是在寶藏寺。而從「南部新書」中可看出來，唐代的廟會就是演戲的。今天我們通常所謂的廟會也是演戲，這應該是自古就傳下來的。換句話說，戲劇和菩薩是很有關係的。再者，唐朝有一個學者，也寫了這麼一本書──「因話錄」，也提到唐朝的「說書」，不過，它講的是「變文」。同時，北宋一幅很有名的畫──「清明上河圖」（這是北宋在東京汴梁，清明時節人民的生活景象），裏面也有演戲跟看戲的。而趙僕也著有一本「成都古京記」。不說汴梁，就講成都這個地方，我們都知道，中國以前不像現在，一年四季沒什麼早早晚晚的，既不關門，也不打烊，這在古時候是不可以的，古時候一到了黃昏就要打鼓關門，開門也是有鼓聲的。至於買賣方面也有個原則，就是趕集，在固定的日子，到一些特殊的區域去趕集。在成都，每一個月除了經常的集墟外，尚有特殊的集會。什麼特殊的集會呢？就好比說，每個月有特殊的節日，舉行像我們現在的花市一樣的市集，在成都十二個月裏做些什麼？在此，我把這個故事講給諸位聽，從中或許你們就可知道，那時候的整個活動跟廟會的關係。正月裏是燈市，賣各式的花燈；二月是花市，有各種的奇花異草；三月蠶市，各位曉得四川成都，是中國最重要的俗景之一，素有錦城之稱，所以三月買蠶；四月就是錦市了；五月扇子市；六月香市；七月寶石；八月桂市；九月藥市；十月酒市，十一月梅市；十二月桃符市，也就是賣對聯、春聯的。從這些資料中可以曉得，凡是成市時一定有廟會，而在廟會時，必定會表演各種雜要、歌舞；否則就不能成市了。「清明上河圖」中演戲的地方，在戲劇史的資料上，稱之爲「瓦棚」，或者叫「瓦舍」，亦卽我們現在所稱的「娛樂中心」，或「文化中心」，也就是「社教館」。另外，値得提到的一點是，燈市看戲。據說在汴梁時，燈市看戲，戲臺是高搭的，然後在戲臺四週擺了許多高板凳，男女分坐。演戲的時候要看戲班子的好壞就要看臺下反應如何？如戲班子在演，臺下哄堂大笑，笑聲不絕，這時候就在戲臺邊插上旗子，戲演完後，旗子插得越多，就表示越好。

除此之外，從前所謂演戲，都是滑稽戲。在任二北先生的﹝唐戲弄﹞裏提到，從前的戲就是把一個短的故事在十幾分鐘內表演完或說完，亦叫做參軍戲。這種戲，多半不太曲折，最多只是有一點點言詞上的遮蓋，或者所謂溫柔敦厚的說一些話，讓言者有心，聽者無意。到了北宋以後，開始有了專門的寫作協會，被稱爲「書會才人」者，專門編劇本，這種劇本也有被拿來刻書印出來賣的。當時的書店通常都在瓦棚旁。也就是說寫作者來到汴梁，看了某齣戲，覺得不錯，就把戲本買回去帶到福建，然後福建的戲子也可以演這齣戲，而這就是宋代的所謂雜劇。

從上述的情況中，相信各位當可知道宋雜劇，其實，就是從唐代的戲弄和參軍戲傳下來的，它們不僅都具有比較滑稽的內容，同時，雜劇的演員，也不是宋代才有的，應該早在唐朝就有了。據說唐朝中末期的時候，唐文宗太和三年，在雲南有個國家叫「南詔」，皇帝姓段，有一次打到成都擄去很多百姓，這些百姓大都是工匠，或者是有一技之長的人，後來李德裕派兵打敗「南詔」要回那些人，在向皇帝上表時，就提到了兩名雜劇男子。換句話說，早在中唐時就已經有演戲的劇人，而且是男子。

根據〔東京夢華錄〕的記載，在北宋初期，另外還有個看戲的日子——中元節，即我們俗稱的鬼節，可是鬼節却不是從七月十五日過起。我們中國人是很有意思的。七月份不結婚，可是七月七日又是情人節，所以，過了七月七日才開始算是鬼節，然後從七月初八演「目蓮救母」，一直到七月十五日爲止。「目蓮救母」這個故事，在唐代變文裏也曾提到，但是戲是在〔東京夢華錄〕才見到。此外，宋代的雜劇，一般都是在地方上演出的，然偶或也有一種是官府演出的，此就好比今天我們的教育部，每年都徵選好的劇本一樣。官府雜劇即經過官府允許，同意演出的劇本。共有二百八十多種。在這二百八十多種劇本裏，有很多是和元雜劇同名的。由此可見，元雜劇是從宋雜劇來的；這說法應該沒問題。除了官本雜劇以外，另外也有一位先生寫了一本書叫〔宋歌舞劇錄要〕，這本書强調，中國的戲劇發展，直到唐宋以後，不僅有一般的學會來編故事、寫笑話，兼且有一些高級的文學家來參與，其中最有名的如歐陽修、蘇東坡、程顥、曾鞏……這些大文豪，幾乎亦都寫過些鼓兒詞的戲。除了鼓兒詞，還有「轉踏」，就是載歌載舞的節目，有點像山地同胞的豐年舞，邊跳邊唱。還有，就是大曲；更重要的是諸宮調，諸宮調比元雜劇早，可是諸宮調究竟是屬於傳統的戲文南戲呢？還是屬於北雜劇？這問題到現在還沒有人能解決。可是我們根據中國歌唱的習慣，凡是長短句，是南方多；凡是四句的整齊句型，則是北方多。由此看來，那麼，「諸宮調」應是標準的南方戲，而此或許也就是戲文這一類的前身。

「諸宮調」目前除了〔永樂大典〕裏所見的三種戲文外，在西元一九〇〇年俄國的所謂探險隊，在黑水城得到了一批文件，裏面就有一本最有名的〔劉致遠諸宮調〕，至於〔劉致遠諸宮調〕究竟有多少調？不知道。只知有幾十齣。這本諸宮調可能是我們目前所知道的宋刻本或金刻本。〔劉致遠諸宮調〕發現之後，在〔雍熙樂府〕裏也發現了〔天寶遺事諸宮調〕，內容是唐明皇和楊貴妃的故事，另外，我們最熟悉的是〔董西廂〕，敍述鶯鶯與張生的故事，也是最完整的一本諸宮調。因此，在今天來說，有關諸宮調的一些資料，也是戲劇史上一個非常重要的依據，而且應該算是戲文以前的東西。

諸位都曉得，中國的戲劇有兩種表演方式。曾有人說過這麼一句話：「崑曲上臺就叫爨弄。不上臺叫做清唱。」諸宮調跟南戲的分別，可能也是如此，登臺演出叫「扮演戲文」，不登臺就稱之爲「諸宮調」。什麼道理呢？因爲諸宮調所用的是曲牌子，戲文用的雖也是曲牌子，但諸宮調裏是用一個人來說故事，以第三人稱來代稱，戲文則只是一種代名詞，其中帶有些動作。換句話說，戲文是上演的，諸宮調是清唱的。所以要瞭解戲文，一定要研讀諸宮調。

今天我們所能讀到的這三本諸宮調，可惜的是，第一本〔劉致遠諸宮調〕是俄國人發現的。在抗戰時有一位日本教授到列寧格勒的遠東書院去看書，把它抄回來，所以日本人大概在民國廿六年就開始研究〔劉致遠諸宮調〕。等到大陸淪陷後，蘇俄爲了要討好中共，把諸宮調這個本子還給大陸，中共得到這個本子由商務印書館把它印成書出版，遂流傳了下來。

〔天寶遺事諸宮調〕是大陸學人趙景深先生做研究，從〔雍熙樂府〕中把它收集出來，可是到現在還沒有見單行本發行。倒是〔董西廂〕，有人花了三十年時間把它做了注解，而前十幾年我們這裏有位臺大畢業生——陳莉莉，在美國把這部〔諸宮調西廂〕翻成英文，得到了文學博士。之後，這個英文版，在臺灣也有了翻印本。這本翻譯，便是根據註解本完成的。

此外，尚有院本。院本是玩笑戲，因差不多都是五個角色，所以又叫「五花爨弄」。所演出的內容大都是鬧劇。這一類的鬧劇，也以動作和說話演出，沒有唱。但是「諸宮調」則是連唱帶說。由此，我們知道諸宮調是綜合了雜劇和院本來完成的，亦可能就是扮演戲文。

扮演戲文的記錄，據書上的記載，早早的二本戲，是「王魁負桂英」與「趙貞娘與蔡二郎」。「王魁負桂英」是描寫一個落拓書生，得到一個妓女的搭救，然後考中頭名狀元，相府招親，把桂英給忘了。但桂英這女子是貞烈之婦，於是在海神廟上吊，一縷香魂，找王魁算帳去了。這是科舉時代的標準故事。再說，「趙貞娘」也是科舉時代的故事。科舉時代這種不要家庭一出去就忘了歸家的背景恐怕不是在唐代，因爲唐代的交通非常的良好，至於，宋代呢？宋代因西邊有西夏造反，北邊有女眞人、金人、元人，南邊有南詔，所以，在交通上支離破碎，大概沒有唐代好，以致於一出去做官就杳無音訊。這類的故事在宋詞裏發現有很多，在元曲中也很多，故而若說這故事產生在宋元，應是沒有問題的。

有些書上說，南戲產生在宣和年間，也就是說，在宋徽宗時就開始唱南戲了。另一個說法是，南戲盛於宋光宗時，宋光宗是南宋時代。不管是北宋時有還是南宋，反正南戲跟宋代有關是錯不了的。一般人都說南戲的中心點是溫州，所以後來把南戲又叫做溫州雜劇，這一點也是公論。南戲到底演些什麼呢？我們今天還能看到「永樂大典」中的三種戲文是：㈠「張協狀元」，㈡「宦門子弟錯立身」描寫一個官家子弟，由於認識一個唱戲的，於是也跟著去唱戲，其中描繪出了戲班子的種種辛苦與可憐。第三本「小孫屠」，寫愚夫愚婦孝順父母，把孩子推到燒金銀紙帛的火坑中燒死，然後昇天到菩薩那裏去，給菩薩使喚，菩薩爲了感謝他們就使他們的媽媽病體痊癒，這是「永樂大典」中的三本戲文。

接著，眞正講到戲文，就不得不講五大傳奇——第一本「琵琶記」、第二本「荆釵記」、第三本「拜月記」、第四本「殺狗記」、第五本「白兔記」。講到「白兔記」，倒是有個值得討論的問題，亦卽今天我們所看到的「劉致遠諸宮調」是宋金時期的本子以及我們現在所看到六十種劇裏有一個「白兔記」。可是前幾十年，在南京有一個明代的墓裏，出土了二十幾種說唱文學，其中最後一本也是「白兔記」。這本子是明朝成化年間的，據說這是我們目前所能看到的最早的戲劇本子。除了「劉致遠諸宮調」外，「白兔記」應是很早的。換句話說，這本「白兔記」就是「劉致遠咬臍郎」、「李三娘磨坊受苦」的故事。這裏要特別强調一句，它與王寶釧是同類的故事。

在五大傳奇之外，據「全唐遺事」記載，有一個王煥的故事也是寫的男人始亂終棄的故事，類似「王魁負桂英」。還有個「樂昌分鏡」，跟破鏡重圓的故事一般。另外，在張炎的詞裏，有一闋「山中魁白猿記」的「滿江紅」序，說是看了人家的傳奇戲文才寫了這詞，特別强調「戲文」。除此之外，錢南揚先在「戲文概論」裏，也特別提到所謂的「戲文」，說它跟北雜劇有不同之處。凡屬於官本都是演大戲，如〔三國〕是歷史劇；凡是「戲文」演的都是兒女私情，夫妻離散，如〔拜月記〕是逃難途中夫妻離散而錯配鴛鴦，後來又交換回來的故事。因此，他就是「戲文」的產生，一定是在兩宋之際。因那時社會動亂，如破鏡重圓此類的故事，就是戲文。在徐渭的〔南詞叙錄〕裏，他共收了六十五種戲文的名字，而六十五種戲文裏有廿四種元人已經把它編成劇本，所以戲文的早期跟元雜劇是有密切關係的。在錢先生收集的宋元戲文中，知道名字或故事的，有一百三十多本，而完整的留下來的，約有十二本。大家如有興趣研究古典戲劇的話「戲文」還是值得研究的一個課題。這是很開闊的一條路。

以上我所講的是戲文的發生及演變的一般情形。說了半天，那麼「戲文」在戲劇史上，究竟做了些什麼？我在這裏要特別的提出來談一談。今天中國的戲劇，除了分演出與清唱之外，還有一個問題，需要弄清楚，就是全國通行的官韻——「國劇」。有一種只有一個地方流行，出了這個地區，就沒人懂的，乃是地方戲。而我們說的「戲文」，就是標準的地方戲的一種。這點很重要。因爲戲文所流行的地區正是明代，五大聲腔與三大聲腔的範圍。這也就是說，明朝傳奇由五大方言範圍的聲腔變成三個官話的聲腔，而這五個裏有三個都是在南戲流傳的地區。換句話說，南戲是戲劇地方化走向國劇化的關鍵。除此之外，今天所看到的許多戲劇聲腔考的一些文章，幾乎都和南戲有關，如崑山腔、海鹽腔、溫州腔……等，都是南戲重要的聲腔。可是也有人提到溫州沒有雜劇，事實却不然。至於溫州雜劇是不是用溫州話來唱的？因我們中國有些地方的話非常富有音樂性，有的則沒音樂性，溫州話是屬於沒音樂性的，所以不能唱戲。那爲什麼叫溫州雜劇，這是值得研究的。一般而言，從中唐以後，中國文化便走向海洋文化，所以沿海幾個大城市，就變成了商業中心。到了宋朝王安石，更把溫州闢為海關重地。從北宋以後，溫州就是一個大港口，到了南宋更形重要，所以叫溫州雜劇，但却不是用溫州話來唱的。這也是我們要注意的。

究竟南戲怎麼唱呢？我們不曉得，但就現在保留下來的南方音樂來看，被認為最雅、最好的是崑曲。可是根據我的看法，崑曲已經是改良又改良相當國劇化了。而保持南方人唱戲的那種味道一直未改變的，依我的觀察，是今天的南管。南管現所保留的幾十種戲，都是南戲裏大部份的戲。舉個例子來說，剛剛我們所講的「王煥」這故事，首先要注意的是，同樣的故事，不可能有同樣劇本。王煥這故事就跟南管裏「陳三五娘」（荔鏡記）這齣戲的底本一樣。又如南戲裏有（留鞋記），不但南戲裏有，元雜劇也有，今天的南管也有。還有一個朱文的戲，只有南戲和南管有，其他戲統統沒有。由此，我大膽的這樣想，可能是宋代到了亡國之後，都到了南管這個地方去了。也就是說，中國的文化經過幾次戰爭，宋朝的文化最後保留的可能就在潮、泉這一帶，因陸秀夫最後就在潮州這一帶跳海，他跳海以後二十萬軍隊不可能一下子消失掉，也許有的落戶，有的逃到民家去了，慢慢的一些南宋的文化就在潮、泉這一帶流傳下去。所以今天的潮州戲，或泉州戲保留了南戲的聲腔唱法。什麼道理呢？因其他地方戲所走的都是官話系，而且儘量的讓它普通話化、國語話化，並且也不十分有反切的現象，如唱平劇，除了像梅蘭芳這種學過崑曲的人，咬字的時候有這種反切的味道外，一般唱平劇者就如同說話一樣。可是在南管裏特別注重的是反切音而沒有字音，這種反切音的切法對中國傳統戲曲的聲腔來講，是最中國化的。而且諸位要曉得元人入主中國，閩南人特別討厭，南方人因爲討厭，所以保留的東西特別多。由這一點看來，不免令人想到潮、泉這一帶可能是保全宋代的南戲一個最後的據點。所以今天泉州人唱的南管，在其他各地找不出這樣的唱法，至於在中原地區，如河北和陝西唱的海海腔，雖類似南管，但並不完全一樣，因它已經官話化了。

今天我們在音樂上，應該考慮的是，我們所用的戲文乃直接受自於明代的傳奇，而戲文的唱腔所保留的，則可能是潮州、泉州地區的南管。同時，南管有個很特殊的問題是，到今天竟沒有整本的戲，只有一些被認爲比較好的一段段的折子戲。如「告大人」就是「賣胭脂」裏的一小折。假如說今天我們要全面性去瞭解南戲，我認爲除了三大戲文、五大傳奇外，恐怕要從南方幾個地方劇種所流傳的劇本裏，去回過頭來看。南戲一定是屬於廣東、福建、江、浙這一帶，而這一帶剛好是兩宋時期最大的一個後援基地，因此，我們可以斷定，宋代眞正的戲就是南戲。

最後再說第三個論點，也就是說，南戲是從兩宋初期發生的，這是沒問題的，而且是吸收了當地的土話來唱。爲什麼呢？因每一朝代在宮庭裏面所使用的語言，不是我們今天所能想像的，不同的時期，宮庭裏有不同的語言。我們若要考據這個時期文化的產生，一定要看看宋朝的皇帝所納后妃的籍貫是何地，而皇后進宮以後必定會把她的人、言語、風俗習慣，帶進宮中。此外，諸位要注意皇帝成婚納妃，後面一定有很多的政治因素、安撫關係等，所以皇家的婚姻，可以說是政治婚姻，假如這說法不錯，那麼，政治、文化、經濟都和宮庭有關。而宮庭裏面說的語言，可能就是當時社會最流行的。

果如此，則宮庭文化，就變成了當時的精神文化與經濟文化的另一個面。而這個面，一定會影響到世局，這就變成文化的一種標準。所以，我想宋元的南戲可能就是用這樣的崑腔來唱的。

# 古典小說的人物塑造——從三國演義談起

各位先生、小姐：

古代有三國，所以有三國演義；現今不只三國，當然也不只三國演義了。尤其最近每天晚上總可以看到美國與利比亞的新聞，實在精彩。

我爲何會想到這個題目呢？今天我們都覺得自由中國是一個高度經濟的社會，同時也有高教育水準的。如何來充實精神生活呢？是不是星期六都要去郊遊？不是的。我覺得生活應是多方面的，尤其這兩年來，我們一直提倡書香社會，就是希望大家能唸書，書有很多種類，有好、壞；有分古、今……但只要我們肯打開來看一定有所收穫的。所以古人曾說：「開卷有益。」

講到要唸書，我想新的書不用我介紹，我之所以會推薦三國演義這本書，是因爲當你看厭了現在的小說，不妨溫故新知，因爲舊小說有舊小說的長處，而這長處是我們今天從事文學創作的人不太注意的。我們太過分注意意識流或者是編故事，而且編的都是外國故事。我常常講笑話，說我們現在喪失了民族自信心。談戀愛假如女朋友寫一封絕交信給我，我回他的信必以外國人的口吻說：「莎士比亞說：『愛情是一杯苦酒，我就端了。』」我們不敢以孟子、孔子、莊子的話說，比如莊子說：「無所謂，何患無妻！」那麼這段愛情就如此完結了。所以，我站在文學的立場來說，我們不僅研究外國文學，更應了解自己國家的文學，這是第一個理由。

第二個理由—有些小說很沉悶，而三國演義唸起來不僅不沉悶，可以說不論在中國戲曲裏，生活上都是很鮮活的。

在古代和三國演義有關之記載如下：

隋朝有位將軍，帶兵到南蠻打戰，在班師回朝途中發現有個碑，碑上刻著「萬歲後我來此」，原來這位將軍就叫做史萬歲，當他一看見，嚇呆了，並驚嚇說：「孔明眞厲害，他就知道我以後會來此。」遂把這碑打掉，意思就是說，大將軍不願讓諸葛亮猜中。

唐朝李商隱曾寫了一首詩，內容是敍述家中兩個小孩，當媽媽在燒飯，而二個小鬼在鍋邊轉來轉去，媽媽就給二人幾個小錢，叫他們去巷口聽「說書」，而說書的內容是三國演義的故事。聽完了說書，就回家學給爸、媽看，老大學張飛，老二學鄧艾……。李商隱看了兒子們精采的表演，遂將這段家庭的情趣寫在詩中。

宋朝蘇東坡也有一段記載：有一年過年，老百姓遊花燈看戲，戲台上演的是「劉備東吳招親」。有一位醉漢，當他看完戲，回家途中，看到賣飯桶的，就拿了一個桶往頭上戴，而說：「你們看我像不像劉備？」賣飯桶的並不知醉漢要拿來裝扮劉備，以爲他要搶飯桶，結果路人路見不平，醉漢就被揍了一頓。

由上我們得知三國人物無論在戲曲、生活都是那麼鮮活，而現今是否如此呢？答案是的。例如在平劇裏，十齣戲至少有一半是三國演義的故事，我想在座一定對空城計耳熟能詳。甚至我們遇到朋友，當我們還沒吃飯，我們會說：「我肚子正在唱空城計。」常常我們也會說：「三個臭皮匠勝過一個諸葛亮。」「說曹操，曹操到。」……等等的話。所以這本書距離我們已有好幾百年，但所塑造的人物，重要的情節，仍活鮮在人們心中。

接下來我們來談談三國演義之文學價值及社會價值於何時提升？

根據資料顯示，在未完成三國演義這本書之前，元人的雜劇就寫了很多有關三國的故事。到了元末明初，有一位羅貫中，根據元朝的三國志平話改編而成。對於羅貫中這位三國演義的作者有很多的傳說，有人說他是羅道本；有人說他號稱湖海散人；也有人說他是元朝末年張思誠的幕賓（參謀人員），因爲張思誠不能做大事，被朱洪武消滅，羅貫中就隱居而作此書。這本書流傳之後，開創了我們歷史小說的先史，從此，二十五史都有通俗演義。

其次來談談這本小說之社會價值。首先我舉清朝人入關來說。滿清要入關時，他們第一個怕的是蒙古人。各位均曉得蒙古人曾在中國做了九十多年的皇帝，後來才被明太祖趕回去。所以清朝人怕蒙古人知道他們要入侵中國的野心，所以借三國演義說：「滿清人是劉備，蒙古人是關公。」因此滿清就到處建關廟，以示對蒙古人之尊重，而蒙古人也覺得當關二爺蠻過癮的，所以就不過問滿清之事。

這就是滿清人進中原的第一步，以「三國」爲政治宣傳工具。接下來，滿清人知道其文化背景與漢人不太相同，在清太祖崇德四年（尚未入關前），就開始命令大臣把中國的四本書翻譯成滿文，而三國演義爲其中一本。當三國演義翻譯後，就普遍發到軍中，無論大小軍官要熟悉這本書。爲什麼要讀此書呢？因爲在中國，此書是家喻戶曉的小說，如果要和漢人做朋友就必須和他討論熟悉的事物，如此才較具親和力。

另外，這本書還提供什麼社會價值呢？今天很多人認爲三民主義統一中國是我們的政治口號，每個政治口號必須以精神做依據，而我們的精神是「我們的中央政府就是正統」，在三國演義也同樣具備這樣的精神。我們知道曹操雖爲漢朝丞相，但我們不說曹魏是正統，而說劉備是正統，兩者主要之分野在於忠奸之辨。換句話說：忠者爲正統。如果我們缺少忠義之思想，就會產生搶刼、經濟犯罪等等之不良社會現象。因此我們應多看三國演義，從中吸取忠義思想，以端正社會風氣。

看過這本書，對個人可以得到下列幾點好處：

㈠清朝文學批評家章學誠曾說：「三國演義七實三虛」，亦卽三國演義是七分寫實，三分虛構，讀過至少可以完全了解這段歷史，增加我們的歷史概念。

㈡在政治策略上，有很多中國人的傳統思想，不論儒家、法家、兵書上均表現出來，因此從事政治活動的人，必須研讀此書，必可獲益不少。

㈢此書軍事技術相當高，譬如官渡之戰，袁紹和曹操對壘時，袁紹採挖地道、堆山丘之戰略；另一方曹操則引水灌地道，像這種不戰而驅人之兵之軍事思想在此書相當多，所以三國演義可以說是一本鬥智的戰書，是相當好的軍事教材。

㈣此書有很多精采的辯論，例如諸葛亮的舌戰群龍，劉曹之煮酒論英雄，可以提供我們對人、事、物有進一步更深切的看法。

其次，我簡單敘述此書，而後再說明它提供了我們那些訊息。

三國演義這本書是從漢獻帝建安四年，桃園三結義至東吳被消滅爲止，其間約九十七年。而其內容前頭大都鋪敘故事的發生，直到三十七回劉備三顧茅廬請出諸葛亮，人生的舞台開始走向高潮。如果以美國的歷史來做比喻，雷根就好比諸葛亮出世，亦即雷根是主角出場，好戲才開始。此書之中心人物除了諸葛亮，尚有曹操、劉備、周瑜等，整個故事內容的發展以劉備爲主線。在故事的進行中，作者將每個人都賦予獨特的性格，因爲如此，「人」變成影響故事的重要關鍵。可能同一件事，這個人做了有如此的結果，換了另一個人結果又大不相同，所以此書也可以說是在「人創造時代，時代創造英雄」之思想下所產生的。這本書之精采處乃利用矛盾、利用對比來製造高潮。我舉一個例子：在曹操、袁紹作戰初期，劉備尚無立身之地，就在袁紹帳下做門客，此時的關公被曹操抓住，所以就投降了曹操。而在關公得知劉備在河北（袁紹處），就打算離開曹操，準備去找劉備，於是就盡量替曹立功，而把顏良、文醜殺了（顏良、文醜均爲袁紹的人）。等到關公去找劉備，這廂的袁紹因爲兄弟被劉備的拜把兄弟殺了，所以很氣憤，差點殺了劉備。所以我們常說幫人幫倒忙，三國演義就時時安排這樣矛盾的局面。

接下來我們來談談此書之辯論問題，在三國演義有二段文字是品論「人」的，可以說是既精采又充滿智慧。

在三國演義二十一回，曹操打敗了袁紹，劉備就投效曹操，這時曹操無事可做，梅子剛好熟了，所以找劉備來喝酒，討論當今英雄有幾個？我們後人稱這段爲「煮酒論英雄」。

曹說：「龍能大能小，能升能隱：大則興雲吐霧，小則藏於螺絲殼；升則飛騰於宇宙之間，隱則潛伏於波濤之內……龍之爲物可比世之英雄。玄德久歷四方，必知當世英雄，請試指言之。」

劉說：「淮南袁術，兵糧足備，可以算得上是英雄了！」

曹却笑道：「塚中的枯骨，早晚我要收拾他！」

劉說：「河北的袁紹，四世三公，門多故吏，今虎踞冀州之地，可以算得上是英雄了。」

曹說：「袁紹色厲膽薄，好謀無斷；幹大事而惜身，見小利而忘命；這種人怎麼幹大事？」

劉又說：「劉表名爲八駿，威鎮九州，可不可稱爲英雄？」

曹操不以爲然地說：「劉表有名無實，浪得虛名，不是英雄。」

劉說：「有一個人血氣方剛，江東領袖—孫策，可算是英雄吧！」

曹說：「孫策借父之名，非英雄也。」

於是劉備問道：「益州劉璋呢？」

曹說：「雖姓劉爲漢朝皇帝之宗嗣，然而不過像一隻看門狗，那裏配稱得上英雄？」

劉又問：「張繡、張魯、韓遂這班人怎麼樣？」

曹鼓掌大笑說：「此等碌碌小人，不足道哉！」

劉最後說：「除了這些人，我想不出你所說的英雄是誰了！」

曹操說：「所謂英雄是胸懷大志，腹有良謀；有包藏宇宙之機，吞吐天地之志。」

劉說：「誰能稱得上英雄呢？」

曹以手指劉說：「今天下英雄，惟使君與操耳。」（只有我和你才稱得上英雄）

這是一段討論人物之精采的敍述。其中雖借這麼多人來說，實際上也就是曹操對人的看法，並也是表達小說家對人的看法。我們繼續講第二個辯論。三國演義四十三回，諸葛亮舌戰群儒。

曹操帶領八十三萬人馬要攻打東吳，此時劉備已是敗兵之將，諸葛亮想到一計—連吳破曹。可是此時東吳所有的大臣都勸孫策投降，諸葛亮就奉命到東吳游說孫權。東吳得知諸葛亮要來，便安排一個場面，請文武大臣發言向諸葛亮挑戰。

第一個張昭說：「久聞先生高臥隆中，自比管仲、樂毅，不知是否如此說過？」

孔明說：「我平生認爲我是管仲、樂毅，是把自己看低了。」

張昭說：「自從你跟了劉備，你並未做到管仲、樂毅那樣的有學問，樂毅扶持微弱之燕，下齊七十餘城，幾乎把齊消滅。你跟了劉備，棄新野，走樊城，敗當陽，奔夏口，你可說節節敗退，管仲、樂毅可是這樣的嗎？」

孔明聽罷，回答說：「劉皇叔本來貧無立錐，今天他以寡敵衆，敗是必然的，我雖是替他謀事，好似生病，大病之後不可用補藥（亦卽就是要戰敗，一直敗……），可是我做了兩件事，我在博望燒屯，火燒新野，白河用水，把曹操的兵嚇得心驚膽裂，我們沒有用一兵一卒，我比不上管仲、樂毅嗎？」張昭聽完，啞口無言。

第二人—虞翻說：「曹操兵多，江東兵少，若是跟他打起來不是雞蛋碰鐵球嗎？」

孔明說：「曹雖好稱百萬之兵，編收的都是袁紹的蟻聚之兵，劉表的烏合之衆，雖數百萬不足懼也。」

座間，又有一人—步騭問：「你今天是仿傚張儀、蘇秦做說客吧！」

孔明說：「我今天是張儀、蘇秦又怎麼樣？蘇秦佩帶六國的相印，張儀兩次相秦，但却從未勸人投降，你們却老叫人投降。」步騭默默無語。

下面薛綜問：「你對曹操有什麼看法？」

孔明說：「曹操雖爲漢相實爲漢賊。今天我們都是漢家的臣子，如果說我們不對付曹操就對不起祖宗。」

陸續發言問：「曹操是相國曹參的後代。劉備雖爲中山靖王之後，却無可稽考而且只是個賣草鞋的，如何能與曹操抗衡呢？」

孔明說：「曹操雖爲曹參的後代，可是他欺君滅主；劉備已受到漢獻帝按譜賜爵，當然其爲漢代之後代。再者我們漢高祖最初也只是個鄉長，而後有天下，賣草鞋有什麼關係？」

座上嚴峻說：「你所言皆强詞奪理，均非正論，請問你讀什麼經典。」

孔明說：「尋章摘句，世之腐儒（迂腐的讀書人），何能興邦立事？且伊尹耕於莘，太公釣於渭水，張良、陳平、鄧禹、耿弇沒聽說他們唸什麼經典，但均爲開國之功臣。你們爲什麼要效書生區區於筆墨之間，數黑論黃，舞文弄墨呢？」

說到這裏，另一人站起來，程德樞說：「你好爲大言，未必眞有實學，你如此是否會被我們讀書人當做笑柄呢？」

孔明答：「你講儒者，我倒有個看法，君子之儒，忠君愛國，守正惡邪，務使澤及當時，名留後世；小人之儒，惟務雕蟲，專事翰墨（只會雕章琢句），青春作賦，皓首窮經，筆下雖有千言，胸中實無一良策。如揚雄以文章名世，可是他不辨忠奸，侍奉王莽，最後跳樓而死。」

衆人見孔明對答如流，盡皆失色，座上有人欲問難，忽然黃蓋和魯肅從門外進，說：「孔明乃當世奇才，君等以唇舌相難，非敬客之禮。」……

這段小說可說是作者對於讀書人報國的心態及諸葛亮憑其機智將東吳這批有學問的人一一辯倒的精采文章，從此段我們可以感覺到作者是多麼用心地寫。

接下來，我們來看看作者是如何用心塑造小說的人物。我們常常說：「說曹操，曹操到。」世說新語說，曹操是個狡猾的人物。經由此書，讓我們舉一些故事來說明曹操的狡猾。

三國演義第四回。當時董卓作亂，獻連環計的王允，希望把董卓除去。此時的曹操是董卓的部下，雖曹操武功練的是刀，但手上並沒有寶刀，聽說王允家中有七星寶刀，就跑去找王允說：「你們不是要除去董卓嗎？我可以擔當這責任，聽說您有一口七星寶刀，希望能借給我，進入相府，伺機刺殺，洩我們心頭大恨！」王允問：「眞的嗎？」曹操說：「當然！」於是擺下香案，舉著刀說：「皇天在上，后土在下，曹操借此刀誓除國賊，如果不除國賊就如同此刀。」王允看曹操詛了咒就將此刀送了他。

第二天曹操佩帶著寶刀到相府，董卓坐於牀上，呂布侍立於側。董卓說：「你爲何遲到？」曹操說：「回丞相，我騎了一匹老馬，所以躭擱了時辰。」董卓回頭向呂布說：「昨天西涼進獻了幾匹好馬，奉先，你去親自揀一匹送給他。」呂布走後，董卓體肥不耐久坐，就倒下身去，面轉向牀裏，曹操心想，這可是天賜良機，於是自腰間拔出刀來，想要行刺。正要刺時，不料董卓由後邊之鏡中看到曹操在背後拔刀，連忙說：「孟德何爲！」正在此時，呂布已牽馬來門外了，曹操腦筋轉得快，好漢不吃眼前虧，立刻持刀跪下說：「臣獻刀！」

董卓接過來看，果然是把好刀。正在此時，呂布進來將馬交給曹操，董卓就把刀交給呂布說：「孟德送我一把刀，你看看！」此時，曹操向董卓要求：「丞相賜我一匹馬，我去試騎一番。」曹操出去試馬。呂布跟董卓說：「乾爹！曹操早不送刀晚不送刀怎麼會在這時獻刀呢？我覺得其中有詐。」

董卓說：「我也有點懷疑。」呂布說：「我出去看看，假如他仍在門口試馬就是眞心獻刀，假如直奔他方，可見有詐！」董卓說：「曹操如在園中試馬也就算了；若不在園中，馬上下命令，攔截！」呂布一出去看，曹操早就逃之夭夭了。

各位看看，小說家寫得這段獻刀精不精采？從此段可得知曹操之狡猾及機智過人。接下來，我們來看看曹操之詐。

在三國演義第三十回，曹操打敗董卓，做了漢朝臣相。河北的袁紹四世三公，很不滿意曹操而要征伐曹操。袁紹有七十萬的兵，曹操因剛掌握政權，全許昌的軍隊不到二萬人，就將部隊帶到河北黃河邊上跟袁紹對壘。曹操深知當敵衆我寡，只能以拖延戰術，時間一久，卽雙方可達平衡。但有一問題，袁紹在自家門口而曹操離許昌太遠，且軍權已近趨枯竭。曹操便急發使者，帶信予參謀長荀或作速辦糧草。使者帶信行不到三十里，就被許攸截住。許攸乃曹操之同窗，現爲袁紹之謀士，當下搜得曹操的催糧信，所以拿了這封信見袁紹，說：「曹操軍中無糧，我們可以進攻曹操。」袁紹知道許攸乃曹操的同學，對許攸的行動有幾分的懷疑，非但不信，還說：「你是漢奸，你必和曹操串通，我若攻打曹操必敗。」許攸本是好意却換來如此的下場。回到營帳，許攸發呆，傳令兵說：「許將軍！袁紹相旣然不聽你之言，而你乃曹之同學，爲何不投降曹呢？」許攸想想也對，就帶著曹操的催糧信，奔向曹營中。

話說曹操將此封信送出後在營中納悶，忽外報：「有一位許攸來見。」曹操大喜，撫掌歡笑，之後許攸將故事之原委告知曹操。

曹說：「你乃袁紹手下參謀，必知其如何部署。」

許說：「你的兵少，袁紹兵多，你準備採取什麼戰略？」

曹說：「採拖延戰術。」

許說：「既採長期拖延戰，拖延戰最重要的是糧草充足，請問你現在軍糧還有多少？」

曹伸出一隻手說：「可支一年。」

許笑說：「恐未必。」

曹說：「有半年耳。」

許拂袖而起，趨步出帳說：「吾以誠相投而公騙我，豈是我當初的期望？」

曹挽留說：「不要生氣，我跟你講實話，軍中尚有三個月。」

許笑說：「世人皆言孟德奸雄，今日一見果然是如此。」

曹也笑：「豈不聞兵不厭詐？」於是附耳低言，說道：「軍中有此月之糧。」

許大聲說：「你瞞我，糧已盡矣！」

曹愕然，問道：「何以知之？」

此刻許從口袋將信掏出，曹一看，驚問曰：「何處得之？」許就將經過告知。

諸位，有沒有看出許攸已向他投降，而他們的關係又是同學，如果以一般人來說，早就實話實說共謀發展，但曹操多機警，在眞人面前均不宜說眞話，所以許攸一次次的逼問均不說。是否眞有這段歷史，我們不敢保證，但此位小說家筆下所寫是多麼地高明。

有人曾說：「曹操是奸雄，關公是英雄，劉備是梟雄。」如果奸雄是原子彈，那麼梟雄是小炸彈。我們現在來描述一下小說家筆下劉備梟雄的程度。

三國演義第二十一回。曹操當權，把伏皇后給殺了，漢獻帝痛苦不堪，在宮中有一太監將漢帝寫的血書從宮中帶出（京戲稱衣帶詔），要求各地擒王除曹操。而這當中共有十名簽名同意討伐曹操，劉備也簽了名。此時劉備無兵權且在曹操帳下，劉備怕曹操看出他的野心，便整天窩在家中不做事只種菜。關公、張飛很生氣說：「大哥！咱們桃園三結義就是要闖一闖天地，你怎麼每天種菜呢？」劉備說：「二位弟弟不要說了，我自有打算。」

有天下午，張飛、關公出外去，劉備在菜園種菜。突然來了兵說：「曹丞相有命，請去！」劉備驚問：「有甚麼事！」「不知道，只知道叫你去。」

曹操看見劉備來了，走下台階，指著他說：「你幹的好事！」劉備聞之，嚇得面如土色。曹拉著劉的手，說：「你和我均唸過書，我們是要打天下，怎可在家種菜？」劉備此時才將跳到口中的心吞下，「哦！原來是我種菜不對。」而後二人進園中，曹說：「適見枝頭梅子青青，去年我帶兵和袁紹打仗時，道上缺水，將士皆渴，吾心一計，以鞭虛指說：『前有梅林』。」軍士聞之，快馬加鞭，找到一口水井……。今天距去年的那件事剛滿一年，今天梅子又青，又值煮酒正熱，故邀你在小亭一會兒來開懷暢飲……（接下來即我們先前所說的煮酒論英雄。最後曹操說：「今天下英雄，唯使君與操耳。」劉備聞言，筷子剛準備夾蛤，不覺筷子落地。（劉備嚇壞了，因說中他的心事。）

正在此時，如果曹知劉的野心必殺之，遂小說家製造一個神話，剛好春雷動「ㄅㄤ」一聲，曹就笑說：「打一個雷，你筷子就掉了。」劉備說：「豈不聞聖人迅雷風烈必變，安得不畏？」（論語之言，我們正常人遇大風、打雷，一定要警戒，所以我的筷子掉下去。）而後劉低身，將筷子拾起暗笑了一下。

關公、張飛此時趕忙而入，深恐劉備被曹操抓起，一看大哥和曹操在亭中暢飲，曹問二人是否願意參加，二人說不用，才把劉備給接回去。

各位看劉備機不機警？二次都沒被曹操識破，其一：嚇得面如土色，其二：曹操說：「只有你和我有野心。」接下來，我們再來看一則故事，來了解劉備之厲害處。

三國演義第十六回。袁術的部隊要攻打劉備，結果劉備向呂布求救，呂布正在小沛的割據點，當時正英勇第一。呂布把袁術、劉備找來跟他們說：「你們兩人和談不要打仗。」袁術大將軍紀靈不答應，另一方劉備又直說不要打。呂布看了一邊要打一邊不要打就說了：「擺開酒來，我作東，酒席當中解決。一百步之外插上一支戟，我來射箭。假如我射不中，你們二人就打；如我射中那戟，你們二人就得講和。」結果呂布三杯酒下肚，三箭均中，解決了劉備的大難。照理說，劉備應感謝呂布。可是到了第十九回，呂布被曹操捉到了，在白門樓呂布被五花大綁，一看到劉備就開口請劉備幫忙說情，勸曹不要殺他，劉備在呂布面前連說：「是……」。此時曹操把劉備找來說：「你看看呂布這人怎麼樣？」劉備說：「你想一想，董卓、丁建陽均爲他的乾爹，最後是什麼下場？」（董卓、丁建陽均被呂布害死。）曹操聽了他的話，二話不說，就把呂布推出去絞死了。呂布臨去前說：「混蛋大耳！想當年我幫你，你竟在背後搗鬼。」

劉備實在厲害，呂布卽死在劉備之手。我們繼續來說劉備如何贏得人心。

話說曹操軍隊一路追殺劉備，趙子龍和劉備、關公、張飛都失散了。劉備的二位夫人及劉備之子均由趙子龍保護，這時趙子龍抱著阿斗七進七出，二位夫人一中箭，一投井，兩人均死，趙子龍却找不到劉備。在劉備這一邊有人向劉備報告說：「趙子龍向曹操投降了。」劉備聽了發呆。後來有人報告，趙子龍來了。趙子龍一看劉備在山上，遂跑到山上去，跪下來說：「臣救駕來遲。二位女主人已陣亡，小主人在我懷中，先前尚有聲音，最近半天均無聲音，不知生死如何？」於是打開一看，阿斗還呼呼大睡。（這一段我們可以體會小說家的用心，阿斗的命眞好，人家爲他衝鋒拼命，他在懷中還呼呼大睡。）阿斗完整無缺，趙就將雙手奉給劉備，劉備一看，將阿斗提起而後地上一摔，「哇！」叫起來了。趙子龍仆俯過去把阿斗抱起來，馬上說：「主公不可如此，臣肝腦塗地在所不辭。」

讓我們來研討這段。有人說：「阿斗屁股疼一疼，他爸爸就買到趙子龍一條命，趙子龍一生就爲劉備賣命。大家再想想，前文有什麼地方不對？書上說：「劉備雙耳垂肩，兩手過膝。」此刻又坐在山坡上，小孩舉起，大家想想有多高？摔下去有多重？此乃劉備懂得買人心，所以劉備會哭，劉備會捧阿斗，總是讓人覺得他很仁慈、和藹。這段敍述劉備的善用心機，同樣描述得相當精采。接下來我再舉一個例子說明劉備厲害之處，我想很多人可能不會認同，不過我還是說出來，讓大家參考。

劉備在得到四川之後，就命令關公守荆州，同時孔明認爲荆州可以作爲根據點，以備將來進軍中原，保持漢中。可是東吳也要荆州這個據點，就設了一計將關公騙到麥城，殺了關公，然後將關公的頭割下了送曹操。劉備聽到關公陣亡，發誓一定要替兄弟報仇，並馬上發動全四川的兵準備替關公報仇。諸葛亮勸劉說：「主公，切切不可，今天我們在三角之勢，只有連吳對曹是我們唯一的辦法，假如今天我們打起來，曹操必坐收漁翁之利，最後我們一定兩敗俱傷。」劉備說：「怎麼可以，想當年我們桃園三結義，就已說好，不能同年同月生，但願同年同月死，非報此仇不可。」於是不聽諸葛亮之勸說，自己帶兵去打東吳了。

起兵時，因爲是哀兵報仇，所以規定要帶孝，於是張飛就命令部下做孝服，並且命令裁縫師三天之內孝服做好，否則提頭來見。（大家想想，幾十萬大軍的孝服，裁衣的時間至少一、二個月。）幾個裁縫師沒辦法，心想若不能及時裁縫好必被殺，所以利用晚上將張飛給殺了。

劉備一下子失掉了兩位兄弟，便一路哭，一路跟人家打仗，結果打個大敗陣，讓年輕的陸遜營燒七百里，棄甲曳兵逃到白帝城，因天氣不好重感冒，又哀傷過度一病不起，此時派人去成都請諸葛亮來託付後事。

諸葛亮從成都趕到白帝城見劉備，劉備看到諸葛亮進來，馬上叫人擺了凳子，叫諸葛亮坐在牀邊。

以手撫其背曰：「朕悔不聽卿言，發動此次戰爭，自討其敗，現已一病不起，不得不將彼事相託。」諸葛亮一聽，馬上跪在地上：「主公！善保龍體，必可痊癒。」劉備此時就在病牀上左右一看。（各位想想，劉備在看什麼？因爲他現在是三軍統帥，他的四周都是刀斧手，而他只是看這些兵是否準備好。）而後命令左右：「退！」將諸葛亮拉到牀邊坐下，一手執其手，一手掩淚說：「朕自得你如魚得水，本想共謀天下，不幸中途我已重病不久人世，我現在有心腹之言相告！君才十倍曹丕，若我的兒子可輔，則輔之；如其不才，君可自代之。」孔明聽畢，汗流遍體，手足失措，叩頭流血說：「臣雖肝腦塗地，安能報知遇之恩，一定保護幼主，望主公保重。」劉備看到諸葛亮磕出血來，才把他拉起，而後叫其把兩位小兒子找過來，「趕快叫諸葛叔叔！」兩位兒子馬上磕頭叫「叔叔！」

這段文章，可說是「大有文章」。當諸葛亮被召來時，假如他有陰謀，野心，必會想：「劉備快差不多了，又不聽我的話，如果他不行，我們就政變。」這一方的劉備必也這樣想，所以當諸葛亮進營帳時，必會察看他是否變心，變心的話，就馬上命令刀斧手。所以一進門就撫其背，摸其心跳是否正常，再者拉起手，看手是否冒冷汗──當一個人心虛，手必發汗，心跳必不規則，這是劉備之測謊器──劉備不僅測謊，並利用言語刺探諸葛亮，如：「君才十倍於曹丕，阿斗可輔，則輔之；不可，君可自代之。」假如換一般人，共事廿年，出生入死，可說是老朋友了，而如果不是很用心的體會，必會說：「好吧！」恐怕這句話尚未說完，就人頭落地，所以機警的諸葛亮，聽到此話，馬上跪地磕頭，磕得頭破血流。

所以白帝城托孤，名爲劉備哀求諸葛亮，實際上是威脅他。因爲劉備可下個詔書，而不用將諸葛亮召來而後撫其背，拉其手……。所以看小說其細微的地方也要注意，才能看出其精采之處。

最後，我們來談談孔明。

作者最主要提升孔明的地位，所以在開場時，特別安排劉備三顧茅廬，並且還安排很多人物讓劉備看到。

「急忙下馬，來者莫非諸葛亮先生乎？」

「不是，我乃他的弟弟也。」

「慌忙下馬，來者豈非諸葛亮先生乎？」

「不是，我乃他的同學也。」

「慌忙下馬。」一問，「我乃其岳父也。」……劉備一次見了七、八人，但都沒見到諸葛亮。最後一天，諸葛亮已和劉備約好，但諸葛亮還在午睡，睡醒後，還說了句：「大夢誰先覺？平生我自知。」

眞是如我們中國人所說：「越是英雄，越是好漢，越不露臉。」

下面我們要講諸葛亮和周瑜鬥智的故事。

周瑜有天想害諸葛亮，就問諸葛亮：「諸葛亮先生，我們現在和曹操作戰，曹有八十萬人馬，我們兩邊加起來只有七、八萬人，水面作戰，什麼樣武器最好？」諸葛亮說：「長程武器最好。」周瑜說：「你能不能替我造十萬支箭？」諸葛亮說：「可以啊！」周瑜說：「你造箭要多少天？」諸葛亮說：「三天。」周瑜道：「你三天可造出？軍中無戲言。」諸葛亮說：「沒關係！三天之後不交箭提頭來見。」周瑜心想：「這次你可是自投羅網，看你如何交箭？」

諸葛亮回去後，整天下棋、喝茶，到了第三天下午，魯肅看了問：「明天十萬支箭怎麼交啊？」諸葛亮說：「如果你要幫忙，替我找廿條船弄上棚子，紮上草人，準備一桌酒席，晚上咱們去造箭。」魯肅就依其言照辦。

晚上，兩人就上了船。諸葛亮命令船向江心進發，而一邊喝酒一邊向江中，在快到曹營時，諸葛亮說：「廿條船一字排開，開始敲鑼打鼓。」那天晚上大霧過江，曹操已備好軍隊，只聞鑼鼓響，但不知敵人究竟來了多少人、船，遂命令：「放箭！」只聽見ㄆ一ㄌ一ㄆㄚㄌㄚ……而後諸葛亮看箭收得差不多了，向曹營喊一聲：「謝謝曹丞相賜箭！」就把船開回去了。

第二天一早，周瑜正洋洋得意：「今天是我收拾諸葛亮的日子。」這時，人報諸葛亮先生到，周瑜說：「拿箭來！」諸葛亮說：「請你派一排軍到江邊數。」周瑜一聽嚇一跳。一數，十萬有餘而且不費一兵一錢，周瑜羞愧極了，遂說：「諸葛先生好辛苦，造了十萬支箭，咱們慶功，我請你吃飯。」吃飯當中，周瑜問：「箭是有了，但決戰要用什麼戰術？」諸葛亮說：「請你稟退左右，拿筆墨來將字寫在手上。」周瑜退了左右，兩人手上均寫了一字，兩人一看，均相顧大笑，因其均寫「火」字，真是英雄所見略同，於是周瑜更下定決心要將諸葛先生除掉。

第二天一早，周瑜巡邏陣地，站在山頭一看，曹孟德之兵擺得整整齊齊，號令森嚴，此時周瑜心想，過不了幾天，我一把火就將你燒得灰飛煙滅。正在想時，突然一陣風，帥旗往周瑜臉上一飄，周瑜「啊！」一聲，吐血倒地。當諸葛亮從魯肅口中得知周瑜昏倒之事，就去周瑜處並摒退了左右，拿了紙筆說：「我替你開一帖藥方。」上面寫了十六個字：「欲破曹公，宜用火攻，萬事俱備，只欠東風。」周瑜一看，馬上就說：「我的病好了！」眞是一語道破，因爲缺少的卽是東風。（說句題外語，打仗火力、軍紀、謀略很重要，但如果懂得氣象學更好。）

周瑜問：「東風那裏來？」

諸葛亮說：「東風沒問題，我可以幫你借。」

周瑜問：「如何借？」

諸葛亮說：「第一在南屏山造個台，第二要給我一支令箭。」

周瑜問：「爲何要令箭？」

諸葛亮說：「我是代表你，你是統帥，需要有你的令箭才能借東風。」（周瑜不曉得這個令箭另有別用。）

於是築了台，果然第二天東風起，諸葛亮曉得東風起，他的頭就快落地，因爲台下有二個刀斧手。於是諸葛亮從口袋中將令箭拿出，把衣服一脫，叫道童穿上，而後走下台，士兵看見令箭就放了人，諸葛亮就順利躲過這一刼。

今天我舉這幾個例子，我想大家都可以了解，故事精采的地方還很多。我選這個題目是因爲三國的故事，大家很熟悉，我只要點一點，各位回去把書翻一翻，就會覺得這本書很值得一讀。我們今天提倡書香社會，在此我提供三國演義這本書，這的確是一本好書，希望大家都能閱讀。

# 中華戲曲概說

曾經有人說：「代表中華正統戲曲的劇種，應該是最典雅的崑曲！」也有人說：「應該是皮黃！」所以我們今天稱他們都可以叫「國劇」！這個「國」字，並不是唯一代表國家，應該代表他是「土產」，正如我們常說：「國人」、「國貨」。其實根據我國古代戲曲發展的情形來說，「崑曲」、「國劇」並不是老大哥，只是後起之秀，後來居上，前修未密，後出轉精而已！當然，若談到影響，他們倒是起了帶頭和示範作用。

討論到中國戲劇，不能不注意我們的文化形態：我們本來是多元化的民族，幅員既廣，歷史又久，在長期文化融合中，互相取長補短，互相趨於中心典型化，總是很明顯的，山川河流的界限，形成東西交融，南北相異；或者盆谷、河岸，形成點和線；而它們主要的成長，還是經濟的互依、文化的互注。因此有些劇種的發展，符合自古以來的行政區劃，有些文化形態，分割了部份行政區而和自然環境同其變化，如山南，河北，各有特色。所以打破了行政區而形成文化區。我國戲曲的發展，在這種雙軌形態下，就有了多面的發展，因此有些做過不完整的調查，全國三十五省，至少有三、四百種地方劇種，只要是有戲，同一個地方就不只一種戲，譬如四川就有崑、高、胡、彈、燈五大系統的戲；同樣是崑曲，不但分南崑北崑，四川有，湖南也有，光是梆子一系統，就可分出陝西的秦腔、山西的晉劇，河南的豫劇，還有河北梆子、山東梆子、東路梆子、萊蕪梆子、同州梆子、四川亂彈、雲南彈戲、山西蒲劇又叫南路梆子、同州梆子又叫北路梆子、還有代州梆子、口梆子……等，一個劇種，流傳到各地，落地生根，加工改良，適合當地口味，就形成當地的地方戲。但不管故事、音樂、人物、情節，都不是一成不變的，他們各自配合地方需要，各自發揮地方特色；有些劇目是屬於地方性的故事，有的劇目則有職業性的禁忌。譬如說：「孟姜女的故事」，全國流行，有的地方演出，強調秦始皇暴政，讓孟姜女哭倒長城。有的地方劇好像扭曲了原形，孟姜女去尋夫，中途遇盜匪，刼上山寨，意想不到的想搶她去做壓寨夫人的山大王，竟然是萬杞良的把哥！認了親還送盤川及護衞人員，保護她去長城；到了長城遇見秦皇，深覺此女的堅貞，親賜玉帶，奉旨完婚，夫婦雙雙衣錦榮歸！這個差異多大！有些地方還爲孟姜女造廟奉祀。

像最有名的梁山伯祝英台，不但有動人的情節，兩個人在杭城讀書談戀愛，多美！但却出現一個類似西廂記中鄭恒這樣角色——馬文才。於是增加了故事的衝突性，也製造了「悲劇」，人們爲了紀念這樣一個愛情故事，竟然也在地方爲這位情種造廟，神仙化了的梁山伯，不再是可憐的文弱書生，竟是孔武有力，保衞一方的海上之神！民間的想像力是多麼豐富而適應環境地多變！

更有趣的是：不但人神可以戀愛，人鬼可以成婚，最妙的是人和小動物談愛、成婚，中有動人的波折，小動物一樣懷胎，產下狀元兒子，又被佛法拆散了美滿姻緣，把她們形容成「孽緣」，這種複雜性的人獸之間，晶瑩的生命之讚美，用道德稱她爲「義妖」，用直接的角色名字，稱他爲「白蛇」，因爲「白蛇」兩字和「白蝕」諧音，因此商會團體要請戲班唱戲，就不點「白蛇」傳了！多有趣。

在這樣一種豐富的生活中，複雜的情緒下，中國的地方戲曲發展是多彩多姿的！這是故事的一面。像人物變化，也不是一成不變，一般戲中角色，除了主角之外，次要人物，也會被變形；通常白蛇傳中的青蛇，也是名女性，但在川劇高腔裏，青蛇是男性，很垂涎白蛇的美色，但卻利用一個英雄式比武場面，收了此妖，終身爲奴，變爲女性，這種合理的神怪變化，人們也能接受。

當然，地方戲給人們最明顯的感覺便是音樂和唱腔；潮州戲用的「大鑼」，不同於北方的大鑼，川劇裏還有一種音調很特別的「馬鑼」，既不像南管清樂中的「響盞」，也不同於國樂中的高音雲鑼，那種特別的聲音，四川同胞一聽到就會明白那是在唱某一齣戲！信號是相當強烈的！不但使用的樂器各有特色，像梆子系統中的「蓋板子」，便和它的表弟平劇胡琴，不同音色；雖然都用笛子伴奏，崑曲的咿咿呀呀，便不同於南管的「簫」；而笛聲容或相同了但崑曲的纏綿。也不同於吹腔的「販馬記」。因爲販馬記很像整齊的「七字句」，却改變了「上四下三」變成了「上三下四」，所以音樂也就迴然不同了！

大多數地方戲都是用本嗓子唱戲，但也有劇種，由於音樂來源不同，而有改用二本嗓的，像北管、下南調、平劇等，都有部份角色改變嗓音，這些可以說都是中國地方戲曲在音樂上所做的一些豐富的變化！所以瞭解中華地方戲曲音樂，便覺得我們是個有豐富戲曲藝術的民族，是充滿了音樂歌舞的國度。

（民國七十三年三月二十日華夏導報）

# 如何欣賞國劇

談到欣賞國劇，馬上就會令人想起一句老話：「懂得戲的人，是去聽戲，不懂得戲的人，是去看戲！」京城裏的戲迷是「聽戲」，名角演出，買不到票，可以站在園子外面「聽」，不會欣賞平劇的人，買不到票就乾脆打道回府！看不到就不看了！從「聽」和「看」，就可以決定誰高誰低，如果你去戲園看戲，途中遇到熟人打招呼，人問去那兒，一定得說去某某樓「聽戲」，一說看就外行了！

其實只聽不看，或是只看不聽，都是一偏之見，尤其是國劇，從乾隆八十大壽，高朗亭帶了徽班進京起，到程長庚主持三慶班以及所謂四大徽班公開演出之後，固然大部份名角之成名，都是在唱功上顯功夫，但像王瑤卿的旦角改包頭為貼亮片，青衣加上花衫，雙手捧肚改為加長水袖，可以揮灑，雖然有人罵他「滿臺飛」，試問今天的旦角，那個打扮不是珠光寶氣，彩繡衣衫，高吊眼角，塗滿脂粉；一亮相一個滿堂彩，那決不是「聽」着角兒出場，也不是場場戲都是內唱倒板，急急風上，贏來的采聲。

記得小時候在上海黃金大戲院，「看」麒麟童演「蕭何月下追韓信」，連他下場足踏鑼鼓點子，手端玉帶，帽翅兒一同起落，上身挺直，那種有板有眼，中規蹈矩，總是引起爆彩。試問不「看」怎麼行？如果一齣三岔口，那種黑店老板和客人在黑房裏摸黑撲打，或者霸王別姬裏虞姬掩泣下場取劍舞劍；貴妃醉酒裏的力士搬花，楊貴妃嗅花香、賞他們「鍋貼兒」，試問不「看」如何行？

所以今天我們談欣賞，一定是既「聽」又「看」！否則那才外行哩！洪楊之亂後，湘軍建大功，湖南一時也盛行唱戲，據說有一次有位花旦，被點了一齣拾玉鐲，沒想竟然讓他天天演孫玉姣、餵雞、數雞、趕雞、搓線、合線、穿針、繡鞋……天天點這一齣，演了一個月，他都快要瘋了，哭笑不得，爺兒們付了包銀，愛看什麼你就演什麼，演了一個月，同一臺詞，同一套動作表情，怎麼不煩？焉得不膩？氣得他咬線頭穿針時猛吐一口，結果滿堂叫好，原來他一個月來他每天咬線頭就是忘了「吐」出線頭，人們覺得他的做工不夠仔細認眞，最後一吐，才算演「對」，並加倍賞銀，他才恍然大悟，試問如果只是着重聽，則又何在乎此一吐？因此國劇既要聽也要看，看他不吐線頭，就是不過癮，而今用的電動「勝家」，就沒那一套了！早年鄉下那個閨女不動針線？這些小事，都被「戲」吸收了去，不做出來都不肯放過。記得有張早期的茶樓畫兒，上面搭了個臺子，坐了一群姑娘，各個抱着琵琶，等候點唱，上面一個橫批，四個大字：「視聽之娛」，既看又聽。

老一輩的國劇演員在學戲時，師傅都強調：「唱、做、唸、打。」唱和唸固然是聽之娛，但做和打不看行嗎？平劇是歌舞劇，齊如山先生說過：「無聲不歌，無動不舞」，舞來舞去，也不能不用看！戲裏的動作非常豐富，舉手投足，都有規矩，坐船、乘馬、下轎、上樓；都有程式；喜、怒、哀、樂、憂、驚、恐、懼各有表情；髯口、甩髮、帽子翅、翎子、扇子、水袖，身上可動的佩件，都有一套工夫，請問不看還行嗎？

當然說了那麼多看的理由，音樂部份、白口、唱腔、伴奏，甚至場面、服裝、道具、劇本、故事、情節、主題，都是欣賞國劇所該注意到的，不過站在表演的立場，我先提出有形的部份，首先值得欣賞，程硯秋談到表演，就曾提出來四功：唱、做、唸、打。以及口法、手法、眼法、身法、步法等五法，也是唱、做一起說的！更重要的做要傳神；唱、唸要入神，所謂「未成曲調先有情，總是無聲勝有聲」，好戲是演員要入戲，李笠翁說，戲不要用口唱要用心唱，欣賞的人，也不可形而下之只看皮毛，一定也要「心領神會」！這樣才能臺上臺下打成一片。

# 蒙古音樂接近漢詩・西藏音樂富神祕感

謝謝董委員長給我這個機會，我想我是研究中文的人。但是，因爲最近這幾年我在教中國地方音樂、中國的比較古老的音樂。所以，我就想辦法收集一些蒙古音樂，或者是西藏音樂。我所收到的音樂，在欣賞過後我有這樣一種感覺。就是，蒙古樂給我的感覺有兩個不同的面，第一就是剛剛劉小姐講的，蒙古音樂非常輕柔的、抒情的，有情感的，第二種是非常豪放的，所謂莽原之音，可以向天去喊的感覺。

蒙古音樂最大的特點，就是很容易仿照他周遭生活裏一邊的聲音。所以，她剛剛用的聲音，有一種抖顫的像馬的叫聲或羊叫的聲音。那樣一種顫抖的節奏，在音樂中都可以表現出來，另外，它的樂器也很特別，如馬頭琴、揚琴等，這些樂器爲主要的。

我們從文化學的觀點來說，佛教走印度，從中亞、西亞傳到中國來以後，中亞、西亞這個區域就成爲文化交流的中心。而根據佛教史的看法，就是說在這個早期佛教沒到東方之前，已經有一部佛教到了西方希臘，那我現在有時聽希臘音樂也有一點和我們蒙古、西藏的音樂的性格上很接近的地方。

所以從蒙古音樂來講，剛剛劉小姐還沒有提到，我有一點感覺，它有一點像我們中國的五言詩。它的樂劇都是五大節奏一個結束，就像我們唱漢朝的五言詩一樣美，這樣的一個味道。有的時候也有加兩個節奏，變成七言詩句這樣的方式。它樂劇進行通常是兩劇一組，民謠的方式是非常濃厚的。它的器樂演奏，譬如蒙古它也有笛子演奏，也有口琴，也有胡琴獨奏。它的笛子獨奏很像我們江南絲竹的奏法，就是除了主音以外加很多花音，使我們聽起來它和中國文化是非常同行的。

除了一些特殊的歌謠有地方色彩，大部份我們聽起來感覺文化層次是相當高，雖然唱起來祇是民謠式的，還沒有到現在西方所謂和聲對立這樣複雜的結構，但它已經有點和我們中國的漢詩的味道很接近，這是我聽蒙古音樂一個初步的感覺。

第二是西藏，西藏是個山區，按照民族學來說山區人是最會唱歌的。但是西藏這地方可能長期受宗教的影響，它沒有長音節的所謂高亢的歌。它的歌都是類似朗誦的，很多西藏歌都是誦讚式的，類似唸經的方式。

西藏的音樂沒有蒙古那樣的豪放，它有另一種味道，它有點神秘感。就是它唱歌不是完全表達情感的，它是宗教性非常強烈。西藏的生活上的歌曲也是很活潑，它是載歌載舞比我們漢民更活潑。這是我從聲音中感覺到的。

至於西藏和蒙古文化背景上和我們中國音樂的關係，我們知道提到蒙古就想到元代，我是研究元曲的。我們中國音樂一直以詩歌為主體，而詩歌一直是整齊句子，但到唐以後慢慢不整齊了，不整齊句子可能受語言之影響，如蒙古、西藏的語言是拼音的，每個句子節數比較不整齊。因此，有人說造成我們中國相同的長短句型。也有人說長短句型是我們南方人說話。因爲，南方人說話比較不整齊。所以，詞都是南管，我們現在唱的南管、崑曲幾乎都是長短句。

這樣兩種說法之下我們發現元朝流行的元雜劇幾乎都是詞句的方式。而蒙古和中國有早期的文化交流，而南方還留有不少的蒙古人，如果這一文化交流有跡可循的話，在傳統詩詞中也可以找出來。

尤其我們聽蒙古情歌就覺得它簡直在唱中國的五言詩。比較隔閡一點是西藏，西藏雖在唐朝由文成公主通婚，但後來交通一度中斷，使它傾向印度。

可是，西藏有一樣東西和我們中國很接近，就是它的跳舞、抓鬼、祭神的舞蹈，帶面具、打鑼、吹大號，和我們北方很接近，像這樣的東西，表現出他們和中國的血統早就連在一起了。

但是，比較遺憾的是，我們讀來讀去都是漢文寫下的東西，而很少把蒙古或藏文作品翻譯出來介紹給我們兒童看。比如說西藏的兒歌、或蒙人生活上的故事、神話。大概我們中國人研究祇有丑輝瑛委員在抗戰時做過一部份，我們現在知道的大概也限於她曾做的這部份。

現在是非常重要的時機，不但是從音的部份介紹，也要把它的作品拿來介紹。同時，要解釋它的背景，民族性，它當地的文化習性和我們的關係。從東漢開始蒙人、藏人已散住在中國各地，可見我們早就融合在一起。

以音樂而言，我們聽蒙樂也不覺得它是外國音樂。因爲它也是五聲音階，我們不要以爲五聲音階是落後的。因爲音階多少祇是民族說話口形大小而造成的。事實上中國早在周朝已是十二音階全的，祇是我們語言跨度較大，它不需要放這樣多音階。所以不要考慮音階這樣精密。

以上是我在教學中一點感想。同時，我也呼籲在座的各位專家分別從基層，如蒙古情歌、典禮、神話故事、小說等基文化作品分批介紹給大家。

附註：一九八七年九月編輯，二〇一四年一月重編印。